ARIANNA HUFFINGTON

Die Neuerfindung des Erfolgs

Das Buch

Um erfolgreich zu sein, nehmen wir Überarbeitung, Schlafmangel und Burn-out in Kauf. Und nicht nur das: Wir tragen diese Selbstausbeutung wie eine Auszeichnung vor uns her. Dass dieses System nicht mehr zukunftsfähig ist, für den Einzelnen ebenso wenig wie für die Unternehmen und Gesellschaften, erlebte Arianna Huffington am eigenen Leib – in Form eines Zusammenbruchs infolge von Erschöpfung. Die Autorin, selbst eine der erfolgreichsten Frauen der Welt, schildert in diesem Buch ihre intensive Suche nach neuen Lebensentwürfen. Was wir brauchen, ist eine »dritte Größe«, ein dritter Maßstab für Erfolg, der über die beiden Größen »Geld« und »Macht« hinausgeht. Er beruht auf vier Säulen: Wohlbefinden, Weisheit, Staunen und Großzügigkeit. Wir stehen an einem Wendepunkt, an dem sich unser Verständnis von Erfolg ändert – und dies geschieht keinen Moment zu früh.

Die Autorin

Arianna Huffington, gebürtige Griechin und Wahlamerikanerin, ist Mitbegründerin und Chefredakteurin der *Huffington Post*, einer Onlinezeitung, die sich international zu einem der populärsten und erfolgreichsten Internetmedien entwickelte. Das *Time Magazine* zählte Huffington zu den 100 einflussreichsten Personen der Welt. Sie ist Autorin von 14 Büchern und lebt mit ihren zwei Töchtern in Los Angeles.

Arianna Huffington

Die Neuerfindung des Erfolgs

Weisheit, Staunen, Großzügigkeit –
Was uns wirklich weiterbringt

Aus dem Amerikanischen
von Dagmar Mallett und Karin Schuler

GOLDMANN

Die amerikanische Originalausgabe erschien 2014
unter dem Titel »Thrive« bei Harmony Books,
einem Imprint der Crown Publishing Group, Random House LLC,
Penguin Random House Company, New York.

Der Verlag weist ausdrücklich darauf hin, dass im Text
enthaltene externe Links vom Verlag nur bis zum Zeitpunkt der
Buchveröffentlichung eingesehen werden konnten. Auf spätere
Veränderungen hat der Verlag keinerlei Einfluss. Eine Haftung des
Verlags ist daher ausgeschlossen.

Dieses Buch ist auch als E-Book erhältlich.

Verlagsgruppe Random House FSC® N001967

1. Auflage
Taschenbuchausgabe März 2016
Wilhelm Goldmann Verlag, München,
in der Verlagsgruppe Random House GmbH
Copyright © 2014 der Originalausgabe
by Riemann Verlag, München,
in der Verlagsgruppe Random House GmbH, München
© 2014 Christabella, LLC
Umschlaggestaltung: UNO Werbeagentur, München,
in Anlehnung an die Gestaltung der HC-Ausgabe
(© Stephan Heering, Berlin)
Lektorat: Anne Nordmann
DF · Herstellung: Str.
Druck und Einband: GGP Media GmbH, Pößneck
Printed in Germany
ISBN: 978-3-442-15881-2
www.goldmann-verlag.de

Besuchen Sie den Goldmann Verlag im Netz

Inhalt

Einleitung 9

Wohlbefinden 29

Weisheit 119

Staunen 175

Großzügigkeit 223

Schlusswort 259

Anhänge 263

Dank 275

Anmerkungen 279

Register 316

*Meiner Mutter Elli.
Sie war der Inbegriff von Weisheit,
Staunen und Großzügigkeit und hat die Arbeit
an diesem Buch zu einer Heimkehr gemacht.*

Einleitung

Am Morgen des 6. April 2007 fand ich mich in einer Blutlache auf dem Fußboden meines Arbeitszimmers wieder. Im Fallen war ich mit dem Kopf gegen die Schreibtischkante geschlagen, hatte mich am Auge verletzt und mir das Jochbein gebrochen. Mein Kollaps war das Ergebnis von Erschöpfung und Schlafmangel. Nach ihm begann eine Odyssee von einem Arzt zum nächsten, vom MRT zum CT und Echokardiogramm, um sicherzustellen, dass hinter der Erschöpfung nicht doch ein organisches Problem steckte. Es gab keins. Doch schnell bemerkte ich, dass die Wartezimmer von Arztpraxen ein guter Ort waren, um darüber nachzudenken, was für ein Leben ich eigentlich führte.

Wir hatten die *Huffington Post* 2005 gegründet, und jetzt, zwei Jahre später, erlebten wir ein schwindelerregendes Wachstum. Zeitschriften brachten Titelgeschichten über mich, und das *Time Magazine* wählte mich unter die hundert einflussreichsten Menschen weltweit. Nach meinem Sturz aber musste ich mir die Frage stellen: Sieht so Erfolg aus? Ist das das Leben, wie ich es gewollt habe? Ich arbeitete täglich 18 Stunden, sieben Tage die Woche, um das Unternehmen aufzubauen, unsere Berichterstattung zu erweitern und neue Investoren zu gewinnen. Aber mein Leben, das wurde mir jetzt klar, war außer Kontrolle geraten. Nach den traditionellen Erfolgsmaßstäben, die auf Geld und Macht beruhen, war ich äußerst erfolgreich. Doch wenn man Erfolg vernünftig definierte, war ich alles andere als das. Ich wusste, dass sich etwas radikal verändern musste; so konnte ich nicht weitermachen.

Mein Unfall war ein klassischer Weckruf. Rückblickend fallen mir zwar noch andere Anlässe ein, zu denen ich eigentlich hätte aufwachen müssen, doch das war nicht geschehen. Diesmal aber war es so weit, und ich begann, mein Leben in vielerlei Hinsicht zu verändern. Dazu gehört auch, dass ich seitdem täglich einige Übungen praktiziere, die mir helfen, in der Spur zu bleiben und nicht wieder in Wartezimmern zu sitzen. Das Ergebnis ist ein erfüllteres Leben, das mir Luft zum Atmen gibt und mich mehr auf das wirklich Wesentliche achten lässt.

Die Idee zu diesem Buch entstand in den Wochen, als ich versuchte, alle meine Erkenntnisse über mein Leben und meine Arbeit für eine Rede, die traditionelle *Commencement Speech*, zusammenzufassen, die ich 2013 vor dem Abschlussjahrgang des Smith College halten sollte. Ich habe zwei Töchter auf dem College, daher nehme ich solche Ansprachen sehr ernst. Für die frisch diplomierten Abgänger ist dieser Moment etwas ganz Besonderes – eine Pause, eine Art Durchatmen zwischen den vier (oder auch fünf oder sechs) Jahren ununterbrochenen Lernens und Wachsens und dem Beginn des Erwachsenenlebens, in dem dann all dieses Wissen in die Tat umgesetzt und dem eigenen Vorankommen gewidmet wird. Es ist ein echter Wendepunkt im Leben – und genau in diesem Augenblick habe ich eine Viertelstunde lang die ungeteilte Aufmerksamkeit dieser jungen Menschen. Jetzt kommt es darauf an, auch etwas zu sagen, das dem Gewicht des Anlasses gerecht wird und den Zuhörern in diesem bedeutsamen Moment des Neubeginns etwas bringt.

»Wer eine *Commencement Speech* hält«, so erzählte ich der ausschließlich weiblichen Abschlussklasse, »ermuntert die Studierenden eigentlich immer, dass sie jetzt aufbrechen und die Erfolgsleiter erklimmen sollen. Doch ich möchte Sie stattdessen heute bitten, Erfolg neu zu definieren. Die Welt, in die Sie sich hinausbegeben, braucht das dringend. Und Sie sind dieser Herausforderung gewachsen. Ihre Ausbildung am Smith College hat unmissverständlich klargemacht, dass Sie das Recht haben, Ihren Platz in der Welt einzunehmen, wo immer Sie ihn sich wünschen. Sie können in jedes Fachgebiet einsteigen und dort an die Spitze gelangen. Wozu ich Sie aber auffordere, ist, nicht nur Ihren Platz an der Weltspitze zu erringen, sondern die Welt zu verändern.«

Die bewegende Reaktion auf meine Rede zeigte mir, wie verbreitet unter so vielen von uns das Verlangen nach einer Neudefinition von Erfolg und dem, was ein »gutes Leben« ausmacht, ist.

»Was ist gutes Leben?«, fragte sich die Philosophie schon in den Tagen der alten Griechen. Aber irgendwann im Lauf der Zeit haben wir diese Frage aus den Augen verloren und uns stattdessen darauf konzentriert, wie man möglichst viel Geld macht, ein möglichst großes Haus kauft und möglichst hoch auf der Karriereleiter kommt. Das sind legitime Fragen, besonders für Frauen, die immer noch um Gleichberechtigung kämpfen müssen. Aber wie ich in einem schmerzhaften Prozess lernte, sind es bei Weitem nicht die einzigen Fragen, die für ein erfolgreiches Leben wichtig sind.

Die Bedeutung des Begriffs Erfolg hat sich in unserer Gesellschaft im Laufe der Zeit auf Geld und Macht verengt. Inzwischen sind Erfolg, Geld und Macht für viele Menschen geradezu synonym.

Dieses Erfolgskonzept kann kurzfristig durchaus funktionieren, zumindest scheinbar. Langfristig allerdings sind Geld und Macht allein wie ein Hocker mit zwei Beinen – man kann eine Weile darauf balancieren, aber irgendwann kippt man um. Das passiert mittlerweile mehr und mehr Menschen, und zwar sehr erfolgreichen.

Was ich dem Abschlussjahrgang des Smith College also sagen wollte, war, dass unsere Definition von Erfolg zu kurz greift und sich nicht länger halten lässt, weder für den Einzelnen noch für die Gesellschaft als Ganzes. Um ein Leben zu führen, wie wir es wirklich wollen und verdienen, und nicht nur eines, mit dem wir uns abfinden, brauchen wir noch eine dritte Größe als Maßeinheit für Erfolg, eine, die über die zwei Größen Geld und Macht hinausreicht und selbst aus vier Säulen besteht: Wohlbefinden, Weisheit, Staunen und Großzügigkeit. Diese vier Säulen geben dem vorliegenden Buch seine Gliederung.

Zuerst zum Wohlbefinden. Wenn wir nicht neu definieren, was wir unter Erfolg verstehen, wird der Preis, den wir in Bezug auf unsere Gesundheit und unser Wohlbefinden zahlen, immer weiter steigen. Als mir durch meinen Unfall die Augen geöffnet wurden, erkannte ich, dass diese neue Phase meines Lebens sehr in Übereinstimmung mit dem gegenwärtigen Zeitgeist stand. In jedem Gespräch, das ich führte, ging es irgendwann immer um dieselben Probleme, Probleme, denen wir uns alle gegenübersehen: den Stress der übermäßigen Geschäftigkeit und der Überarbeitung, den übermäßigen Gebrauch sozialer Medien und den Mangel an echter Kommunikation mit uns selbst und mit anderen. Abstand, Freiräume, Pausen, Stille – alles, wodurch wir uns regenerieren und Kräfte zurückgewinnen können –, all das war aus meinem Leben so gut wie verschwunden, und vielen meiner Bekannten erging es nicht anders.

Diejenigen, die sich mit ihrem Leben wirklich wohlfühlten, hatten es geschafft, darin Räume für Wohlbefinden, Weisheit, Staunen und Großzügigkeit zu schaffen. So entstand die Idee der »Dritten Größe« – des dritten Standbeins für den Hocker sozusagen, das für ein erfolgreiches Leben erforderlich ist. Es begann damit, dass ich meinen eigenen Lebensweg und meine eigenen Prioritäten neu definierte. Das ließ mich erkennen, dass gerade ein Aufwachen im globalen Maßstab stattfindet. Wir treten in ein neues Zeitalter ein – unser Verständnis von Erfolg verändert sich.

Und dies geschieht keinen Moment zu früh – besonders für Frauen. Immer mehr Daten zeigen nämlich, dass Frauen für die gegenwärtigen falschen Versprechungen des Erfolgs einen noch höheren Preis zahlen als Männer. Frauen in stressintensiven Berufen haben ein um fast 40 Prozent höheres Risiko für Herzerkrankungen[1] und ein um 60 Prozent höheres für Diabetes.[2] In den letzten 30 Jahren, in einer Zeit, in der Frauen große Fortschritte im Berufsleben gemacht haben, ist der gefühlte Stressquotient um 18 Prozent gestiegen.[3]

Auch diejenigen, die gerade erst ins Berufsleben starten, und sogar die, die noch gar nicht angefangen haben, spüren bereits die Auswirkungen dieser Entwicklung. Laut der American Psychological Association steht die Generation Jahrtausendwende ganz oben in ihren Stress-Statistiken, vor den Babyboomern und den »reifen« Jahrgängen (so nennt man die über 67-jährigen).[4]

Die westliche Unternehmenskultur – die wir in viele andere Länder exportiert haben – beruht de facto auf Stress, Schlafentzug und Burnout. Ich selbst war von Angesicht zu Angesicht – oder besser von Angesicht zu Fußboden – mit diesem Problem konfrontiert worden, als ich schließlich zusammenbrach. Die Stressbelastung untergräbt nicht nur die Gesundheit, sondern der Schlafmangel, den so viele von uns im Interesse des beruflichen Vorankommens in Kauf nehmen, beeinträchtigt auch massiv unsere Kreativität, unsere Produktivität und unser Entscheidungsvermögen. Der Untergang der *Exxon Valdez*, die Explosion des Space Shuttle *Challenger* und die Atomunfälle in den Kraftwerken von Tschernobyl und Three Mile Island bei Harrisburg sind alle zumindest zum Teil auf Schlafmangel zurückzuführen.[5]

Als im Winter 2013 ein New Yorker Vorortzug der Metro-North-Linie mit tödlichen Folgen entgleiste, weil William Rockefeller, der Lokführer, am Steuer eingeschlafen war, stand die Gefahr, die Schlafmangel für das gesamte Verkehrswesen bedeutet, plötzlich im Zentrum der Aufmerksamkeit.[6] John Paul Wright, Zugführer bei einem der größten Güterzugunternehmen der USA, sagte dazu: »Das größte Problem, wenn man bei der Eisenbahn arbeitet, ist nicht etwa Geld. Wir werden ziemlich gut bezahlt. Aber wir opfern unseren Körper und unseren Geist, um die vielen Überstunden durchzuhalten, ganz zu schweigen von der hohen Scheidungsrate, dem Medikamentenmissbrauch und dem Stress.«[7]

Mehr als 30 Prozent der Einwohner in den USA[8] und Großbritannien[9] bekommen nicht genug Schlaf. Das geht nicht nur zu Lasten der Entscheidungsfähigkeit und der kognitiven Funktionen. Zu wenig Schlaf beeinträchtigt auch Eigenschaften, die wir mit dem Kern unserer Persönlichkeit und unseren Grundwerten verbinden. Laut einer Studie des Walter Reed Army Institute of Research senkt Schlafentzug die emotionale Intelligenz, die Selbstachtung, das Selbstbewusstsein, die persönliche Unabhängigkeit, das Mitgefühl mit anderen, die Qualität persönlicher Beziehungen, das positive Denken und die Selbstbeherrschung.[10] Genau genommen ist laut der Studie das Einzige, was durch Schlafentzug gestärkt wird, das »magische Denken« und die Anfälligkeit für Aberglauben. Falls Sie sich für Wahrsagerei interessieren, arbeiten Sie also ruhig die Nacht durch. Wir anderen aber müssen dringend neu definieren, was wir wertschätzen und die Unternehmenskultur so verändern, dass es nicht mehr bewundert, sondern stigmatisiert wird, unendlich viele Überstunden zu machen und wie ein Zombie herumzulaufen.

Nach der neuen Erfolgsdefinition genügt es nicht mehr, ein finanzielles Vermögen zu schaffen und zu vergrößern, sondern wir müssen alles dafür tun, um auch unser menschliches Vermögen zu schützen und zu fördern. Meine Mutter war Expertin darin. Ich kann mich noch daran erinnern, wie wir, als ich zwölf war, einmal einen sehr erfolgreichen griechischen Geschäftsmann zu Gast hatten. Er wirkte ausgebrannt und erschöpft, aber beim Abendessen erzählte er uns stolz, wie gut alles für ihn laufe. Er freute sich riesig über den Bauauftrag für ein neues Museum, den er gerade an Land gezogen hatte. Meine Mutter beeindruckte das nicht. »Es ist mir egal, wie gut Ihre Geschäfte laufen«, sagte sie ihm klipp und klar, »solange Sie nicht auf sich selbst achten. Ihrer Firma geht es vielleicht gut, aber Sie selbst sind Ihr wichtigstes Kapital. Sie können nur einen bestimmten Betrag von Ihrem Gesundheitskonto abheben, doch Sie hören nicht auf. Sie gehen noch bankrott, wenn Sie nicht bald auch mal etwas einzahlen.« Und tatsächlich musste der Mann nicht lange danach plötzlich ins Krankenhaus, um sich einer Notoperation am Herzen zu unterziehen.

Wenn wir unser eigenes Wohlbefinden in unsere Erfolgsdefinition mit einbeziehen, verändert sich auch unser Verhältnis zur Zeit. In der Forschung gibt es mittlerweile sogar einen Begriff für unser stressgeprägtes Gefühl, nie genug Zeit für all die Dinge zu haben, die wir tun wollen – man spricht von »time famine«, also »Zeithunger«.[11] Jedes Mal, wenn man auf die Uhr schaut, ist es schon später, als man gedacht hat. Ich persönlich hatte schon immer ein ziemlich angespanntes Verhältnis zur Zeit. Der Kinderbuchautor Dr. Suess hat das sehr schön zusammengefasst: »Wieso ist es so früh so spät? Der Abend kommt, dabei ist noch nicht mal Nachmittag. Der Dezember kommt, dabei ist noch nicht mal Juni. Meine Güte, wie rast die Zeit. Wieso ist es so früh so spät?«[12]

Kommt Ihnen das bekannt vor?

Wenn wir in einem Zustand permanenter Zeitnot leben, berauben wir uns selbst der Fähigkeit, ein weiteres Schlüsselelement der Dritten Größe zu erleben: das Staunen, das Gefühl der Freude an den Geheimnissen des Universums wie an den alltäglichen Erlebnissen und kleinen Wundern, die unser Leben erfüllen.

Ein anderes Talent meiner Mutter bestand darin, in einem ständigen Zustand des Staunens über die Welt um sie herum zu verharren. Ob sie das Geschirr spülte, am Strand die Möwen fütterte oder überarbeitete Geschäftsleute ermahnte – sie wahrte immer das Gefühl des Staunens über das Leben. Und wann immer ich mich über irgendetwas in meinem Leben beklagte oder ärgerte, hatte sie stets denselben Rat: »Liebes, schalte einfach um. Du hast die Fernbedienung in der Hand. Sieh dir den schlechten, beängstigenden Film einfach nicht mehr an.«

Wohlbefinden und Staunen. Beide sind entscheidend für die Dritte Größe. Und dann gibt es noch einen weiteren unentbehrlichen Faktor, um Erfolg neu zu definieren: Weisheit.

Wo immer man in der Welt hinschaut, sieht man intelligente Führungspersönlichkeiten furchtbare Fehlentscheidungen treffen – ob in der Politik, in der Wirtschaft oder in den Medien. Ihnen mangelt es nicht an IQ, sondern an Weisheit. Das ist kein Wunder; noch nie zuvor war es so schwierig, der eigenen inneren Weisheit zu lauschen, denn dazu muss man sich von den allgegenwärtigen technischen Geräten lösen, all den Gadgets und Bildschirmen, sich aus den sozialen Medien verabschieden – und wieder mit sich selbst in Verbindung treten.

Um ehrlich zu sein, fällt auch mir das nicht leicht. Das letzte Mal, als meine Mutter mich ausschimpfte, bevor sie starb, hatte sie mich dabei erwischt, wie ich gleichzeitig E-Mails beantwortete und mit meinen Kindern sprach. »Ich verachte Multitasking«, sagte sie mit einem griechischen Akzent, vor dem sich sogar meiner verstecken muss. Mit anderen Worten: Wenn wir uns oberflächlich mit der ganzen Welt verbinden, verhindert das eine tiefe Verbindung mit denjenigen, die uns nahestehen – auch mit uns selbst und damit unserer Weisheit.

Ich bin überzeugt, dass für den Menschen zwei grundlegende Sätze gelten. Erstens haben wir alle in uns einen zentrierten Ort, wo sich Weisheit, Harmonie und Stärke finden. Diese Auffassung vertreten alle Philosophien und Religionen – ob Christentum, Islam, Judentum oder Buddhismus – in der einen oder anderen Form: »Das Reich Gottes ist mitten unter euch.«[13] Oder, wie es Archimedes sagte: »Gib mir einen Punkt, auf dem ich stehen kann, und ich werde dir die Welt aus den Angeln heben.«[14]

Zweitens verlassen wir diesen Ort immer und immer wieder. Das ist einfach so im Leben. Genau genommen laufen wir vermutlich alle öfter außer Kurs als auf Kurs.

Die Frage ist, wie schnell wir zu jenem zentralen Ort der Weisheit, Harmonie und Stärke zurückfinden können. An diesem geheiligten Platz findet die Verwandlung des Lebens aus einem Kampf zu einem harmonischen Fluss statt, und plötzlich sind wir erfüllt von Vertrauen, wie auch immer die Hindernisse, Herausforderungen und Enttäuschungen aussehen, denen wir gegenüberstehen. Steve Jobs hat es in seiner inzwischen legendären Ansprache an der Stanford University so ausgedrückt: »Man kann die Punkte nicht verbinden, wenn man sie vor sich hat. Die Verbindung ergibt sich erst im Nachhinein.

Man muss also darauf vertrauen, dass sich die Punkte irgendwann einmal zusammenfügen. Man muss an etwas glauben – Intuition, Schicksal, Leben, Karma, was immer. Diese Haltung hat mich nie enttäuscht, sie hat mein Leben entscheidend geprägt.«[15]

Unser Leben hat einen Sinn, selbst wenn er uns manchmal verborgen bleibt, selbst wenn wir die Bedeutung der größten Wendungen und Enttäuschungen nur in der Rückschau verstehen. Wir können das Leben also genauso gut so führen, als ob – wie es der Dichter Dschalal ad-Din ar-Rumi sagt – alles zu unseren Gunsten eingerichtet wäre.[16]

Aber unsere Fähigkeit, immer wieder an diesen Ort der Weisheit zurückzukehren, hängt – wie so viele andere Fähigkeiten auch – davon ab, dass wir sie genügend üben und ihr in unserem Leben ausreichend Platz einräumen. Und ein Burnout macht es sehr viel schwieriger, sich der eigenen Weisheit zu bedienen. In einem Kommentar für die *New York Times* schrieb Erin Callan, die ehemalige CFO von Lehman Brothers – sie verließ die Bank wenige Monate vor deren Zusammenbruch –, über die Lektionen, die sie ihr Burnout gelehrt hat: »Die Arbeit kam immer zuerst und war wichtiger als Familie, Freunde und Ehe – die auch nach wenigen Jahren prompt zerbrach.«[17]

In der Rückschau wurde ihr klar, wie kontraproduktiv die übermäßige Arbeitsbelastung gewesen war, die sie sich zugemutet hatte: »Ich glaube inzwischen, dass ich es fast genauso weit hätte bringen können, ohne mein Privatleben komplett zu ruinieren«, schrieb sie. Schuften bis zum Burnout war übrigens nicht nur schlecht für sie, sondern, wie wir heute wissen, auch für Lehman Brothers selbst, die es heute ja bekanntlich nicht mehr gibt. Die Führungsmannschaft muss schließlich den Eisberg erkennen können, bevor die *Titanic* ihn rammt. Aber wenn man ausgebrannt und erschöpft ist, kann man Gefahren – oder auch Möglichkeiten – nur sehr schlecht voraussehen. Und hier müssen wir einhaken, wenn wir die Veränderung unserer Lebens- und Arbeitsweise in Gang bringen wollen.

Wohlbefinden, Weisheit und Staunen. Das letzte Element der Dritten Größe des Erfolgs ist die Bereitschaft, anderen etwas von sich selbst zu schenken, und zwar aus Empathie und Mitgefühl.

Die Gründerväter der USA hielten das Streben nach Glück für so wichtig, dass sie das Recht darauf in der Unabhängigkeitserklärung festgeschrieben haben. Aber ihre Vorstellung dieses »unveräußerbaren Rechts« war nicht die eines Rechts auf mehr Unterhaltung, sondern auf ein Glück, das aus dem guten Gefühl gespeist wird, Gutes zu tun. Sie meinten das Glück, ein produktives Mitglied der Gemeinschaft zu sein, das zum Gesamtwohl beiträgt.

Es gibt jede Menge eindeutiger wissenschaftlicher Belege dafür, dass Empathie und Hilfeleistung unser Wohlbefinden erhöhen. So werden die Elemente der Dritten Größe des Erfolgs Teil eines sich selbst verstärkenden Kreislaufs.

Wenn Sie Glück haben, machen Sie rechtzeitig eine Erfahrung, die bei Ihnen das Fass zum Überlaufen bringt. Bei mir war es mein erschöpfungsbedingter Zusammenbruch 2007. Für Marc Bittman, Restaurantkritiker bei der *New York Times*, war es das zwanghafte Checken seiner E-Mails über das im Sitz eingebaute Telefon während eines Fluges über den Atlantik. Er bekannte danach: »Mein Name ist Mark, und ich bin technologiesüchtig.«[18] Für Jean-Carl Honoré, den Autor von *In Praise of Slowness*, war es die ernsthafte Überlegung, seinem zweijährigen Sohn »Ein-Minuten-Einschlafgeschichten« vorzulesen, um Zeit zu sparen.[19] Für Mark Bertolini, den CEO von Aetna, war es ein Skiunfall mit einem gebrochenen Halswirbel, der ihn zu den verjüngenden Praktiken von Yoga und Meditation führte.[20] Für Pat Christen, die Präsidentin von HopeLab, war es die alarmierende Feststellung, dass sie wegen ihrer Abhängigkeit von technischen Kommunikationsmitteln »aufgehört hatte, meinen Kindern in die Augen zu schauen«.[21] Für Anna Holmes, die Gründerin der Internetseite Jezebel, war es die Erkenntnis, dass die Abmachung, die sie mit sich selbst geschlossen hatte, einen hohen Preis forderte: »Mir wurde klar, ›Okay, wenn ich 110 Prozent Leistung bringe, erziele ich gute Ergebnisse. Wenn ich noch härter arbeite, sind die Ergebnisse noch besser«. Die Voraussetzungen meines Erfolgs aber fielen auf mich selbst zurück: Ich konnte nicht mehr abschalten ... ich wurde immer gestresster ... Ich postete nicht nur 12 Stunden hintereinander alle 10 Minuten, sondern fing bereits zweieinhalb Stunden davor zu arbeiten an und danach noch weiter bis tief in die Nacht, um den nächsten Tag vorzubereiten.« Schließlich entschloss sie sich, bei Jezebel aufzuhören. »Ich brauchte über ein Jahr, um wieder herunterzukommen ... ein ganzes Jahr, bis ich mich wieder mehr auf mich selbst als auf das Internet konzentrieren konnte.«[22]

Seit meinem eigenen Erlebnis predige ich die Notwendigkeit, unser Leben der ständigen Erreichbarkeit ab und an zu unterbrechen und stattdessen wieder mit uns selbst in Kontakt zu kommen. Das bestimmt auch die redaktionelle Philosophie der 26 Lifestyle-Sektionen, die die *HuffPost* in Amerika hat. Wir stellen darin Wege vor, wie man sich um sich selbst kümmert und ein ausgewogenes, zentriertes Leben führt, während man gleichzeitig positiv auf die eigene Umwelt einwirkt. Seitdem sich die *HuffPost* auch im Ausland verbreitet, können wir diese redaktionellen Grundsätze über unsere kanadische, britische, französische, italienische, spanische, deutsche, japanische, brasilianische und südkoreanische Ausgabe auch weltweit fördern.

Ich erinnere mich daran, als ob es gestern gewesen wäre: Ich war 23 Jahre alt und auf Lesereise für mein erstes Buch *The Female Woman*, das unerwartet zu einem internationalen Bestseller geworden war.[23] Ich saß in einem anonymen europäischen Hotelzimmer, das ein geschmackvoll arrangiertes Stillleben hätte sein können. Auf dem Schreibtisch ein Strauß gelber Rosen, Schweizer Schokolade auf dem Nachttisch, französischer Champagner im Eiskübel. Das einzige Geräusch kam vom Eis, das knisternd zerschmolz. Die Stimme in meinem Kopf war viel lauter. »Ist das jetzt schon alles?« Wie eine Schallplatte, die festhängt, wiederholte sich die berühmte Frage aus Peggy Lees Song »Is That All There Is?« (falls sich jemand noch daran erinnert) immer wieder in meinem Hirn und verdarb mir die Freude, die ich in meinem Erfolg zu finden gehofft hatte. »Ist das jetzt wirklich alles?« Wenn das »Leben« heißt, was bedeutet dann das Leben? Kann es darin wirklich nur um Geld und Anerkennung gehen? Ein Teil meiner selbst, tief drinnen – der Teil, der die Tochter meiner Mutter ist –, antwortete mit einem lauten »Nein!« Diese Antwort hat mich nach und nach dazu gebracht, lukrative Angebote abzulehnen und weiterhin Bücher und Vorträge zum Thema »die weibliche Frau« zu verfassen. Es war mein erster Schritt auf einem langen Weg.

Dieser Weg hat begonnen in dem Moment der Erkenntnis, dass ich mein Leben nicht innerhalb der kulturell definierten Kriterien für Erfolg führen wollte. Er verlief allerdings nicht gerade, sondern oft geradezu spiralförmig, mit vielen Abwärtsphasen, während derer ich mich in eben jenem Wirbelsturm wiederfand, der, wie ich wusste, nicht zu dem Leben führen würde, wie ich es wollte.

So stark ist die Anziehungskraft der ersten beiden Größen, selbst für jemanden wie mich, die ich mit einer Mutter gesegnet war, die bereits nach der Dritten Größe lebte, bevor ich überhaupt wusste, was die Dritte Größe ist. Deshalb ist dieses Buch auch eine Art Heimkehr für mich.

Als ich damals in den 1980er Jahren in New York lebte, fand ich mich bei Mittag- und Abendessen mit Leuten wieder, die die ersten beiden Größen des Erfolgs – Geld und Macht – erreicht hatten, die aber immer noch auf der Suche waren. In Amerika fehlt uns ein Königshaus, also haben wir die Reichen und politisch Mächtigen in den Rang von Fürsten erhoben. Und weil man den Thron heute nicht mehr durch Geburtsrecht besteigt, sondern durch sichtbare Statussymbole, träumen wir davon, diese Symbole zu besitzen, um ebenfalls eine Krone zu tragen. Vielleicht liegt es auch an der allgegenwärtigen Erwartungshaltung, die uns schon von Kindheit an eingebläut wird, dass jeder, so bescheiden auch seine soziale Herkunft sein mag, für sich den amerikanischen Traum verwirklichen kann. Und dieser amerikanische Traum, den wir in die ganze Welt exportiert haben, definiert sich heute über den Erwerb von Dingen: Häuser, Autos, Yachten, Privatjets und andere Spielzeuge für Erwachsene.

Ich glaube allerdings, dass das zweite Jahrzehnt des neuen Jahrtausends in dieser Hinsicht schon sehr anders ist. Es gibt natürlich immer noch viele Millionen Menschen, die Erfolg mit Geld und Macht gleichsetzen und wild entschlossen sind, in der Tretmühle weiterzumachen, ohne Rücksicht auf Verluste im Hinblick auf Gesundheit, Beziehungen und Glück. Es gibt immer noch Millionen, die verzweifelt auf die nächste Beförderung warten, auf die nächste millionenschwere Bonuszahlung, die ihnen, so hoffen sie, endlich innere Ausgeglichenheit bringen und die eigene Unzufriedenheit stillen wird. Aber sowohl im Westen wie in den Schwellenländern finden sich jeden Tag mehr Menschen, die erkannt haben, dass das alles Sackgassen sind und dass sie Trugbildern nachjagen. Sie haben verstanden, dass wir die Erfüllung unseres Verlangens nicht allein im Erfolg finden können, wie er gegenwärtig definiert wird, denn dort gibt es – wie Gertrude Stein einmal über Oakland schrieb – kein Dort.[24]

Immer mehr wissenschaftliche Studien und medizinische Statistiken zeigen, dass unsere bisherige Lebensweise – unsere Prioritäten und Werte – nicht funktionieren. Und immer mehr Frauen – und Männer – weigern sich, zum Opfer dieser Lebensweise zu werden. Stattdessen unterziehen sie ihr Leben einer kritischen Prüfung, um sich wirklich weiterzuentwickeln, statt nur nach den gängigen Kriterien Erfolg zu haben.

Neueste wissenschaftliche Daten beweisen, dass die Zunahme von Stress und Burnoutsymptomen beträchtliche Folgen sowohl für die Gesundheit des Einzelnen als auch für unser Gesundheitssystem als Ganzes hat. Forscher der Carnegie Mellon University fanden heraus, dass es zwischen 1983 und 2009 in allen sozialen Schichten zu einer Zunahme des Stressempfindens um 10 bis 30 Prozent gekommen ist.[25] Mehr Stress führt auch zu mehr Diabetes,[26] Herzerkrankungen[27] und Fettleibigkeit[28]. Laut der US-Gesundheitsbehörde CDC werden drei Viertel des Gesundheitsbudgets für die Behandlung solcher chronischen Leiden aufgewandt.[29] Das Benson-Henry Institute for Mind Body Medicine am Massachusetts General Hospital schätzt, dass 60 bis 90 Prozent aller Arztbesuche auf stressbedingte Beschwerden zurückzuführen sind.[30] Auch in Großbritannien hat sich Stress in den letzten Jahren landesweit als wichtigste Krankheitsursache etabliert.[31] Tim Straughan, Leiter der britischen Gesundheitsbehörde Health and Social Care Information Centre, erklärte: »Man könnte vermuten, dass Stress und Angststörungen den Patienten eher zum Hausarzt als in die Klinik bringen. Unsere Zahlen legen jedoch nahe, dass es in England jedes Jahr auch Tausende Fälle gibt, die einen Klinikaufenthalt nötig machen.«[32] Und in Deutschland ist Stress heute die wichtigste Ursache für Frühverrentungen.[33] Der Stress, dem wir ausgesetzt sind, trifft auch unsere Kinder. Die Auswirkungen von Stress auf Kinder – sogar bereits auf ungeborene – wurden kürzlich in der Zeitschrift der amerikanischen Kinderarztvereinigung American Academy of Pediatrics betont.[34] Nicholas Kristof schrieb in der *New York Times:* »Die Symptome einer feindseligen oder gleichgültigen Umgebung überschwemmen Kleinkinder und bereits Föten derart mit Stresshormonen wie Cortisol, dass es zu Störungen im Stoffwechsel oder in der Entwicklung des Gehirns kommen kann. Die Kinder tragen teilweise bleibende Schäden davon. Selbst viele Jahre später als Erwachsene haben die Betroffenen ein erhöhtes Risiko für Herzerkrankungen, Fettleibigkeit, Diabetes und andere physische Störungen. Außerdem besteht eine größere Wahrscheinlichkeit, dass sie in der Schule zurückbleiben, jähzornig sind und in Konflikt mit dem Gesetz geraten.«[35]

Ein Grund dafür, warum sich der Stress in unserem Leben so anhäuft, ist, dass wir uns nicht genügend um uns selbst kümmern. Wir sind einfach zu beschäftigt damit, dem Phantom des Erfolgs nachzujagen. Der Unterschied zwischen dieser Art Erfolg und wirklichem persönlichen »Gedeihen« ist in der Gegenwart, im Alltag, nicht immer sehr deutlich, umso mehr aber im Rückblick. Ist Ihnen schon mal aufgefallen, dass die Reden bei einer Beerdigung ganz andere Ereignisse und Eigenschaften hervorheben als das, was die Gesellschaft als erfolgreich definiert?

Grabreden sind im Grunde sehr auf die Dritte Größe ausgerichtet. Doch obgleich es eigentlich nicht schwierig ist, ein Leben zu führen, in dem man die Dritte Größe im Blick behält, ist es noch leichter, sie außer Acht zu lassen. Es ist ganz einfach, sich von der Arbeit auffressen zu lassen. Es ist ganz einfach, sich von beruflichen Verpflichtungen vereinnahmen zu lassen und die Menschen und Dinge zu vergessen, die einem wirklich etwas bedeuten. Es ist ganz einfach, sich von der Technik in eine Falle der ständigen ruhelosen Erreichbarkeit locken zu lassen. Es ist also ganz leicht, am Leben vorbeizuleben, bis es dann irgendwann zu spät ist und wir tot sind. Eine Grabrede ist oft die erste ausdrückliche Aufzählung dessen, worum es uns im Leben gegangen ist – das Gründungsdokument unseres Vermächtnisses. So wird sich die Nachwelt an uns erinnern, so werden wir in den Herzen der anderen weiterleben. Und es ist sehr bezeichnend, was dann aufgezählt wird. Zum Beispiel hört man fast nie:

»Die Krönung seines Lebens war die Beförderung zum Hauptabteilungsleiter.«

Oder:

»Er steigerte im Laufe seiner Karriere den Marktanteil des Unternehmens um ein Vielfaches.«

Oder:

»Sie arbeitete ununterbrochen. Sie aß am Schreibtisch. Jeden Tag.«

Oder:

»Er schaffte es nie zu den Baseballspielen seiner Kinder, weil er immer noch mal die Zahlen durchgehen musste.«

Oder:

»Sie hatte zwar keine richtigen Freunde, aber dafür 600 Facebook-Freunde und beantwortete jeden Abend sämtliche E-Mails.«

Oder:

»Seine PowerPoint-Präsentationen waren immer aufs Sorgfältigste vorbereitet.«

In Grabreden geht es um ganz andere Dinge: Was wir anderen gegeben haben, wie wir mit anderen umgegangen sind, was wir unserer Familie und den Freunden bedeutet haben; kleine Akte der Freundlichkeit, lebenslange Leidenschaften, was uns zum Lachen brachte.

Warum also verwenden wir so viel von unserer begrenzten Lebenszeit auf all die Dinge, die in unserer Grabrede bestimmt nicht vorkommen werden?

»Eine Grabrede ist kein Bewerbungsschreiben«, schreibt David Brooks. »In ihr geht es um das Mitgefühl, die Weisheit, Wahrhaftigkeit und den Mut eines Menschen. Sie zählt die eine Million kleiner moralischer Entscheidungen auf, die aus jener Region tief im Inneren kommen.«[36]

Und doch sind uns die Positionen im tabellarischen Lebenslauf so viel Zeit, Mühe und Kraft wert – Einträge, die alle Bedeutung verlieren, sowie unser Herz stehenbleibt. Auch wer mit einem bewundernswerten *Wikipedia*-Eintrag stirbt, wessen Leben für Leistung und Erfolg steht, wird in seiner Grabrede fast nur für das gelobt, was er getan hat, wenn er nicht gerade auf Leistung und Erfolg fixiert war. Eine Grabrede unterliegt nicht den Zwängen unserer gegenwärtigen, verzerrten Erfolgsdefinition. Denken Sie nur an Steve Jobs, einen Mann, dessen Leben sich, zumindest im Bild der Öffentlichkeit, ganz um die Erfindung von Gegenständen drehte – zugegebenermaßen bahnbrechender und erstaunlicher Gegenstände. Als aber seine Schwester Mona Simpson bei seiner Beerdigung ans Rednerpult trat, sprach sie über etwas ganz anderes.

Natürlich erwähnte sie auch seine Arbeit und seine Arbeitsmoral, aber hauptsächlich als Ausdruck seiner Leidenschaften. »Steve arbeitete an dem, was er liebte«, sagte sie. Was ihn wirklich antrieb, war Liebe. »Liebe war seine beherrschende Tugend«, sagte sie, »sein höchstes Ideal.

Als [sein Sohn] Reed auf die Welt kam, fing er an zu schwärmen und hörte nicht mehr auf. Er war ein sehr körperlicher Vater, für alle seine Kinder. Er machte sich Sorgen wegen Lisas Freunden und Erins Reisen und der Länge ihrer Röcke und um Eves Sicherheit, wenn sie reiten ging.«

Und dann fügte sie noch ein berührendes Bild hinzu: »Keiner von uns, der bei Reeds Abschlussball dabei war, wird je vergessen, wie Reed und Steve miteinander einen Schieber tanzten.«[37]

In ihrer Grabrede machte Steves Schwester deutlich, dass er viel mehr war als der Typ, der zufällig das iPhone erfunden hat. Er war Bruder und Ehemann und Vater, und er kannte den wahren Wert dessen, wovon uns die Technik nur zu leicht ablenkt. Selbst wenn man ein bahnbrechendes Produkt erschafft, eines, das die Nachwelt prägt, lebt in den Köpfen und Herzen der Menschen, die einem etwas bedeuten, eher die Erinnerung an einen als Menschen weiter.

In Marguerite Yourcenars Roman *Ich zähmte die Wölfin* denkt der römische Kaiser Hadrian über seinen Tod nach: »So scheint es mir jetzt, wo ich schreibe, kaum noch von Belang zu sein, dass ich Kaiser bin.«[38] Thomas Jefferson wird in seiner Grabinschrift als »Verfasser der Unabhängigkeitserklärung der USA ... und Gründervater der University of Virginia« gepriesen. Dass er Präsident war, wird nicht erwähnt.[39]

Die alte Weisheit, man solle jeden Tag so leben, als wäre er der letzte, wird meist so verstanden, dass man nicht warten sollte, die wirklich wichtigen Dinge auch wichtig zu nehmen. Jeder, der ein Smartphone und ein überquellendes E-Mail-Postfach hat, weiß, wie leicht es ist, sich so einspannen zu lassen, dass man das Leben gar nicht mehr wahrnimmt.

Ein Lebensstil, in dem die Dritte Größe genug Beachtung findet, kann vor dem Urteil der Grabrede bestehen. »Ich bin bei Grabreden immer froh, wenn ich mir sagen kann, dass ich einer der Zuhörer bin«, witzelt George Carlin.[40] Unsere eigene werden wir zwar nicht hören können, aber wir schreiben an ihr die ganze Zeit, jeden einzelnen Tag. Die Frage ist, wie viel Material wir dem Grabredner liefern.

Im Sommer 2013 verbreitete sich im Internet mit rasender Schnelligkeit der Nachruf auf eine Frau aus Seattle namens Jane Lotter, die an Krebs gestorben war. Autor das Nachrufs war Jane Lotter selbst.

»Einer der wenigen Vorteile, wenn man an Gebärmutterkrebs stirbt – Stufe 3, Stadium IIIC, rekursiv und mit Metastasenbildung in Leber und Bauchhöhle – «, so schrieb sie, »ist, dass man immerhin Zeit hat, seinen eigenen Nachruf zu verfassen.« Nach einer liebenswerten und lebendigen Schilderung ihres Lebens zeigte sie, dass sie die Definition wirklichen Erfolgs beherzigt hatte. »Meine geliebter Bob, meine geliebte Tessa, meine geliebte Riley«, schrieb sie, »meine geliebten Freunde und Angehörigen. Wie kostbar ihr alle für mich gewesen seid! Euch alle zu kennen und zu lieben, das war die Erfolgsgeschichte meines Lebens.«[41]

Ob man (so wie ich) an ein Leben nach dem Tod glaubt oder nicht – indem man darauf achtet, in seinem eigenen Leben und dem derjenigen, die einem etwas bedeuten, völlig gegenwärtig zu sein, schreibt man nicht nur an seiner eigenen Grabrede, sondern man schafft sich bereits zu Lebzeiten sein Vermächtnis. Das zu berücksichtigen ist eine Übung von unschätzbarem Wert – eine, die umso glaubwürdiger wird, solange man noch das Glück hat, gesund zu sein und über die Energie und Freiheit zu verfügen, ein sinnvolles und bedeutungsvolles Leben zu führen. Die gute Nachricht ist, dass jeder Einzelne von uns noch immer Zeit hat, der bestmöglichen Grabrede gerecht zu werden, die man sich nur vorstellen kann.

Dieses Buch soll eine Hilfe dabei sein, das Wissen, was richtig ist, in die Tat umzusetzen. Wie ich selbst nur zu gut weiß, ist das keine einfache Angelegenheit. Eingefahrene Gewohnheiten zu ändern, ist besonders schwierig. Und wenn viele dieser Gewohnheiten das Ergebnis tief verinnerlichter kultureller Normen sind, wird es noch schwieriger. Das ist die Herausforderung, der wir uns gegenübersehen, wenn wir Erfolg neu definieren und die Prinzipien der Dritten Größe in unser Leben einführen wollen. Im vorliegenden Buch geht es um die Lektionen, die ich gelernt habe, und um meine Bemühungen, die Prinzipien der Dritten Größe zu verkörpern – ein Prozess, der vermutlich mein ganzes weiteres Leben andauern wird. Es versammelt außerdem die neuesten Daten, wissenschaftlichen Studien und Forschungsergebnisse (manche davon in Endnoten versteckt), die hoffentlich auch den skeptischsten Leser überzeugen werden, dass unser gegenwärtiger Lebensstil nicht funktioniert und es nachweislich bessere Wege gibt, sein Leben zu führen – Wege, die einen unmittelbaren und messbaren Effekt auf Gesundheit und Glück haben. Und schließlich habe ich, weil mein Ansatz so praktisch wie möglich sein soll, auch noch viele alltagstaugliche und leicht zu befolgende Übungen, Mittel und Methoden eingefügt. Diese drei Fäden werden von einem einzigen, alles umspannenden Ziel zusammengehalten: dass wir uns wieder mit uns selber, den Menschen, die uns etwas bedeuten, und unserer Gemeinschaft verbinden – mit einem Wort, dass es uns wieder rundherum gut geht.

Wohlbefinden

*Ich hatte sehr lange geglaubt, jetzt werde
das Leben gleich beginnen – das wirkliche Leben.
Aber irgendwie fand sich immer ein Hindernis, etwas,
das zuerst überwunden oder erledigt werden musste,
irgendeine Schuld, die noch abzuzahlen war. Dann
aber würde das Leben beginnen. Endlich dämmerte mir,
dass diese Hindernisse mein Leben waren.*[42]

ALFRED D'SOUZA

Eine neue Blaupause: Es ist Zeit, den Bau unseres Lebens zu renovieren

Es heißt, nichts ist so erfolgreich wie der Erfolg. Viel hilft viel. Also ist es bestimmt besser, 80 Stunden pro Woche zu arbeiten als 40. Und rund um die Uhr erreichbar zu sein, auch am Wochenende, ist heutzutage anscheinend die Voraussetzung für jeden anständigen Job – was bedeutet, dass man durch Schlafverzicht und ständiges Multitasking die Karriereleiter besonders schnell nach oben kommt. Oder?

Es ist an der Zeit, diese Annahmen genauer unter die Lupe zu nehmen. Wenn wir das tun, wird klar, dass der Preis, den wir für eine solche Denk- und Lebensweise zahlen, viel zu hoch und letztlich untragbar ist. Unser Lebensgebäude muss dringend renoviert und saniert werden. Was uns wirklich etwas bedeutet, ist nicht länger mit unserer tatsächlichen Lebensführung vereinbar, und wir brauchen schleunigst einen neuen Bauplan, um beides wieder zusammenzubringen. In der *Apologie des Sokrates* lässt Platon den Philosophen Sokrates erklären, sein Lebensziel sei, dass die Athener es als wichtigste aller Tätigkeiten erkennen, für ihre Seelen zu sorgen. Seine Forderung, dass man zu sich selbst finden muss, ist auch heute noch der einzige Weg für jeden von uns, ein wirklich erfülltes Leben zu führen.

Zu viele Menschen lassen ihr Leben – und ihre Seele – zu Hause, wenn sie zur Arbeit gehen. Das ist die Wahrheit, die dem Kapitel über Wohlbefinden und genau genommen dem ganzen Buch zugrunde liegt. Ich bin in Athen aufgewachsen und erinnere mich aus dem Altgriechisch-Unterricht daran, dass Sokrates gesagt haben soll, ein Leben, das nicht bewusst gelebt werde, sei es nicht wert, gelebt zu werden.[43] Philosophie war für die Griechen des Altertums keine akademische Angelegenheit, sondern eine Lebensweise – eine tägliche Übung in Lebenskunst. Meine Mutter hat nie studieren können, führte aber trotzdem lange Diskussionen mit meiner Schwester Agapi und mir in unserer kleinen Küche, bei denen wir versuchten, die Prinzipien und Lehren der griechischen Philosophie auf unsere Entscheidungen anzuwenden.

Unser gegenwärtiger Erfolgsbegriff, durch den wir uns in die Erschöpfung, wenn nicht ins Grab treiben – demzufolge Arbeit bis zur völligen Verausgabung und zum Burnout einem zur Ehre gereicht –, wurde von einer männerdominierten Unternehmenskultur eingeführt. Aber dieser Erfolgsbegriff funktioniert für Frauen nicht, und für Männer eigentlich auch nicht. Wenn wir neu definieren, was wir unter Erfolg verstehen, wenn wir neben Geld und Macht eine Dritte Größe in die Definition einführen wollen, dann werden die Frauen dabei führend sein – und die Männer, befreit von der Vorstellung, dass der einzige Weg zum Erfolg die Herzinfarktstraße nach Stress City ist, werden sich in der Arbeit wie zu Hause dankbar anschließen.

Dies ist unsere dritte Frauenrevolution. Die erste wurde von den Suffragetten vor über hundert Jahren angeführt, als mutige Frauen wie Susan B. Anthony, Emmeline Pankhurst oder Elizabeth Cady Stanton das Wahlrecht für Frauen erkämpften. Die zweite führten Betty Friedan und Gloria Steinem, die dafür kämpften – Gloria führt diesen Kampf bis heute –, den Frauen mehr Mitsprache in der Gesellschaft und Zugang zu den Zentralen der Macht zu verschaffen.

Diese zweite Revolution dauert immer noch an, und das ist auch nötig. Dennoch können wir jetzt einfach nicht länger auf die dritte warten.

Frauen bezahlen für ihre Teilnahme an einer Unternehmenskultur, die von Stress, Schlafentzug und Burnout geprägt wird, einen noch höheren Preis als Männer. Das ist einer der Gründe dafür, warum so viele talentierte Frauen, die mit beeindruckenden Studienabschlüssen einflussreiche Positionen errungen haben, ihre Karriere wieder aufgeben, wenn sie es sich leisten können. Lassen Sie mich genauer darauf eingehen, warum der Preis zu hoch ist: Wie bereits in der Einleitung erwähnt – aber dies ist so wichtig, dass es eine Wiederholung verträgt –, tragen Frauen in sehr stressigen Jobs ein um fast 40 Prozent höheres Risiko für Herzkrankheiten und Herzinfarkte, im Vergleich zu ihren weniger gestressten Kolleginnen, und ein um 60 Prozent höheres Risiko für Diabetes Typ 2 (eine Korrelation, die bei Männern übrigens nicht besteht).[44] Außerdem sterben weibliche Herzinfarktpatienten fast doppelt so häufig wie männliche innerhalb eines Jahres nach dem Infarkt, und Frauen in stark belastenden Jobs werden häufiger zu Alkoholikerinnen als Frauen in weniger belastenden Jobs.[45] Der Stress und der Druck, die eine berufliche Karriere mit sich bringt, können außerdem eine Rolle beim Wiederauftreten von Essstörungen bei Frauen zwischen 35 und 60 spielen.[46]

Die meiste Zeit, wenn von den Herausforderungen für Frauen in Spitzenpositionen die Rede ist, geht es um die Schwierigkeit, Karriere und Kinder miteinander zu vereinbaren – also »nichts zu verpassen«. Es wird Zeit zu verstehen, dass viele Frauen angesichts der gegenwärtigen Arbeitsstrukturen gar kein Interesse daran haben, nach oben zu gelangen und dort zu bleiben, und zwar, weil sie ihre Gesundheit, ihr Wohlbefinden und ihr Glück nicht opfern wollen. Wenn eine Frau eine Spitzenkarriere aufgibt, kreist die Diskussion hauptsächlich um die Wahl zwischen Hausfrau und Mutter einerseits und unabhängiger Karrierefrau andererseits. Aber oft steigen Frauen in leitenden Positionen nicht nur wegen der Kinder aus, auch wenn die Beschäftigung mit ihnen dann manchmal den Platz des Berufs einnimmt. Und die tatsächlichen Gründe, warum Frauen gehen, sind auch für Männer sehr bedeutsam.

Caroline Turner, Autorin von *Difference Works: Improving Retention, Productivity, and Profitability Through Inclusion* (»Unterschiede funktionieren: Zur Verbesserung von Kontinuität, Produktivität und Profitabilität durch Inklusion«), war eine dieser Frauen an der Spitze. Nachdem sie die Karriereleiter erfolgreich erklommen hatte, entschloss sie sich abzuspringen, und zwar nicht wegen ihrer Kinder, die waren damals nämlich schon erwachsen. »Mir fehlte die Leidenschaft, die man braucht, um dabeizubleiben«, schreibt sie. Nach ihrer Kündigung stellte sie fest, dass sie auf einmal viele neue »Kolleginnen« hatte. »Mir fiel auf, wie viele ehemalige weibliche Vorstandsmitglieder es gibt«, schreibt sie. »Ich begann über die wirklichen Gründe meines Ausstiegs nachzudenken.«[47]

Sie stieß auf Forschungsergebnisse, die zeigten, dass zwar Kindererziehung und die Pflege älterer Angehöriger am häufigsten als Grund angegeben wurden, wenn Frauen kündigen, dass fehlendes Engagement und fehlende Freude am Job aber direkt danach kamen. Und natürlich schließen die drei Gründe einander nicht aus. »Wenn eine Frau ihren Job nicht wirklich mag, dann ist sie auch weniger bereit, zwischen Beruf und Familie zu jonglieren«, schreibt Turner. »Wenn Sie hingegen wirklich in ihrer Arbeit aufgeht, ist es ihr die Mühe vielleicht eher wert.«

Was also von außen oft wie eine einfache Entscheidung aussieht, zum Beispiel der Kinder wegen zu Hause zu bleiben, kann durchaus komplizierter sein. Kinder sind ein starker Beweggrund – sich um sie zu kümmern, kann dem Leben Sinn und Bedeutung geben. Wenn die berufliche Karriere diesen Sinn und diese Bedeutung nicht gibt, wählen manche Frauen die erste Option. Insgesamt 43 Prozent aller Mütter geben irgendwann ihren Beruf auf.[48] Etwa drei Viertel von ihnen kehren später wieder an den Arbeitsplatz zurück, aber nur 40 Prozent arbeiten dann wieder in Vollzeit. Wie Turner schreibt, brauchen Frauen das Gefühl der Wertschätzung, um sich für eine Arbeit zu engagieren. An heutigen Arbeitsplätzen werden aber männliche Erfolgskonzepte – geprägt von Stress und Erschöpfung – eher honoriert. Nehmen wir beispielsweise die Wall Street, wo Roseann Palimieri 25 Jahre lang gearbeitet hat. Zuletzt war sie Managing Director bei Merril Lynch. Im Jahr 2010 wurde ihr plötzlich bewusst: »Ich sitze mit am Tisch. Ich habe es geschafft. Ich habe Networking betrieben und mich hochgearbeitet, ich habe ›Ja‹ und ›Nein‹ gesagt, ich habe ungeheuer viel Zeit und Mühe investiert, und ich bin enttäuscht. Was ich zurückbekomme, ist nicht, was ich erwartet hatte.«[49]

> *Du bist nicht dein Bankkonto oder dein Ehrgeiz.*
> *Du bist nicht der kalte Lehmklumpen mit aufgeblähtem*
> *Leib, den du zurücklässt, wenn du stirbst. Du bist keine*
> *wandelnde Ansammlung von Persönlichkeitsstörungen.*
> *Du bist Geist, du bist Liebe.*[50]
>
> ANNE LAMOTT

Paulette Light ging es ebenso. An ihrem Master in Pädagogik an der Harvard University und einem MBA an der Wharton University schloss sich eine erfolgreiche Karriere als Unternehmensberaterin an. Zehn Wochen nach der Geburt ihrer Tochter war sie zurück am Arbeitsplatz. »Ich war erschöpft und ein nervliches Wrack«, schreibt sie. Ihr Arbeitgeber wollte sie gerne weiterbeschäftigen und zeigte sich flexibel: »Hauptsache, die Arbeit wird erledigt«. Aber genau das war das Problem: »Um die Arbeit zu erledigen, hätte ich alles für die Arbeit geben müssen.«[51]

Also kündigte sie und bekam noch drei weitere Kinder. Aber die Arbeitswelt hinter sich zu lassen hieß nicht, dass sie Leistung und Erfolg hinter sich gelassen hätte, ganz im Gegenteil. Sie hat inzwischen eine Vorschule gegründet, eine Synagoge mitbegründet und ein Internet-Startup-Unternehmen ins Leben gerufen. Außerdem sucht sie ständig nach Wegen, um die Türen auf dem Arbeitsmarkt in beide Richtungen durchlässiger zu machen, damit die Talente und

Fähigkeiten von Menschen mit alternativen Lebensplanungen besser zum Einsatz kommen können. In einer gesunden Wirtschaft geht es nicht nur um eine effiziente Zuordnung von Kapital, sondern auch von Talent. Immer mehr Menschen – sowohl Männer wie Frauen – wollen sich nicht mehr zu Tode arbeiten, daher ist es wichtig, ihnen humane Wege zurück in die Arbeitswelt zu bahnen, damit ihre Qualifikationen nicht verloren gehen.

Eine Möglichkeit wäre, die Projektarbeit auszudehnen, bei der eine Fachkraft lediglich ein Projekt und eine Deadline vorgegeben bekommt. »Wer hochqualifizierte Mütter für den Arbeitsmarkt zurückgewinnen will«, so Light, »sollte uns nicht in ein festes Büro und feste Arbeitszeiten zwingen wollen, sondern uns einfach eine Aufgabe übertragen und sagen, wann sie erledigt sein soll.«[52]

Übrigens suchen nicht nur Mütter mit kleinen Kindern nach einer Alternative. Kate Sheehan arbeitete sich nach ihrem Collegeabschluss in der Öffentlichkeitsarbeit nach oben und war mit 27 Jahren Redenschreiberin für den CEO eines großen Finanzdienstleisters. Aber nach sieben Jahren ununterbrochener Zwölf-Stunden-Arbeitstage kam sie ins Zweifeln in Hinblick auf ihren weiteren Lebensweg. Nicht die Antworten änderten sich, sondern die Fragen, die sie stellte. »Es hieß nicht, ›Was will ich tun?‹, sondern, ›Wie möchte ich leben?‹«, sagt sie. Die Antwort machte ihr klar, dass sie sich verändern musste.[53]

Ich versuche nicht, besser zu tanzen als irgendjemand anderes. Ich versuche nur, besser zu tanzen als ich selbst.[54]

MIKHAIL BARYSHNIKOV

Deshalb zog sie nach Cape Cod und gründete ein Consulting-Unternehmen für Öffentlichkeitsarbeit. »Am Cape Cod zu wohnen, hat etwas ganz Besonderes – die Menschen in meiner Umgebung, in dieser wunderbaren Landschaft, inspirierten und stützten mich«, sagt sie. »Ich dachte, ›auch ich kann einen unabhängigeren Weg gehen‹. Die Umgebung, der Ozean – ich bin am Meer aufgewachsen – beflügelten mich. Emotional, mental und körperlich hatte ich hier mehr Freiraum.

Es gibt viele Frauen, die es genauso machen wie ich«, sagt sie, »aber sie machen es 15 oder 20 Jahre später. Ich möchte nicht in 15 Jahren mit ruinierter Gesundheit und ohne ein Leben dastehen, das sich wirklich sinnvoll anfühlt.«

Laut einer Umfrage der Zeitschrift *ForbesWoman* gaben erstaunliche 84 Prozent aller arbeitenden Frauen an, sie würden, wenn sie es sich leisten könnten, gerne zu Hause bleiben, um sich ihren Kindern zu widmen.[55] Das sagt genauso viel über die Erfüllung aus, die uns die Arbeit bietet, wie über unsere Liebe für unsere zweifellos wundervollen Kinder.

Burnout:
Die Krankheit unserer Zivilisation

Der belgische Philosoph Pascal Chabot bezeichnet das Burnout-Syndrom als »Zivilisationskrankheit«.[56] Auf jeden Fall ist es symptomatisch für unsere heutige Zeit. »Dies ist nicht nur eine Störung Einzelner, die schlecht ins System passen oder sich zu sehr einbringen oder nicht wissen, wo man der Arbeit auch mal eine Grenze setzen muss«, schreibt er, »sondern auch eine Störung, die wie ein Spiegel einige übertriebene Werte unserer Gesellschaft reflektiert.«

Marie Åsberg, Professorin am Stockholmer Karolinska Institut, erklärt die Entstehung eines Burnouts mithilfe eines »Erschöpfungstrichters«, in den wir hineinrutschen, wenn wir Dinge aufgeben, die wir für unwichtig halten.[57] »Wichtig ist zu erkennen, dass wir ausgerechnet auf die Dinge, die uns seelisch am meisten nähren, als Allererstes verzichten, weil sie uns ›nebensächlich‹ erscheinen. Mit dem Ergebnis, dass schließlich nur die Arbeit und andere Stressfaktoren übrig bleiben und es nichts mehr gibt, was uns Kraft geben könnte. Erschöpfung ist die unausweichliche Folge«, schreiben Mark Williams und Danny Penman in *Meditation im Alltag*.[58]

> *Wenn ich in wenigen Worten das Wesentliche zusammenfassen sollte, was ich sowohl als Romanautor wie als Prediger sagen möchte, wäre es vielleicht ungefähr Folgendes: Höre auf dein Leben. Erkenne es als das unergründliche Geheimnis, das es ist. Wenn es langweilig oder schmerzlich ist, nicht weniger, als wenn es aufregend und glücklich ist: Fühle, schmecke, rieche deinen Weg in sein heiliges und verborgenes Herz, denn letztlich sind alle Momente Schlüsselmomente und das Leben selbst ist Gnade.*[59]
>
> FREDERICK BUECHNER

Ein weiteres Ergebnis der gegenwärtigen schädlichen Erfolgsdefinition ist eine Epidemie von Suchterkrankungen.[60] Über 22 Millionen US-Bürger nehmen Drogen, über 12 Millionen sind schmerzmittelsüchtig,[61] fast 9 Millionen brauchen regelmäßig Schlaftabletten.[62] Und der Anteil der Konsumenten von Antidepressiva unter den Erwachsenen ist seit 1988 um 400 Prozent gestiegen.[63]

Burnout, Stress und Depressionen sind eine weltweite Epidemie geworden. Und wie wir herausgefunden haben, als wir im Sommer 2013 eine »Third Metric«-Konferenz zur Dritten Größe in London und eine weitere im Herbst in München abhielten, ist die Notwendigkeit zur Neudefinition des Erfolgs eine globale. In Großbritannien werden heute 495 Prozent mehr Antidepressiva verschrieben als

1991.[64] In Europa hat der Gebrauch von Antidepressiva zwischen 1995 und 2009 um fast 20 Prozent jährlich zugenommen. Und die gesundheitlichen Folgen der Stressbelastung werden weltweit immer besser dokumentiert. Laut einer dänischen Studie hatten Frauen, die ihre Arbeitsbelastung als »ein wenig zu hoch« beschrieben, ein um 25 Prozent gesteigertes Risiko für Herzerkrankungen.[65] June Davidson, Pflegerin bei der British Heart Foundation, warnte: »Angestellte, die sich bei der Arbeit unter Druck gesetzt fühlen, nehmen womöglich ungesunde Gewohnheiten an und erhöhen damit das Risiko, Herzprobleme zu bekommen.«

Obwohl Deutschland relativ gut aus der globalen Rezession herausgekommen ist und sich wirtschaftlich schnell erholt hat, ist das Burnout-Syndrom dort ein weit verbreitetes Phänomen: Anna Katharina Schaffner, Professorin an der University of Kent, hat festgestellt, dass die Diskussion über dieses Problem den Zeitgeist so beherrscht, dass Beobachter schon über einen »Burnout-Burnout« klagen.[66] Ein kurzer Blick auf die Statistik erklärt auch, warum dies so ist: Jeder dritte Berufstätige berichtet von massiver Erschöpfung oder Burnout;[67] von den Mitgliedsstaaten der OECD gehören die Deutschen zu den Spitzenverbrauchern was Blutdrucksenker und Antidiabetika angeht;[68] 2010 litten 26 Prozent aller Deutschen unter depressiven Symptomen[69]; zwischen 2007 und 2011 stieg die Menge der verschriebenen Antidepressiva in Deutschland um 46 Prozent;[70] über 40 Prozent der Erwerbstätigen gaben an, dass ihre Arbeit in den vergangenen zwei Jahren stressiger geworden sei, und 2011 gab es in Deutschland 59 Millionen Krankheitstage wegen psychischer Störungen – eine Steigerung von über 80 Prozent in 15 Jahren. Die damalige Bundesarbeitsministerin Ursula von der Leyen schätzte die durch Burnout jährlich verursachten Kosten für das Land auf bis zu zehn Milliarden Euro. »Nichts ist teurer, als einen guten Mitarbeiter mit Mitte 40 in die Rente zu schicken, weil er ausgebrannt ist«, sagte sie. »Das sind keine Ausnahmen, dahinter liegt ein Trend, dem wir uns stellen müssen.«[71]

In China gaben 2012 bei einer Umfrage 75 Prozent aller chinesischen Arbeiter an, ihre Stressbelastung sei im vergangenen Jahr gestiegen (gegenüber einem weltweiten Durchschnittswert von 48 Prozent).[72]

Laut einer Studie der Harvard Medical School fühlen sich erstaunliche 96 Prozent aller Führungskräfte ausgebrannt.[73] Steve Cohen, CEO von SAC Capital, dem Hedgefonds, der 2013 verklagt und zu einer Rekordgeldstrafe von 1,2 Milliarden Dollar verurteilt wurde,[74] verteidigte sich unter anderem damit, er habe unter den tausend E-Mails, die er jeden Tag bekomme, eine entscheidende Warnung vor Insiderhandel übersehen.[75] Für diese tägliche Flut zahlt man einen hohen Preis. António Horta-Osório nahm 2011 nach weniger als einem Jahr als CEO der Lloyds Banking Group eine Auszeit von zwei Monaten. Winfried Bischoff, Präsident von Lloyds, nannte »Überarbeitung und Schlafmangel« als Gründe.[76] Nach seiner Rückkehr erklärte Horta-Osório: »Im Nachhinein weiß ich, dass ich es langsamer hätte angehen lassen müssen.«[77] Im Oktober 2013 nahm Hector Sants, Head of Compliance bei der Barclays Bank, zunächst Urlaub und kündigte seinen Posten einen Monat später endgültig, nachdem bei ihm Erschöpfung und Stress diagnostiziert worden waren.[78]

Die Bezeichnung »Stress« wurde im modernen Sinn erstmals 1936 von dem Mediziner Hans Selye gebraucht. Sie bedeutet »unspezifische körperliche Reaktionen auf äußere Belastungen«, wie es die Immunologin Esther Sternberg in ihrem Buch *Heilende Räume* formuliert hat:

> *Die Römer in der Antike gebrauchten ein Wort mit einer ähnlichen Bedeutung – stringere, das heißt »straff zusammenziehen, abpflücken, berühren, verletzen«. Als das Wort im 14. Jahrhundert in die englische Sprache gelangte, bezog es sich weiterhin auf physische Bedrängnis aus der Umgebung. Im 19. Jahrhundert begann das Wort dann eine Bedeutung anzunehmen, die die physischen Auswirkun-*

gen der Umgebung und die Reaktionen des Körpers darauf miteinander verband. 1934 schließlich zeigte der Physiologe Walter B. Cannon, dass Tiere als Reaktion auf solche Belastungen Adrenalin erzeugen. Dies war tatsächlich der erste Beweis, dass die physische Umgebung eine körperliche Antwort auszulösen vermochte. Selye entwickelte das Konzept noch einen Schritt weiter und zeigte, dass als Reaktion auf Stress noch viele weitere Hormone produziert wurden und diese anhaltende physische Konsequenzen für den Körper haben konnten.[79]

Was in unserem Körper Stress auslöst, ist sehr subjektiv bedingt. Es scheint, als ob der Stress immer latent vorhanden sei und nach irgendetwas oder irgendjemandem Ausschau halte, um sich daranzuhängen. Und oft hängt er sich an etwas völlig Triviales und Bedeutungsloses. Wie trivial und bedeutungslos – und überhaupt nicht wert, dass wir es beachten, geschweige denn, uns davon unter Stress setzen lassen –, merken wir immer erst, wenn eine ernsthafte Störung unseres Alltags auftritt: der Verlust eines geliebten Menschen, Krankheit, Sorge um die Gesundheit.

Die wirkungsvollste Waffe gegen Stress ist unsere Fähigkeit, einen Gedanken einem anderen vorzuziehen.[80]

WILLIAM JAMES

Als wir zum Beispiel gerade nach Washington gezogen waren, hatte ich den Kopf so voller Alltagsprobleme – das neue Haus einrichten, die beiden Kinder in der Schule anmelden, endlich die Nachfragen meines Lektors zu einem Manuskript beantworten, eine Geburtstagsfeier organisieren –, dass ich kaum bei der Sache war, als ich zu einer routinemäßigen Vorsorgeuntersuchung ins Krankenhaus nach Georgetown fuhr. Ich ließ die Untersuchung über mich ergehen, während ich im Geiste meine Liste abhakte und nahm kaum wahr, wie die Krankenschwester meinen Blutdruck maß. Die Ärztin kam, ging wieder, kam zurück. Irgendwann fiel mir auf, dass sie ziemlich eindringlich mit mir sprach. Ich glaube, es war das Wort »Knoten«, das mich aufschrecken ließ. Ein Knoten, der so schnell wie möglich entfernt werden müsse.

Eines der Probleme, die sich aus meinem Grundsatz ergaben, immer auf das Beste zu hoffen, bis mir jemand das Schlimmste verkündet, ist, dass mir der Knoten zwar schon zu Hause aufgefallen war, ich ihn aber als harmlose Zyste – nicht die erste, die ich hatte – abgetan hatte. Kein Grund zur Sorge. Aber jetzt redete diese Ärztin auf einmal von »Biopsie« und »Operation« und erklärte, der Knoten »aspiriere« nicht – das heißt, sie konnte keine Flüssigkeit aus ihm absaugen und wollte ihn sofort entfernen. Ich war kurz vor einer Ohnmacht und bat darum, mich auf den Untersuchungstisch legen zu dürfen, während sie mir schilderte, was das hieß. Wie durch dichten Nebel hörte ich, wie lange es dauere, die »Laborwerte nach der Operation« zu bekommen, und dass sie diese immer gerne mit ihren Patienten in der Praxis persönlich bespreche, um das weitere Vorgehen abzustimmen. Schlagartig waren alle meine Deadlines verschwunden und alle Prioritäten umgestoßen.

Eine Woche nach der Operation lag das Ergebnis der Laboruntersuchung dann vor. Der Knoten war gutartig. Es war eine lange Woche voller »Und wenn nun ...« gewesen, eine Woche, die mich eine zentrale Wahrheit über das Leben gelehrt hatte, nämlich, wie leicht eine große Krise alle kleinen auslöschen kann, die einen Moment zuvor noch so wichtig schienen. Sie erinnert uns an die Vergänglichkeit von so vielem, was wir als dauerhaft voraussetzen, und an den Wert von so vielem, was wir als selbstverständlich nehmen.

Immer wieder und weltweit sieht man Beispiele, wie erst eine gesundheitliche Krise die Menschen aufweckt. Für den ehemaligen Präsidenten von Google China, Lee Kai-Fu, kam dieser Augenblick im Herbst 2013, als bei ihm Krebs diagnostiziert wurde.[81] Seinen 50 Millionen Followern auf Sina Weibo (der chinesischen Entsprechung zu Twitter) schrieb Lee, er werde jetzt sein Leben ändern: »Ich war naiv genug, darum zu wetteifern, wer mit dem wenigsten Schlaf auskommt. ›Kämpfen bis zum Tod‹ war mein Lebensmotto… Erst jetzt, wo mir der Verlust von 30 Lebensjahren droht, schaffe ich es, herunterzuschalten und mich neu zu orientieren. Dieser Durchhaltewillen war womöglich ein Fehler.« Sein neuer Plan: »Genug Schlaf, gesunde Ernährung, und wieder anfangen, Sport zu treiben.«

Und jeden Tag aufs Neue reißt dich die Welt
an der Hand mit und schreit: »Das ist wichtig!
Und das auch! Und das auch! Mach dir Sorgen
um dies! Und um das! Und um jenes!«
Und jeden Tag musst du deine Hand zurückreißen,
sie dir aufs Herz drücken und sagen:
»Nein. Das hier ist wichtig.«[82]

IAIN THOMAS

Gesunde Angestellte, gesunde Bilanzen

Wenn wir uns die westliche Unternehmenskultur heute anschauen, finden wir zwei sehr verschiedene und miteinander konkurrierende Welten vor. In der einen Welt sehen wir eine klare Manifestation des Burnout-Syndroms: eine Geschäftskultur, die sich einzig und allein auf Quartalsberichte, die Maximierung kurzfristiger Gewinne und das Übertreffen von Wachstumsvoraussagen konzentriert. In der anderen Welt sehen wir eine wachsende Anerkennung der Auswirkungen von Stress am Arbeitsplatz auf die Angestellten – und auf die Bilanz des Unternehmens.

Es gibt zunehmend Belege dafür, dass die Bilanz eines Unternehmens langfristig gesehen tatsächlich eng mit der Gesundheit seiner Angestellten zusammenhängt, und dass wir einen hohen Preis dafür bezahlen, wenn wir sie getrennt von einander betrachten; für den Einzelnen wie für die Gesamtheit. Als Einzelwesen schaden wir unserer Gesundheit und Zufriedenheit. Für das Unternehmen entstehen Kosten in Dollar und Cent, in Talentunterdrückung und Produktivitätsabfall. Aber es gilt auch andersherum – was für uns als Individuen gut ist, ist auch für Unternehmen und Staaten gut.[83] Und Krankenbehandlungen sind viel teurer als wirkliche Gesundheitsvorsorge.

Das Weltwirtschaftsforum, das jedes Jahr im schweizerischen Davos stattfindet und sich üblicherweise mit Lösungen für die großen wirtschaftlichen Probleme der Zeit befasst, ist eine Art Wetterfahne für Ideen, die von politischen und wirtschaftlichen Führern weltweit akzeptiert werden. Auf der Tagung 2013 und noch mehr 2014 war anhand der zahlreichen Sitzungen zu achtsamer Führung, Meditation, neurobiologischen Erkenntnissen und sogar »rethinking living« (»das Leben neu denken«) deutlich zu sehen, dass die Führungskräfte beginnen, eine Verbindung zwischen unserer Fähigkeit zur Krisenbewältigung, unserer Lebensweise und der Fürsorge für Körper, Bewusstsein und Geist anzuerkennen. Die Plenarsitzung, die ich im Januar 2014 leitete, hieß »Health Is Wealth« (»Gesundheit ist Reichtum«), wobei hier der Reichtum des Einzelnen genauso wie der von Firmen und Staaten gemeint war.

Studien zeigen, dass US-amerikanische Arbeitgeber 200 bis 300 Prozent mehr für indirekte Krankheitskosten wie unentschuldigtes Fehlen, Krankschreibungen und geringere Produktivität ausgeben als für die Gesundheitsvorsorge.[84] In Großbritannien führt Stress zu 105 Millionen Fehltagen pro Jahr.[85] Kein Wunder, dass Michael Porter, Professor an der Harvard Business School, den Unternehmern empfiehlt, »sich massiv um Wellness, Vorsorge, regelmäßige Untersuchungen und aktives Management chronischer Leiden zu kümmern«.[86] Die Stimme der Vernunft wird in der Burnout-Welt immer lauter. Sie stellt auch das in den Vereinigen Staaten übliche Vorgehen infrage, in Krisenzeiten die Krankenversicherungsleistungen zurückzuschrauben.

Howard Schultz, der CEO von Starbucks, sah sich während der weniger gewinnträchtigen Phase des Unternehmens mit solchen Forderungen seitens der Investoren konfrontiert. Doch er gab nicht nach.[87] Als Kind hatte er mitbekommen, wie sein Vater seinen Arbeitsplatz als LKW-Fahrer verlor, weil er auf Glatteis ausgerutscht und sich Becken und Knöchel gebrochen hatte. Sein Vater bekam weder die Arztkosten noch den Verdienstausfall erstattet und schon gar keine Abfindung – er wurde einfach gefeuert. In Starbucks' Anfangszeit setzte Schultz durch, die Krankenversicherung auch auf Teilzeit-Arbeitskräfte auszuweiten, die nur zwanzig Stunden die Woche arbeiteten. Das gab es Ende der 1980er Jahre sonst nirgends. Zwei Jahrzehnte später blieb Schultz hart und verweigerte sich dem Druck der Investoren, diese Errungenschaften zu kürzen. Schultz versteht die betriebliche Krankenversicherung »nicht als großzügige Geste, sondern als eine Kernstrategie des Unternehmens. Behandele die Leute wie Familienangehörige, und sie bleiben dir treu und geben alles«.[88] Dieses Prinzip steht auch hinter BeanStock, dem Aktienprogramm für Angestellte, das Lohnabhängige zu Miteigentümern macht.

Allzu viele Unternehmen haben noch nicht erkannt, wie sehr sie davon profitieren, wenn sie auf das Wohlergehen ihrer Mitarbeiter achten. »Die Gleichgültigkeit gegenüber den Bedürfnissen der Angestellten erklärt, warum in den USA mehr als in anderen Ländern für das Gesundheitswesen ausgegeben wird, aber mit schlechteren Ergebnissen«, sagt Jeffrey Pfeffer, Professor an der Graduate School of Business der Stanford University. »Wir haben keinen gesetzlichen Urlaubsanspruch oder Lohnfortzahlung im Krankheitsfall, dafür aber ständige Entlassungen, Überarbeitung und Stress. Viele Unternehmen sind eine regelrechte Gesundheitsgefahr für ihre Angestellten... Ich hoffe, dass die Firmen sich bewusst werden, dass es ihnen auch nicht gut geht, wenn sie ihre Mitarbeiter schlecht behandeln, Punkt.«[89]

Ein Unternehmen, das sich dieser Tatsache bewusst wurde, ist Safeway. Steve Burd, der ehemalige CEO der Supermarktkette, erzählt, dass die Gesundheitsaufwendungen 2005 eine Milliarde Dollar erreichten und pro Jahr um 100 Millionen zunahmen. »Wir fanden heraus, dass 70 Prozent dieser Kosten durch Fehlverhalten der Mitarbeiter verursacht werden«, sagt er. »Als Geschäftsmann war mir klar, dass es einen beträchtlichen Effekt auf unsere Gesundheitskosten haben würde, wenn wir das Verhalten unserer 200 000 Beschäftigten beeinflussen könnten.«[90]

Also startete Safeway ein Bonusprogramm für Angestellte, die ihr Übergewicht bekämpften und ihren Blutdruck und ihre Cholesterinwerte überwachen ließen. Vom Grundtarif der betrieblichen Krankenversicherung wurden für eine gesundheitsbewusste Lebensführung bestimmte Beträge abgezogen. Burdt erklärt: »Wenn Sie erwiesenermaßen Nichtraucher sind, geben wir Ihnen Rabatt. Wenn Sie Ihr Cholesterin unter Kontrolle haben, Rabatt. Blutdruck unter Kontrolle, Rabatt. So werden bestimmte Verhaltensweisen zu einer Art Währung für die Leute, die sie dazu bringt, ihren Lebensstil zu ändern.« Das Ganze war ein Riesenerfolg. »Du bringst deine Mitarbeiter dazu, gesünder zu leben, sie werden produktiver, dein Unternehmen wird wettbewerbsfähiger«, sagt Burd. »Mir fällt nichts ein, was daran schlecht sein könnte. Geld machen und Gutes tun schließen einander nicht aus.«[91]

Esther Sternberg erklärt: »Heilen ist ein ›Tun-Wort‹; der Körper repariert sich ständig selbst. So ist das Leben. Wissen Sie, ein Stein liegt einfach da und wird schließlich zu Sand oder Schlamm oder irgendwas, wenn ihn die Elemente beeinflussen. Aber ein lebendes Wesen repariert sich ständig selbst und wehrt sich gegen alle die verschiedenen Übergriffe auf einer sehr molekularen Ebene, auf einer Zellebene, auf einer emotionalen Ebene. Krankheit entsteht, wenn die Reparaturen nicht mit den Schäden mithalten.«[92]

Gegenwärtig halten die Reparaturen in den meisten Unternehmen und im Leben der meisten Menschen mit den Schäden nicht mehr mit. Aber es gibt viele unterschiedliche Wege zum Wohlbefinden, und in den nächsten Abschnitten werden wir uns einige davon ansehen.

Meditation: Nicht nur zur Erleuchtung

Einer der besten – und am leichtesten zugänglichen – Wege, um gesünder und zufriedener zu werden, ist durch Achtsamkeit und Meditation. Die Praxis der Meditation kommt jedem Element des Wohlergehens zugute. Studien zeigen, dass Achtsamkeit und Meditation einen messbaren positiven Effekt auf die anderen drei Säulen der Dritten Größe haben – Weisheit, Staunen und Großzügigkeit.

Als ich zuerst von »Mindfulness« hörte, wie man die Achtsamkeit im Englischen nennt, war ich verwirrt. Mein »mind«, also mein Geist, ist doch schon voll genug, dachte ich – ich müsste ihn leeren, nicht mich darauf konzentrieren. Ich stellte mir den Geist als eine Art Gerümpelschublade vor – man stopft immer mehr hinein und hofft, dass sie sich nicht verklemmt. Dann las ich Jon Kabat-Zinns Schriften über »Mindfulness« und verstand das Konzept. »In den Sprachen des Fernen Ostens«, schreibt er, »sind das Wort für ›Geist‹ und das für ›Herz‹ identisch. Wenn wir also ›Mindfulness‹ hören, müssen wir innerlich auch ›Heartfulness‹ hören, um den Begriff als Konzept und besonders als Lebensweise zu verstehen.«[93] Mit anderen Worten: Achtsamkeit dreht sich nicht nur um den Geist, sondern um uns als Ganzes. Wenn wir nur Geist sind, kann alles starr und unbeweglich werden. Wenn wir nur Herz sind, kann Chaos eintreten. Beides führt zu Stress. Aber wenn beide zusammenarbeiten, das Herz uns durch Empathie und der Geist uns durch Konzentration und Aufmerksamkeit führt, werden wir ein ausgeglichenes menschliches Wesen. Mit der Achtsamkeit habe ich eine Methode gefunden, die mir hilft, ganz im gegenwärtigen Moment zu leben, selbst unter den hektischsten Umständen.

> *Was war der Höhepunkt dieses Tages?*
> *Oft ist es der Augenblick, da man auf jemanden wartet*
> *oder irgendwohin unterwegs ist oder einfach nur quer*
> *über einen Parkplatz schlendert und die Ölregenbogen*
> *der Pfützen und Teerschlangenlinien bewundert.*
> *Bei mir ist es einmal der Moment gewesen, da ich an*
> *einem Haus vorbeifuhr, das vor Sonne auf weißen*
> *Schindeln förmlich schrie, ehe wieder Laubspiegelungen*
> *über die Windschutzscheibe rauschten.*[94]
>
> NICHOLSON BAKER

Mark Williams und Danny Penman zählen eine Reihe schneller und einfacher Methoden auf, um Achtsamkeit zu üben, unter anderem die »Gewohnheitsbrecher«. Pro Woche wählt man eine Gewohnheit wie zum Beispiel Zähneputzen, den Morgenkaffee oder das Duschen aus, und achtet jeden Tag einfach bewusst darauf, was man dabei so alles tut. Es geht nicht darum, die Gewohnheit zu durchbrechen, sondern sie aufzuheben – das unbewusste Tun wird wieder zum bewussten Tun. »Der Sinn«, schreiben sie, »ist nicht, dass man sich anders fühlt, sondern einfach einige zusätzliche Augenblicke am Tag ganz ›bewusst‹ ist … Nutzen Sie die Empfindungen von Körper und Atem so gut es geht als Anker, um behutsam ins Hier und Jetzt zurückzukehren, wann immer Sie merken, dass Ihre Gedanken wieder auf Wanderschaft gegangen sind und nicht mehr dort sind, wo Sie sie eigentlich haben wollen.«[95]

Ich mag diese Vorstellung sehr, meine Gedanken behutsam ins Hier und Jetzt zurückzuführen – ohne zu verurteilen, dass sie gewandert sind. Das ist zweifellos ein vertrauter Vorgang für alle, die schon einmal auf ein umherkrabbelndes Baby aufgepasst haben – übrigens auch ein gutes Bild für unsere moderne Multitasking-Denkweise. Was die Meditation angeht, so ist sie schon lange ein wichtiger Teil meines Lebens. Bereits als ich dreizehn war, hat meine Mutter mir und meiner jüngeren Schwester Agapi beigebracht zu meditieren. Doch obwohl ich die Vorteile der Meditation schon als Jugendliche kennengelernt habe, fiel es mir immer schwer, Zeit dafür zu finden, weil ich glaubte, ich müsse Meditation »machen« – und ich hatte keine Zeit für eine weitere nervtötende Sache, die ich »machen« musste. Zum Glück erklärte mir eines Tages jemand, dass man Meditation nicht »macht«, sondern dass sie vielmehr einfach »ist«. Das öffnete mir die Tür. Das Einzige, was man bei der Meditation tun muss, ist nichts. Allein der Umstand niederzuschreiben, dass ich nichts »tun« muss, entspannt mich.

Du wanderst von einem Zimmer ins andere
Und suchst das Diamantenhalsband
Das du bereits trägst.[96]

RUMI

Inzwischen weiß ich, dass man auch in sehr kurzen freien Momenten meditieren kann, selbst, wenn man unterwegs ist. Wir denken immer, dass wir atmen, aber in Wirklichkeit werden wir geatmet. Wir können uns jederzeit einen Moment Zeit nehmen, um unsere Aufmerksamkeit auf das Steigen und Fallen unseres Atmens ohne bewusste Steuerung zu lenken. Ich weiß, wann ich »Verbindung« aufgenommen habe, weil ich dann gewöhnlich spontan tief einatme oder einen tiefen Seufzer ausstoße. In gewissem Sinne läuft die Maschine der Achtsamkeit also immer. Um von ihr zu profitieren, müssen wir lediglich präsent und aufmerksam werden.

Unser Atem hat außerdem etwas Heiliges an sich. Manchmal, wenn ich einen Vortrag halte, bitte ich zunächst alle im Raum, sich zehn Sekunden lang auf das Ein- und Ausatmen zu konzentrieren. Es ist immer wieder erstaunlich, wie ein Raum, der noch Augenblicke zuvor vor Unruhe vibrierte, sich plötzlich mit Stille, Aufmerksamkeit und Heiligkeit füllt. Das ist etwas richtig Fühlbares.

Es gibt viele Formen der Meditation, doch welche auch immer Sie wählen, denken Sie daran, dass all der Nutzen, den sie einem beschert, nur einen Atemzug weit weg ist. Das ist wichtig. Und der einzige Preis, den wir dafür zu zahlen haben, sind einige Augenblicke unserer Aufmerksamkeit.

Meine Schwester Agapi, die bereits ihr ganzes Leben einen Hang zum Spirituellen hatte, war schon immer meine Führerin in diesen Dingen. Sie schickte mir Bücher und Menschen, ermutigte mich zu spirituellen Erkundungen und weckte mich in einem Hotel in Kalamazoo, Michigan, um fünf Uhr morgens per Telefon, damit ich vor dem nächsten anstrengenden Tag meiner Lesereise Zeit zu meditieren hatte.

In unserer Jugend hatte Meditation bei uns als ein Heilmittel für praktisch alles gegolten. Meine Mutter hatte uns überzeugt, dass wir unsere Hausaufgaben schneller erledigen und bessere Noten schreiben könnten, wenn wir meditierten. Wir wussten, dass Meditation uns friedfertiger machte und den Ärger besänftigte, wenn es nicht nach unserem Willen ging, aber wir merkten auch, dass sie uns glücklicher machte. Mittlerweile gibt es wissenschaftliche Belege für all das. Meine Mutter hat bei den Wirkungen der Meditation sogar eher noch untertrieben. Die Wissenschaft hat sich der überlieferten Weisheit angeschlossen, und die Ergebnisse sind überwältigend und eindeutig.

Eine Studie nach der anderen zeigt, dass Meditation und Achtsamkeit buchstäblich jeden Aspekt unseres Lebens tiefgreifend beeinflussen – unseren Körper, unseren Geist, unsere physische Gesundheit und unser emotionales und spirituelles Wohlbefinden. Meditation ist nicht der sagenhafte Jungbrunnen, kommt ihm aber ziemlich nahe. Wenn man alle Vorteile der Meditation bedenkt – und jeden Tag kommen neue dazu –, ist es nicht übertrieben, sie als Wundermittel zu bezeichnen.

Schauen wir uns zunächst die physische Gesundheit an. Man kann kaum überschätzen, wie sehr uns die Meditation hier nützt, und die Anwendungen im medizinischen Kontext werden gerade erst erkundet. »Die Forschung – dieselbe reduktionistische Forschung, die zur Bewertung von Medikamenten und Therapien dient – hat bewiesen, dass der Geist den Körper heilen kann«, schreiben Herbert Benson und William Proctor in ihrem Buch *Relaxation Revolution*.[97] Die Autoren empfehlen die Wissenschaft von Geist und Körper neben Operationen und Medikamenten als dritte grundlegende Therapieoption in der Medizin. Sie schildern, wie Meditation bei Übelkeit, Diabetes, Asthma, Ausschlägen, Geschwüren, Husten, Herzinsuffizienz, Schwindel, postoperativen Schwellungen und Angststörungen wirkt: »Weil alle diese Krankheiten eine Stresskomponente haben.« Die Autoren schließen: »Es ist nicht übertrieben zu sagen, dass buchstäblich jedes Gesundheitsproblem und jede Krankheit mit einem Geist-Körper-Ansatz behandelt werden kann.«[98]

Dieser Ansatz ist die Allzweckwaffe der Medizin, für kleine wie große Leiden. Eine Studie im Auftrag des britischen National Institutes of Health zeigte einen Rückgang der Sterblichkeit um 23 Prozent bei Meditierenden gegenüber Nichtmeditierenden, bei Todesfällen wegen Herzkranzgefäßstörungen einen Rückgang um 30 Prozent und einen signifikanten Rückgang bei der Krebssterblichkeit.[99] »Eine vergleichbare Wirkung lässt sich sonst nur bei der Entdeckung einer völlig neuen Art von Medikament beobachten (in diesem Fall jedoch ohne die sonst unvermeidlichen Nebenwirkungen)«, konstatieren Mark Williams und Danny Penman.[100] Eine weitere Studie zeigte, dass Meditation den Antikörperspiegel gegen den

Grippeimpfstoff erhöht[101] und die Stärke und Dauer von Erkältungsinfektionen vermindert,[102] und Forscher an der Wake Forest University fanden heraus, dass Meditation das Schmerzempfinden abschwächt.[103]

Wie schafft Meditation all das? Sie lenkt uns nicht nur von Schmerz und Stress ab, sondern verändert uns buchstäblich auch auf genetischer Ebene. Forscher am Massachusetts General Hospital, am Beth Israel Deaconess Medical Center und an der Harvard Medical School konnten zeigen, dass die Entspannungsreaktion – der von Meditation, Yoga und Atemübungen erzeugte Ruhezustand – tatsächlich Gene anschaltete, die in Zusammenhang mit der Stärkung des Immunsystems, der Entzündungshemmung und der Bekämpfung einer Reihe chronischer Krankheiten wie Arthritis, Bluthochdruck und Diabetes stehen.[104] Angesichts all dieser Ergebnisse überrascht es nicht, dass laut einer weiteren Studie eine Senkung der jährlichen Gesundheitsausgaben mit Meditation einhergeht.[105]

Und mehr noch: Meditation verändert auch unser Gehirn. Eine Studie hat ergeben, dass sie zur Verdickung des präfrontalen Cortex führen und den altersbedingten Abbau verlangsamen kann, der die kognitiven Funktionen – die Verarbeitung von Sinneswahrnehmungen und Emotionen – beeinträchtigt.[106] Richard Davidson, Professor für Psychiatrie an der University of Wisconsin und führende Kapazität, was die Auswirkungen kontemplativer Praxis auf das Gehirn betrifft, untersuchte die Hirnaktivität tibetischer Mönche mithilfe der Magnetresonanztomografie (MRT).[107] Diese Studien haben laut Davidson erstmals die »tieferen Bereiche menschlicher Formbarkeit und Wandlungsfähigkeit« ausgeleuchtet.[108] Er bezeichnet Meditation als geistiges Training: »Wir haben herausgefunden, dass der geübte Geist beziehungsweise das geübte Gehirn sich physisch vom ungeübten unterscheidet.«[109] Und wenn sich unser Gehirn verändert, dann wird auch unsere Wahrnehmung der Welt eine andere. »Meditation ist mehr als heiteres Herumsitzen unterm Mangobaum«, sagt der aus Frankreich stammende buddhistische Mönch und Molekulargenetiker Matthieu Richard. »Sie verändert das Gehirn vollkommen und damit auch, wer man ist.«[110]

Automatisch wandeln sich in der Folge auch unsere Reaktionen auf die Ereignisse des Lebens, die Stressbelastung und unsere Fähigkeit, bei einer Entscheidungsfindung auf die eigene Weisheit zurückzugreifen. »Segeln lernt man nicht auf stürmischer See«, so Ricard. »Man zieht sich an einen ungestörten Ort zurück, nicht, um der Welt zu entsagen, sondern um Ablenkungen zu vermeiden, bis man sich gefestigt hat und mit allem umgehen kann. Man tritt nicht gleich am ersten Tag gegen Muhammad Ali an.«[111]

> *Einsamkeit suchen die Menschen auf ländlichen Fluren, am Meeresufer, in den Bergen. Doch einer wie beschränkten Ansicht entspringt dieser Wunsch! Kannst du dich doch, sooft du nur willst, in dich selbst zurückziehen. Gibt es doch nirgends eine stillere und ungestörtere Zufluchtsstätte als die Menschenseele.*[112]
>
> MARK AUREL

Der Aufbau von Stärke, Gelassenheit und Weisheit ist etwas sehr Konkretes und Messbares. So erwarb Matthieu Ricard den Titel »Glücklichster Mensch der Welt«. Nachdem er über 250 Sensoren auf Ricards Kopf angebracht hatte, fand Richard Davidson heraus, dass die bei Ricard gemessenen Gamma-Wellen (hochfrequente Gehirnwellen) »stärker waren als alle bisherigen Berichte in der neurologischen Literatur darüber«, was auf eine atypisch hohe Glückskapazität und eine reduzierte Neigung zu negativen Gedanken und Gefühlen hinweist.[113] Ricard macht folgende Unterscheidung: »Freude hängt sehr von den Umständen ab … und sie strahlt im Grunde genommen auch nicht auf andere aus … Glück ist ein Zustand, der einen dazu befähigt, mit dem Auf und Ab des Lebens fertigzuwerden, der alle emotionalen Zustände durchdringt, auch die Traurigkeit.«[114]

Meditation hat auch tiefgreifende Auswirkungen auf eine Menge anderer psychischer Leiden. Forscher der UCLA haben herausgefunden, dass Achtsamkeit und Meditation bei Senioren das Gefühl der Einsamkeit dämpfen,[115] während man an der University of Michigan zeigen konnte, dass die Schwere einer posttraumatischen Belastungsstörung bei Kriegsveteranen nach einem Achtsamkeitsprogramm nachließ.[116] Mit Meditation kann man außerdem Depressionen bei Schwangeren[117] und Jugendlichen[118] reduzieren. Doch es geht nicht nur um die Reduktion negativer Emotionen, sondern auch um die Verstärkung positiver. Eine Studie unter der Leitung von Barbara L. Fredrickson, Professorin an der University of North Carolina, ergab, dass durch Meditation »positive Emotionen, nämlich Liebe, Freude, Dankbarkeit, Zufriedenheit, Hoffnung, Stolz, Interesse, Heiterkeit« zunahmen; außerdem waren »Steigerungen verschiedener persönlicher Ressourcen zu verzeichnen, nämlich achtsame Aufmerksamkeit, Selbstakzeptanz, positive persönliche Beziehungen und gute physische Gesundheit.«[119] An der University of Cambridge konnte man zeigen, dass eine achtsamkeitsbasierte kognitive Therapie bei chronisch depressiven Patienten das Risiko eines Rückfalls in die Depression bei Teilnehmern mit einer Vorgeschichte von drei oder mehr depressiven Episoden von 78 auf 36 Prozent senkte.[120]

Meditation ist also ein Wundermittel, doch sie muss regelmäßig praktiziert werden. Um all die geschilderten Wirkungen zu erzielen, müssen wir sie zum festen Bestandteil unseres Alltags machen. Glück und Wohlbefinden sind keine magischen Zutaten, mit denen einige Menschen gesegnet sind und andere nicht. Richard Davidson sieht »Glück nicht als Eigenschaft, sondern als eine Fähigkeit, wie Tennis. Wenn man ein guter Tennisspieler werden will, kann man auch nicht einfach loslegen – man muss üben«, sagt er.[121] »Wir können tatsächlich daran arbeiten, unser Wohlbefinden zu erhöhen. Alle wissenschaftlichen Belege weisen in diese Richtung. Es ist nichts anderes, als wenn man Geige oder Golf lernt. Wenn man übt, wird man besser.«[122] Und glauben Sie mir, es ist viel leichter, als ein Geigenvirtuose oder Golfprofi zu werden. Davidson erhielt »bemerkenswerte Ergebnisse nicht nur bei Praktizierenden, die 50 000 Mal meditiert hatten, sondern auch bei denjenigen, die 3 Wochen täglich 20 Minuten geübt hatten, was in unserer heutigen Zeit natürlich entschieden realistischer ist.«[123]

Obgleich Meditation eine Aktivität ist, die man alleine ausführt, und bei der es um eine Konzentration nach innen geht, stärkt sie doch gleichzeitig unsere Fähigkeit zu persönlichen Beziehungen und steigert das Mitgefühl. An der Harvard und der Northeastern University fand man heraus, dass Meditation »die Menschen dazu brachte, tugendhaft zu handeln – anderen Menschen in Not zu helfen –, selbst wenn die gesellschaftliche Norm dem entgegenstand.«[124]

Und Meditation steigert die Kreativität. »Ideen sind wie Fische«, schreibt der Regisseur David Lynch, der seit Langem meditiert, in seinem Buch *Catching the Big Fish*: »Wenn man kleine Fische fangen will, kann man im seichten Wasser bleiben, doch wenn man die großen will, muss man ins tiefe. Tief unten sind die Fische kraftvoller und reiner. Sie sind riesig und lassen sich nicht richtig beschreiben. Aber sie sind sehr schön.«[125]

Steve Jobs, der sein Leben lang meditiert hat, bestätigt die Verbindung zwischen Meditation und Kreativität: »Wenn man einfach dasitzt und beobachtet, merkt man, wie ruhelos der Geist ist. Wenn man versucht, ihn zu beruhigen, wird es nur noch schlimmer. Mit der Zeit wird er jedoch ruhiger, und wenn dies geschieht, bleibt Raum, subtilere Dinge zu hören – das ist der Moment, in dem die Intuition sich entfaltet, man die Dinge klarer sieht und mehr der Gegenwart verhaftet ist. Der Geist arbeitet langsamer, und man erkennt eine enorme Weite im Augenblick. Man sieht so viel, was man bereits hätte sehen können.«[126]

Meditation hilft auch dabei, mit Ablenkungen – eine ständig zunehmende Geißel unseres von Technik überschwemmten Lebens – umzugehen. Giuseppe Pagnoni, Neurologe an der Emory University, hat festgestellt, dass der Geist meditierender Versuchspersonen sich nach einer Unterbrechung schneller wieder konzentrieren konnte als der nicht meditierender Versuchspersonen.[127] »Regelmäßige Meditationspraxis kann die Fähigkeit erhöhen, ablenkende Gedanken abzuwehren«, sagt er.[128] Das ist besonders für diejenigen von uns interessant, denen ihr Alltag wie ein lärmender, piepsender, blinkender Hindernisparcours aus ablenkenden Gedanken vorkommt.

Kein Wunder, dass Achtsamkeit und Meditation von immer mehr Unternehmen und Institutionen auf der ganzen Welt aufgegriffen werden. Die Bank of England bietet ihren Beschäftigten nicht nur Meditationssitzungen an, sondern auch die Möglichkeit, sich für einen sechswöchigen Meditationskurs einzuschreiben. Den müssen sie allerdings selbst bezahlen.[129] Beim US-Militär experimentiert nicht nur das Marine Corps mit einem Programm namens »Mind Fitness Training«,[130] sondern es gibt auch die von der David Lynch Foundation angebotene »Operation Warrior Wellness«, die Veteranen und aktiven Soldaten sowie deren Angehörigen Meditation nahebringt, was zu einer beträchtlichen Abnahme der Fälle von PTBS und Depression geführt hat.[131]

Meditation gilt nicht mehr länger als eine Art New-Age-Weltflucht, sondern wird immer stärker als das erkannt, was sie ist: eine hilfreiche Praxis, die uns dazu befähigt, auf produktivere, engagiertere, gesündere und weniger stressbelastete Weise an der Welt teilzunehmen. Die Liste Prominenter, die sich als Meditationspraktizierende »outen«, wird täglich länger. Auf ihr stehen Ford-Präsident Bill Ford,[132] LinkedIn-CEO Jeff Weiner[133], Aetna-CEO Mark Bertolini,[134] Salesforce-CEO Marc Benioff,[135] Twitter-Mitgründer Evan Williams,[136] ABC-Moderator George Stephanopoulos,[137] New-York-Times-Kolumnist und CNBC-Moderator Andrew Ross Sorkin,[138] Jerry Seinfeld,[139] Kenneth Branagh,[140] Oprah Winfrey (deren zusammen mit Deepak Chopra entwickeltes 21-Tage-Meditation-Experience-Programm schon fast 2 Millionen Teilnehmer in über 200 Staaten verzeichnet),[141] und Rupert Murdoch, der im April 2013 twitterte: »Ich versuche mich in Transzendentaler Meditation.

Jeder empfiehlt es, der Anfang ist nicht einfach, aber es heißt, es verbessere alles!«[142] Bob Roth, der Geschäftsführer der David Lynch Foundation, die so viele Firmenchefs in Meditation unterrichtet hat, sagte kürzlich zu mir: »Ich mache das jetzt schon seit 40 Jahren, und im letzten Jahr hat es einen dramatischen Wandel in meinem Verständnis von Meditation gegeben.«[143]

Lena Dunham, Erfinderin und Star der Fernsehserie *Girls*, meditiert, seit sie neun Jahre alt ist. Damals wurde bei ihr eine Zwangsstörung diagnostiziert. Sie stamme »von einer Reihe neurotischer Jüdinnen ab, die Transzendentale Meditation mehr als jeder andere brauchen«, scherzt sie und schildert, wie beruhigend Meditation für sie sei, wenn die Welt um sie herum sich »wie rasend dreht«: »Mit Meditation kann ich mich auf den Tag vorbereiten. Durch sie fühle ich mich bereit, glücklich und fähig, den Herausforderungen der Welt gegenüberzutreten, sowohl den inneren wie den äußeren.«[144]

Padmasree Warrior, Technische Direktorin bei Cisco Systems, bezeichnet Meditation als »einen Neustart für Gehirn und Seele«. Sie meditiert jeden Abend und verbringt ihre Samstage auf digitalem Entzug. Mithilfe ihrer Meditationspraxis gelang es Warrior, die Leitung von 22 000 Angestellten auf ihrem früheren Posten als Chefin der Forschungs- und Entwicklungsabteilung von Cisco zu bewältigen.[145]

Man kann sich kaum etwas Einfacheres und gleichzeitig so Wirkungsvolles vorstellen wie Meditation. Sie ist ein grundlegendes Werkzeug nicht nur für den Einzelnen, sondern auch für die Gemeinschaft. »Die Überwindung der Infektionskrankheiten hat die chronischen Leiden durch Lebensweise und Alterung in den Vordergrund gerückt«, sagt Matthieu Ricard, »was der Medizin die Möglichkeit eröffnet, sich auf eine Steigerung des Wohlergehens zu konzentrieren, indem Körper, Bewusstsein und Geist des Menschen in den Mittelpunkt gestellt werden und er so zu einem optimalen Leben befähigt wird.«[146]

Wer Meditation und Achtsamkeit immer noch für exotische Importe hält, sollte bedenken, dass unsere westlichen Traditionen des Gebets und der Kontemplation und die stoische Philosophie der Antike denselben Zweck haben wie die fernöstliche Meditationspraxis. Nach der Philosophie des Taoismus kommt »Ruhe vor Bewegung und Verharren vor Handlung.«[147] Und in allen christlichen Traditionen gibt es irgendeine Form der Achtsamkeit.

Der heilige Benedikt führte im 6. Jahrhundert die Tradition der *lectio divina* (»göttlichen Lesung«) ein, einer vierteiligen Übung aus Lesung, Meditation, Gebet und Kontemplation.[148]

Das Quäkertum gründete sein Glaubenssystem fast vollständig auf Prinzipien, die faktisch denen der Achtsamkeit entsprechen.[149] Quäker glauben, dass in jedem Menschen das Licht Gottes wohnt. Ihre Gottesdienste, die sogenannten »Meetings«, bestehen hauptsächlich aus Stille. Es gibt keinen Zelebranten oder Prediger, und die Gemeindemitglieder setzen sich für gewöhnlich in einen Kreis, um den Gemeinschaftsgeist und das Fehlen einer Hierarchie zu betonen. Die Meetings, die allen Interessierten ungeachtet ihrer Religion offenstehen, beginnen mit Schweigen, das so lange andauert, bis sich jemand zum Sprechen bewegt fühlt. Das Schweigen dient dabei nicht als Pause, sondern es ist die Hauptsache. Durch das eigene Schweigen erlangen die Teilnehmer Zugang zu ihrem inneren Licht, und das kollektive Schweigen der Gruppe stärkt sie dabei.

»Viele Quäker würden, wenn man sie zu erklären drängte, was sie bei ihren Meetings denn eigentlich tun, wahrscheinlich sagen, dass sie warten«, so Professor Richard Allen von der University of South Wales, »sie warten in ihrem tiefsten Herzen auf die Berührung durch etwas jenseits ihres alltäglichen Ich. Manche würden es ›Lauschen auf die leise Stimme Gottes‹ nennen – ohne zu versuchen, dieses Wort zu definieren.«[150]

Der Trappistenmönch Basil Pennington entwickelte in den 1970er Jahren eine Praxis namens »centering prayer« (»zentrierendes Gebet«). Es besteht aus vier Schritten:

1. Setzen Sie sich bequem hin, schließen Sie die Augen, entspannen Sie und kommen Sie zur Ruhe. Fühlen Sie sich in der Liebe Gottes.
2. Wählen Sie ein heiliges Wort aus, das am besten Ihren aufrichtigen Wunsch ausdrückt, die Gegenwart des Herrn zu spüren und sich seinem göttlichen Handeln in Ihnen zu öffnen (zum Beispiel »Jesus«, »Herr«, »Gott«, »Erlöser«, »Abba«, »Göttlicher«, »Schalom«, »Geist«, »Liebe«).
3. Nehmen Sie dieses Wort als Ihr Symbol für Ihren Wunsch, die Gegenwart des Herrn zu spüren und sich seinem göttlichen Handeln in Ihnen zu öffnen.
4. Wenn etwas anderes in Ihr Bewusstsein dringt (Gedanken, Gefühle, Wahrnehmungen, Bilder, Assoziationen), kehren Sie einfach zu Ihrem heiligen Wort, Ihrem Anker zurück.[151]

Es ist bemerkenswert, wie ähnlich die Wege sind, die uns mit uns selbst verbinden: Die Symbole und Mantren unterscheiden sich, aber die Essenz und die Wahrheit bleiben über die Zeitalter und verschiedenen Kontinente, Religionen und geistige Praktiken hinweg dieselben.

Im Katholizismus gibt es das Rosenkranzgebet, das der Jungfrau Maria gewidmet, aber gleichzeitig eine Methode der Kontemplation ist, die mit ritueller Wiederholung vertieft wird. Die Perlen des Rosenkranzes dienen der Befreiung des Geistes, indem sie den Fingern einen physischen Konzentrationspunkt geben.

Gebetsperlen gibt es auch in vielen anderen Traditionen, zum Beispiel im Buddhismus, im Hinduismus und im Islam, wo man mit ihnen die 99 Namen Allahs im Rahmen des Fatima-Tasbih-Gebets rezitiert. Der Prophet Mohammed selbst hat gesagt: »Eine Stunde über das Werk des Schöpfers zu meditieren ist besser als 70 Jahre Gebet.«[152]

Der Sufismus, eine mystische Tradition des sunnitischen Islam, betont innere Erleuchtung und Liebe als Wege zur letzten Wahrheit.

Er hat auch die tanzenden Derwische hervorgebracht, die ihren rituellen Tanz als Opfer, Meditation und Ausdruck der Liebe zum Göttlichen aufführen.

Auch das Judentum hat eine lange mystische Tradition, die innere Weisheit und Erleuchtung hervorhebt.[153] Die Kabbala aus dem 12. Jahrhundert spricht von meditativen Praktiken, um »zum Ende der Welt hinabzusteigen« und so das äußere Ich zu transzendieren und die Verbindung mit dem Göttlichen zu vertiefen.

Habe Geduld mit allen Dingen, aber besonders mit dir selbst. Lass dich nicht von deinen Unvollkommenheiten entmutigen, aber mache dich sofort daran, sie zu beheben; beginne jeden Tag von Neuem damit.[154]

FRANZ VON SALES

Die Thora-Lehrerin Frumma Rosenberg-Gottlieb hat darüber geschrieben, wie sie ihre Farm in den Bergen von Colorado verließ und nach New York zog, um die Thora zu studieren (womit sie gleichzeitig zeigte, dass eine gesteigerte Spiritualität nicht heißen muss, aus der Stadt in die Berge zu ziehen). »Als ich die Thora besser verstehen lernte«, erzählt sie, »wurde mir klar, dass Achtsamkeit und eine friedvolle Seele, die sich im Gleichgewicht befindet, ein Ziel der jüdischen Lebensweise ist und dass die Mittel, dieses zu erreichen, auf subtile Weise in das Gewebe des Thora-Wissens eingewoben sind. Ich erfuhr zum Beispiel, dass das hebräische Wort *shalom* nicht nur ›Frieden‹, sondern auch ›Vollständigkeit‹ und ›Vervollkommnung‹ bedeutet. Wir segnen einander mit Frieden; unsere täglichen Gebete kulminieren in einer Bitte um Frieden.«[155] Rosenberg-Gottlieb weist darauf hin, dass die Meditation im Judentum bis auf Abrahams Sohn Isaak zurückgeht, denn, wie es in Genesis 24,63 heißt, »[war] Isaak hinausgegangen, um auf dem Feld zu sinnen beim Anbruch des Abends«, als er auf seine Braut Rebekka wartete.[156]

Welcher Tradition man also auch immer folgt – oder sogar, wenn man überhaupt keiner folgt –, es gibt eine Form der Meditation und Achtsamkeit, die man in sein Leben einbauen kann.

Und wenn Sie an all dem Guten, was Achtsamkeit mit sich bringt, teilhaben wollen, aber keine Lust auf Meditation, Gebet oder Kontemplation haben, dann gehen Sie einfach angeln! Ich kenne Leute, die sagen: »Laufen ist meine Meditation«, oder auch »Skydiving« oder »Gärtnern«. Aber können Sie diesen Geisteszustand auch herbeiführen, ohne sich die Laufschuhe anzuziehen, die Reißleine zu ziehen, die Hacke zu holen oder den Angelhaken ins Wasser zu werfen? Es kommt darauf an, eine Aktivität zu finden und regelmäßig auszuführen, die Ihren Geist darin übt, ruhig, vollkommen präsent und mit Ihrem Ich verbunden zu sein. Profitieren Sie davon in Ihrem Alltag. Und bitte: Werfen Sie die Fische natürlich zurück ins Wasser – Achtsamkeit braucht keine Trophäen auf dem Kaminsims.

Tessa Watt, eine Lehrerin und Referentin für Achtsamkeit, schreibt in ihrem demnächst erscheinenden Buch *Mindful London*, wie man sich im städtischen Alltag daran erinnert, achtsam zu sein. Hier sind drei meiner Lieblingsbeispiele, die man anwenden kann, wo auch immer man gerade ist – ob in einer turbulenten Großstadt oder in einem idyllischen Dorf: »Nutzen Sie die berühmte britische Warteschlange – an der Bushaltestelle, in der Post oder an der Ladenkasse –, um herunterzuschalten und Achtsamkeit zu üben. Anstatt uns am ständigen Sirenengeheul zu stören, können wir es als Aufforderung nehmen, innezuhalten und uns den Moment zu vergegenwärtigen. An der Fußgängerampel brauchen wir nicht ungeduldig auf das grüne Männchen zu warten, sondern können dem roten Männchen dankbar sein, dass es uns eine Chance gibt innezuhalten, durchzuatmen und uns umzuschauen.«[157]

Warum Gazellen
meine Vorbilder sind

Da das Nachrichtengeschehen keine Pause macht, sind Redakteure, Reporter und IT-Spezialisten ständig in Versuchung, sich dem 24-Stunden-Tag des Journalismus anzupassen. Bei der *Huffington Post* tun wir deshalb so einiges, um dem Burnout vorzubeugen. Erstens machen wir unmissverständlich klar, dass von niemandem erwartet wird, nach Feierabend und am Wochenende per Mail erreichbar zu sein (außer natürlich, man hat zu dieser Zeit Schicht). Jeder hat mindestens drei Wochen Urlaub, und wir halten die Leute an, ihn auch wirklich zu nehmen. Außerdem bitte ich die *HuffPoster* immer wieder – wenn auch ohne großen Erfolg, wie ich zugeben muss –, die Mittagspause nicht am Schreibtisch zu verbringen.

In unserer Redaktion haben wir zwei Ruheräume für Nickerchen, die inzwischen meistens voll belegt sind. Dabei wurden sie mit Skepsis und Zögern begrüßt, als wir sie im Frühling 2011 einrichteten. Viele Mitarbeiter befürchteten, dass ihre Kollegen sie für Faulenzer halten würden, sollten sie dieses Angebot annehmen. Wir haben daraufhin klargestellt, dass es im Gegenteil kritikwürdig ist, ausgelaugt und erschöpft herumzulaufen – und nicht, sich auszuruhen, um neue Kräfte zu sammeln. In unserer New Yorker Redaktion bieten wir die ganze Woche lang Meditation, Atem- und Yogakurse an, und unsere neue Washingtoner Redaktion hat bereits eigens dafür vorgesehene Übungs- und Ruheräume. Wegen der Vorteile des Stehens und Herumlaufens gegenüber dem Sitzen, auf die ich später noch eingehen werde, bieten wir jedem Mitarbeiter auf Wunsch ein Stehpult zum Arbeiten an. Außerdem gibt es einen Fitnessraum, und wir nehmen am Virgin-Pulse-Wellnessprogramm teil, in dem Angestellte bis zu 500 Dollar jährlich gutgeschrieben bekommen, wenn sie gesundheitsfördernde Aktivitäten betreiben. Um das zu erleichtern, sind unsere Kühlschränke mit gesunden Snacks bestückt – Joghurt,

Hummus, Obst und Babykarotten. Das ist nicht nur gut für die Mitarbeiter der *HuffPost*, sondern auch für die *HuffPost* selbst.

Sheryl Sandberg, COO von Facebook, hat öffentlich bekannt, dass sie jeden Abend um halb sechs Feierabend macht, um mit ihren beiden kleinen Kindern zu Abend zu essen. Sie ermutigt auch andere, sinnvolle Arbeitszeiteinteilungen zu finden, so dass sie die Zeit bekommen, die sie für ihre Familie – oder einfach für sich selbst – brauchen.[158]

Der Zusammenhang zwischen Überarbeitung und Produktivitätsverlust findet sich in allen Nationen und Kulturen. Laut einer Europa-Statistik der OECD (Organisation für wirtschaftliche Zusammenarbeit und Entwicklung) von 2012 stand Griechenland bei der Arbeitszeit an der Spitze, gefolgt von Ungarn und Polen.[159] Bei der Produktivität lagen diese Länder jedoch auf Platz 18, 24 und 25 (letzter Platz). Am wenigsten – in Stunden gemessen – arbeiteten die Niederländer, Deutschen und Norweger, die jedoch bei der Produktivität Platz fünf, sieben und zwei erreichten.

Immer mehr Firmen gelangen zu der Erkenntnis, dass die Gesundheit ihrer Mitarbeiter einer der wichtigsten Faktoren für die Gesundheit des Unternehmens ist. Bei den so ungeheuer wichtigen Telefonkonferenzen mit Firmen-CEOs sollten die Analysten der Wall Street nicht nur nach Umsätzen, Marktanteilen und Profiten fragen, sondern auch nach dem Stresspegel der Mitarbeiter.

Eines der beliebtesten Mitarbeiterseminare bei Google heißt SIY, die Abkürzung für »Search Inside Yourself« (»Suche in dir selbst«).[160] Dieses Seminar wurde von Chade-Meng Tan initiiert, einem Softwareentwickler, der die Mitarbeiternummer 107 hat. Meng hat ein Buch über seine Lebensprinzipien geschrieben, das den Titel *Search Inside Yourself* trägt.[161] Sein Seminar besteht aus drei Teilen: Aufmerksamkeitstraining, Selbsterkenntnis und dem Aufbau nützlicher geistiger Gewohnheiten. Richard Fernandez, Mitgründer von Wisdom Labs, der Mengs Kurs besucht hat, als er noch für Google arbeitete, erklärte dessen Nutzen so: »Ich bin nun als Führungskraft viel widerstandsfähiger ... Es ist fast wie ein emotionales und geistiges Bankkonto. Ich habe jetzt viel mehr Reserven.«

Dieser Trend reicht jedoch weit über das Silicon Valley hinaus. Janice Marturano führte in ihrer Zeit als Deputy General Counsel bei General Mills ein beliebtes Achtsamkeitsprogramm ein, und in allen Gebäuden des Firmencampus entstanden Meditationsräume.[162] Inzwischen hat sie das Institute for Mindful Leadership (»Institut für achtsame Unternehmensführung«) gegründet. »Bei der Achtsamkeit geht es darum, unseren Geist so zu schulen, dass wir konzentrierter werden, klarer sehen, Raum für Kreativität gewinnen und uns mit anderen verbunden fühlen«, sagt sie. »Mitgefühl mit uns selbst und mit allen Menschen unserer Umgebung – unseren Kollegen, den Kunden –, darum geht es beim Achtsamkeitstraining wirklich. Es gibt keine Trennung zwischen Arbeit und Privatleben. Wir haben nur ein Leben. Das Wichtigste ist, dass man in diesem Leben vollständig erwacht.« Und es funktioniert. 80 Prozent der Führungskräfte bei General Mills, die an dem Programm teilgenommen haben, gaben an, dass es ihre Entscheidungsfähigkeit verbessert habe.

»Das stärkste Argument für Meditation im Berufsleben ist, dass man als Führungskraft effektiver wird, wenn man im Job vollkommen präsent ist«, sagt Bill George, Professor an der Harvard Business School und ehemaliger CEO von Medtronic, einem Hersteller medizinischer Geräte. »Man trifft einfach bessere Entscheidungen.«[163]

Eines der Haupthindernisse, das viele Unternehmen davon abhält, gesündere und nachhaltigere Erfolgsmaßstäbe einzuführen, ist das hartnäckige – und gefährlich falsche – Märchen, es schade der Arbeitsleistung, wenn man mehr für sein eigenes Wohlbefinden sorgt. Das könnte verkehrter nicht sein.

Doch bald werden die Unternehmen, die an dieses Märchen noch glauben, in der Minderheit sein. Schon jetzt bieten etwa 35 Prozent der großen und mittelständischen Arbeitgeber in den Vereinigten Staaten Stressabbauprogramme in verschiedener Form an,[164] darunter Target,[165] Apple,[166] Nike[167] und Procter & Gamble.[168] Diese Unternehmen ernten immer mehr Anerkennung dafür, besonders von den Angestellten. Glassdoor.com, ein soziales Netzwerk für den Arbeitsmarkt, veröffentlicht jährlich eine Liste der 25 wichtigsten Unternehmen, die sich um Work-Life-Balance, also um einen Ausgleich zwischen Beruf und Privatleben bemühen: »Unternehmen, die sich ernsthaft bemühen, das Privatleben der Mitarbeiter zu respektieren«, sagt Glassdoor-Chef Rusty Rueff, »profitieren oft davon, wenn es darum geht, Spitzentalente anzuwerben und zu halten.«[169]

Unter den »Hundert besten Arbeitgebern« des Jahres 2013 zeichneten sich laut der Zeitschrift *Fortune* mehrere durch ihr Engagement für das Wohlbefinden ihrer Mitarbeiter aus.[170] Salesforce.com, wo man den Angestellten kostenlose Yogastunden, einen Bonus von 100 Dollar für Wellness-Ausgaben und Lohnausgleich für 48 Stunden ehrenamtlicher Tätigkeiten bietet, erreichte Platz 19. Platz 4 belegte die Boston Consulting Group, die Mitarbeitern mit zu vielen Überstunden eine Warnung schickt, dass sie in die »rote Zone« der Überarbeitung geraten. Neuen Mitarbeitern bietet sie die Möglichkeit, ihren des Arbeitsbeginns um sechs Monate nach hinten zu schieben, wenn sie sich in dieser Zeit bei einer gemeinnützigen Organisation engagieren. Zusätzlich erhalten sie dafür einen Bonus von 10 000 Dollar.

Die Biotechnologie-Firma Promega in Wisconsin bietet ihren Mitarbeitern kostenlose Yogakurse, firmeneigene Fitnesscenter, gesundes Kantinenessen, Büros mit Tageslicht und »Dritträume« – Gemeinschaftsbereiche, die weder zum Arbeitsplatz noch zum Zuhause gehören, etwa Cafés und Lounges. »So schafft man eine Wohlfühlkultur«, sagt Promegas leitender Betriebsarzt Ashley G. Anderson jr. »Wenn man eine Unternehmenskultur schafft, in der auch das körperliche Wohlbefinden geschätzt wird, ist schon viel erreicht. Gesunde Mitarbeiter sind produktive Mitarbeiter.«[171]

Die Zeitarbeitsfirma Salo aus Minneapolis hat den Bestsellerautor Dan Buettner zur Unterstützung ihrer Bemühungen angeheuert.[172] Buettner ist Experte für sogenannte »Blaue Zonen« – Regionen in der Welt, in denen die Lebenserwartung besonders hoch ist, zum Beispiel Okinawa (Japan), Nicoya (Costa Rica) oder Ikaria (Griechenland). Im letztgenannten Ort hat man eine um 1000 Prozent höhere Wahrscheinlichkeit, 100 Jahre alt zu werden, als in den USA.[173] Buettner hilft jetzt, aus Salo den ersten offiziellen Blaue-Zone-Arbeitgeber zu machen – mit Meditationsräumen, höhenverstellbaren Schreibtischen, Kochkursen und »Zweckwerkstätten«, in denen die Angestellten ihren privaten Hobbys nachgehen können. Es zeigen sich bereits die ersten Resultate – sowohl für die Angestellten wie für den Arbeitgeber. »Bei Salo gibt es jetzt eine Unternehmenskultur, die der Firma den Ruf einbringt, das Wohlergehen der Angestellten und Partner vor ein reines Profitinteresse zu stellen«, so Buettner. »Wir sehen bereits eine Steigerung des Wohlbefindens und der Lebenserwartung bei den Mitarbeitern ... Unserer Ansicht nach zahlt sich das in stärkerem Engagement für die Arbeit, niedrigeren Krankheitskosten, höherer Produktivität und geringerer Fehlquote aus.«[174]

Danny Wegman, Enkel des Gründers der über hundert Jahre alten Supermarktkette Wegmanns, hat ebenfalls die Vorteile erkannt, die es mit sich bringt, wenn man seine 45 000 Angestellten zu einer gesünderen Lebensweise ermuntert. Die Firma bietet jetzt eigene Yoga- und Zumbakurse, Ernährungsberatung und Blutdruck-Vorsorgeuntersuchungen an.[175]

Bei Aetna, der drittgrößten US-amerikanischen Versicherungsgesellschaft,[176] entdeckte CEO Mark Bertolini den gesundheitlichen Nutzen von Meditation, Yoga und Akupunktur, als er sich von einem schweren Skiunfall erholte.[177] Nach seiner Genesung startete er ein Programm, um auch seinen 34 000 Angestellten diese Dinge zugänglich zu machen, und ließ von der Duke University eine Studie zu den dadurch erzielten Einsparungen erstellen.[178] Ergebnis? Um 7 Prozent gesunkene Krankheitskosten im Jahr 2012 und 69 Minuten zusätzliche Produktivität pro Tag bei den teilnehmenden Mitarbeitern.[179] Eine Stunde Yoga pro Woche senkte den Stress der Mitarbeiter um ein Drittel.[180] Ray Dalio, Gründer von Bridgewater, einem der weltgrößten Hedgefonds, meditiert seit über 35 Jahren und hält das für den »allerwichtigsten Grund« für seinen Erfolg. Er bezahlt seinen Angestellten die Hälfte ihrer Meditationskurse; wenn sie länger als sechs Monate durchhalten, sogar die Gesamtkosten.[181]

> *Heutzutage findet es niemand überraschend,*
> *wenn jemand seinen Körper täglich pflegt,*
> *aber alle wären entsetzt, wenn er seiner Seele*
> *dieselbe Pflege zukommen ließe.[182]*
>
> ALEXANDER SOLSCHENIZYN

Jeff Weiner, CEO von LinkedIn, prägte den Begriff »mitfühlendes Management«. Er schreibt, sein Ziel, »die kollektive Weisheit und das kollektive Mitgefühl der Welt zu erweitern, beeinflusst alle Aspekte meiner Arbeit ... Mitgefühl kann und sollte nicht nur in der Schule, sondern auch an Universitäten und in Unternehmensseminaren gelehrt werden.« Mitfühlendes Management bedeutet auch, transparent zu kommunizieren und sich in sein Gegenüber hineinzuversetzen:

Bei starken Meinungsverschiedenheiten neigen viele von uns dazu, die Dinge nur von ihrem eigenen Standpunkt aus zu sehen. In solchen Fällen kann es sinnvoll sein, sich eine Minute Zeit zu nehmen, um nachzuvollziehen, wie der andere zu seiner Meinung gekommen ist. Welche bisherigen Erfahrungen mögen ihn dazu gebracht haben? Hat er vielleicht Angst vor einem bestimmten Ergebnis, die er nach außen hin nicht zeigt? Wenn man sich selbst und, noch wichtiger, den anderen danach fragt, kann man unter Umständen eine festgefahrene Situation lösen und zu einem Erlebnis echter Zusammenarbeit umformen.[183]

John Mackey, CEO von Whole Foods, fasste seine Vision eines mitfühlenden Managements auf der ersten »Third Metric«-Konferenz der *HuffPost* im Sommer 2013 so zusammen: »Wir müssen in der Firma die Liebe aus dem Versteck holen.«[184] Denn die Wohlfühlmethoden der Dritten Größe gehen weit über Yoga und Meditation hinaus. Farhad Chowdhury, CEO des Softwareentwicklers Fifth Tribe, baut Verbindungen zu seinen Kollegen auf, indem er Vier-Meilen-Wanderungen mit ihnen unternimmt.[185] Gregory Berns schreibt in *Iconoclast: A Neuroscientist Reveals How to Think Differently* (»Bilderstürmer: Ein Neurologe enthüllt, wie man querdenkt«), dass wir am leichtesten zu neuen Entdeckungen und Erkenntnissen gelangen, wenn wir unsere tägliche Routine durchbrechen.[186] »Nur wenn das Gehirn mit unbekannten Stimuli konfrontiert wird, reorganisiert es seine Wahrnehmung. Die beste Methode zur Anregung der Vorstellungskraft ist, sich Umgebungen auszusetzen, die man noch nicht kennt.« Berns führt Kary Mullis, Nobelpreisträger für Chemie, als Beispiel an, der das Prinzip der Polymerase-Kettenreaktion (PCR) nicht im Labor, sondern auf einer Autobahn in Nordkalifornien entdeckt hat.

Es kommt darauf an, dass wir einen Weg – gleich welchen – finden, um uns wieder aufzuladen und zu erneuern. Mein Bildschirmschoner zeigt eine Gruppe Gazellen. Diese Tiere sind mein Vorbild im Leben. Wenn Gefahr droht – ein angreifender Leopard oder Löwe –, laufen sie los und flüchten, doch sowie die Gefahr vorüber ist, bleiben sie stehen und grasen friedlich weiter, ohne einen Hauch von Sorge zu verspüren. Menschen hingegen können zwischen wirklichen und eingebildeten Gefahren nicht unterscheiden. Mark Williams erklärt, »dass die Alarmsignale unseres Gehirns nicht nur durch das *aktuelle* angstauslösende Moment, sondern auch durch *frühere* und *künftige* Bedrohungen gesetzt werden können ... Da wir bei der Bewertung eines aktuellen Szenarios immer auch andere Bedrohungen und Verluste mit einbeziehen, schaltet das Kampf-oder-Flucht-System unseres Körpers nicht ab, wenn die Gefahr vorüber ist. Anders als die Gazellen hören wir nicht auf zu rennen.«[187] Das ist die Geißel des modernen Menschen; Michel de Montaigne bringt sie perfekt auf den Punkt: »Mein Leben war voller Unglücke – von denen die meisten nicht eingetroffen sind.«[188] Wir müssen uns von der Tyrannei unseres Kampf-oder-Flucht-Instinkts befreien, doch ein Großteil unseres Lebens ist so strukturiert, dass wir fast permanent in diesem Zustand gehalten werden – gerade kommt noch ein Dutzend E-Mails rein, die beantwortet werden wollen; ich muss bis in die Nacht arbeiten, um das Projekt abzuschließen; jetzt habe ich vier Minuten Zeit, da kann ich gleich noch sechs Rückrufe machen. Nach unserer gegenwärtigen Erfolgsdefinition ist ein chronischer Kampf-oder-Flucht-Zustand einfach ein Bestandteil des Erfolgs.

Dauererreichbarkeit: Die Schlange in unserem digitalen Garten Eden

Die ständige Gegenwart der Technik in unserem Leben, unseren Familien, unseren Schlafzimmern, macht es unseren Gehirnen leider sehr schwer, uns zu erneuern. Ein durchschnittlicher Smartphone-Nutzer schaut etwa alle 6,5 Minuten, ob neue Nachrichten gekommen sind, also etwa 150 Mal am Tag.[189] Unser Gehirn ist von Natur aus so geschaltet, dass es nach Verbindung strebt, daher ist es nicht einfach, sich diesen Stimuli zu entziehen.

Doch die Verbindung durch Technologie ist oft nur die hohle Ersatzversion einer echten Verbundenheit mit anderen Menschen. Ihr Sirenengesang (beziehungsweise Piepsen oder Blinken) kann uns die Zeit und Energie für diese echte Verbundenheit rauben, und es gibt sogar Belege, dass unser Gehirn schon anfängt, sich entsprechend umzubauen, was unserer Fähigkeit zu echter Kommunikation mit anderen Menschen schadet.[190]

David Roberts, Autor beim Online-Umweltmagazin *Grist*, hat das bei sich selbst erlebt. »Ich bin sowas von scheißausgebrannt«, schrieb er in einem denkwürdigen Brief, mit dem er sich für ein Jahr vom Internet und seinem Job verabschiedete, weil er sich entschlossen hatte, etwas dagegen zu tun:

Ich mag es, den ganzen Tag zu tweeten; ich schreibe gern lange, seltsame Posts mitten in der Nacht. Aber diese Lebensweise hat ihre Nachteile. Ich kriege nie genug Schlaf. Ich habe keine Hobbys. Ich arbeite ununterbrochen ... Ich bin immer erreichbar. Das beeinflusst mein Gehirn. Ich denke inzwischen in Tweets. Meine Hände fangen an zu zucken, wenn ich länger als 30 Sekunden nicht an mein Smartphone komme. Ich kann nicht einmal mehr pinkeln gehen, ohne dass mir »langweilig« wird. Ich weiß, dass ich nicht der Einzige bin, der auf dem Klo twittert ... Die Welt des Internets – nur mit Mühe kann ich mir noch vergegenwärtigen, dass sie nur einen kleinen, nicht repräsentativen Teil der amerikanischen Öffentlichkeit darstellt – ist meine Welt geworden. Ich verbringe darin mehr Zeit als in der wirklichen Welt.[191]

Er ist nicht der Einzige. Eine Studie des McKinsey Global Institute von 2012 hat ergeben, dass in der Wissenswirtschaft der durchschnittliche Angestellte 28 Prozent seiner Zeit mit dem Lesen und Beantworten von E-Mails verbringt – mehr als 11 Stunden pro Woche.[192] Laut SaneBox, einem Hersteller von E-Mail-Filtersoftware, dauert es jeweils 67 Sekunden, sich von einer empfangenen E-Mail zu erholen. »Irgendwann«, sagt Dmitri Leonov von SaneBox, »muss man sich eingestehen, dass es einem schadet.«[193]

Unser Verhältnis zu E-Mails wird immer einseitiger. Wir versuchen unser Postfach zu leeren wie Schiffbrüchige ihr Rettungsboot ausschöpfen, aber es kommt immer mehr Wasser nach. Der Umgang mit E-Mails ist zu einem wesentlichen Teil des Technik-Stresses geworden, dem wir ausgesetzt sind. Dabei geht es nicht nur um die unaufhörliche Sintflut an E-Mails, zu deren Beantwortung wir gar nicht kommen – diesen wachsenden Haufen, der als stummer Vorwurf in unserem Postfach liegt –, sondern auch um die beantworteten Mails, nach denen wir uns doch eigentlich gut fühlen sollten. Linda Stone, die in den 1980er und 1990er Jahren für Apple und Microsoft an neuen Technologien arbeitete, prägte 1997 den Begriff »dauernde Teilaufmerksamkeit«, um einen Zustand zu beschreiben, in dem man sich permanent auf alles halb, aber auf nichts ganz konzentriert.[194] Das klingt wie eine gute Zusammenfassung unseres heutigen Lebens. Zehn Jahre danach beobachtete Stone etwas Unheimliches an sich, wenn sie ihre E-Mails las: Unwillkürlich hielt sie zwischendurch immer wieder den Atem an. Sie nannte das Phänomen »E-Mail-Apnoe« und führte eine Studie durch, um zu sehen, ob es auch andere betraf. Ergebnis? 80 Prozent der Befragten litten ebenfalls zeitweise an »E-Mail-Apnoe«.[195]

Das scheint vielleicht unwichtig zu sein, ist es aber keineswegs. Die Unterbrechung des Atemrhythmus stört das Gleichgewicht von Sauerstoff, Stickstoffmonoxid und Kohlendioxid im Körper, was wiederum stressbedingte Beschwerden verstärkt.[196]

Das einfachste Mittel, um E-Mail-Apnoe zu vermeiden? Achten Sie auf Ihren Atem, während Sie Ihre Mails abrufen – schalten Sie den Autopiloten ab. Und denken Sie daran, was Tim Harford in seiner Kolumne in der *Financial Times* geschrieben hat: »Das E-Mail-Programm ist Ihr Diener. Wichtige Leute haben eine Sekretärin, die sie vor Störungen schützt ... Das E-Mail-Programm kann diese Funktion auch für Sie erfüllen.«[197] Sein Rat: Schalten Sie die Benachrichtigungsfunktion über neue Posteingänge ab. Sie selbst bestimmen darüber, wann Sie welche Informationen bekommen wollen, nicht andersherum.

Das Problem ist, dass E-Mails, seit es Smartphones gibt, nicht mehr aufs Büro beschränkt sind. Sie sind stets dabei – im Fitnessstudio, beim Abendessen, im Bett. Aber es gibt immer bessere Methoden, sich zu wehren, zum Beispiel das »Smartphone-Stapeln« bei einem Abendessen mit Freunden. Alle Smartphones werden in die Mitte des Tisches gelegt, und der Erste, der danach greift, um seine Mails zu checken, bevor die Rechnung kommt, muss zahlen. Kimberly Brooks, die Leiterin der Kunstredaktion bei der *HuffPost*, spielt ein anderes Smartphone-Spiel beim Essen, es heißt: »Das Essen wird nicht geknipst«. Sie erklärt: »Bei einem Essen mit der Familie, mit Kollegen oder Freunden und besonders mit Kindern, ob zu Hause oder im Restaurant, dürfen Sie Ihr Smartphone nur herausholen, wenn Sie entweder Arzt mit Rufbereitschaft oder Restaurantkritiker sind. Ansonsten zerstören Sie die Heiligkeit des gemeinsamen Essens, oder, wie ich es gerne nenne, die unsichtbare zeremonielle Kuppel, unter der die Menschheit die Kultur schmiedet.« Unangemessene Mailchecks auf dem Smartphone stehen ihrer Meinung nach auf die Liste der Dinge, die sich in der Öffentlichkeit nicht gehören: »Ich freue mich wirklich auf den Tag, wenn es als genauso unpassend gilt, beim Essen sein Smartphone neben sich liegen zu haben, geschweige denn, Bilder damit zu machen, wie wenn man öffentlich in der Nase bohrt, sich im Schritt kratzt oder Kette raucht.«[198]

Peter Davis, Chefredakteur des Magazins *Scene*, erzählt von einer Dinnerparty, bei der die Gäste ihre Smartphones am Eingang abgeben konnten wie Mäntel an der Garderobe.[199] Vielleicht sollte man das immer so machen, wenn man auf eine Party geht – das Smartphone an der Garderobe lassen und es beim Gehen wieder abholen. Das wäre, genau wie das Ablegen des Mantels, ein Zeichen, dass man sich freut, eingeladen zu sein und sich auf die anderen Anwesenden einlassen möchte.

Leslie Perlow, Professorin an der Harvard Business School, setzt sich für die sogenannte PTO (Predictable Time Off, also »Geplante Abwesenheit«) ein, bei der man sich nach Absprache einen freien Abend nimmt – keine E-Mails, keine Arbeit, kein Smartphone.[200] Bei einem Unternehmen, das dieses Konzept ausprobiert hat, der Boston Consulting Group, stieg die Produktivität, woraufhin das Programm in der Firma offiziell eingeführt wurde.[201] Als ihr auffiel, dass die Entwickler bei einer Softwarefirma ständig übermüdet waren, weil sie nachts und am Wochenende oft durcharbeiteten, führte Perlow die »Quiet Time« (»Ruhezeit«) ein, während der die Mitarbeiter einander ungestört arbeiten lassen.[202]

Inzwischen nimmt Multitasking den größten Teil des Tages, wenn nicht unseres Lebens, ein, so dass man ungestörtes Arbeiten und Vergnügen – Unitasking sozusagen – eigens einplanen muss.

Eine Studie an der University of California in Irvine, die gemeinsam mit der US-Armee durchgeführt wurde, hat ergeben, dass das absichtliche Meiden des E-Mail-Postfachs – ein »E-Mail-Urlaub« – Stress abbaut und die Konzentration verbessert. Die Wirkung verstärkt sich noch, wenn eine ganze Firma in E-Mail-Urlaub geht.[203] Shayne Hughes, CEO von Learning as Leadership, entschloss sich im Jahr 2013, das auszuprobieren. Er gab bekannt, dass »interne E-Mails in der nächsten Woche tabu sind.« Die Mitarbeiter waren wohl skeptisch, doch die Ergebnisse, so sagt er, seien eindeutig gewesen. »Unsere überdrehte Mentalität, mit der wir um jeden Preis per E-Mail am Geschehen dranbleiben wollten, verschwand«, schrieb er in der Zeitschrift *Forbes*. »Stattdessen nahmen wir eine konzentriertere und produktivere Energie wahr ... Die Stressreduktion von einem Tag auf den anderen war genauso spürbar wie eine Zunahme der Produktivität.« Diese Erfahrung, so schloss Hughes, »brachte uns wieder in Erinnerung, was für eine Kraft und Energie durch den persönlichen Kontakt mit den Kollegen entsteht.«[204] Die Softwarefirma FullContact aus Denver gewährt allen Mitarbeitern, die drei Regeln befolgen, einen Bonus von 7500 Dollar: »1. Nimm deinen Urlaub. 2. Schalte dein Smartphone aus. 3. Arbeite nicht im Urlaub.«[205]

Deutsche Unternehmen, die immer eine Spitzenposition einnehmen, wenn es um Fragen der Produktivität geht, legen besonderen Wert darauf, ihre Beschäftigten außerhalb der Arbeitszeit nicht durch E-Mails an die Arbeit zu ketten. Volkswagen pflegt eine besondere Unternehmenspolitik in Bezug auf die Mitarbeiter, die zwar ein Diensthandy haben, aber nicht zum Management gehören: Deren Smartphone ist so programmiert, dass es zwischen sechs Uhr abends und sieben Uhr morgens keine beruflichen E-Mails empfängt, so dass die Betroffenen sich ihren Freizeitaktivitäten und ihrer Familie widmen können und nicht das Gefühl bekommen, mit der Arbeit verheiratet zu sein.[206] Auch Evonik, die Telekom, Bayer, E.on und Henkel haben Betriebsvereinbarungen geschlossen, in denen etwa den Beschäftigten davon abgeraten wird, nach Feierabend noch E-Mails zu bearbeiten; teilweise werden diese Mails sogar automatisch gelöscht, wenn ein Mitarbeiter seine Abwesenheitsschaltung aktiviert hat. In vielen Unternehmen gelten diese Regeln nicht für die obersten Managementebenen, manchmal jedoch fasst die Idee auch ganz oben Fuß: Kasper Rorsted, der Vorstandsvorsitzende von Henkel, hat den Samstag zu seinem E-Mail-freien Tag erklärt und seinen Vorstandskollegen verboten, ihn zwischen Weihnachten und Neujahr zu kontaktieren.[207]

Neben Programme zum E-Mail-Management tritt in der deutschen Arbeitswelt eine wachsende Wertschätzung der Achtsamkeit. Die Ludwig-Maximilians-Universität München erforscht zusammen mit der Kalapa Leadership Academy und Mitarbeitern aus zehn Unternehmen den Nutzen von Achtsamkeit in Alltagssituationen im Büro.[208] Puma, Bosch, Alnatura, Siemens, BMW, Springer und die Stadtsparkasse München haben ihren Mitarbeitern ein Achtsamkeitstraining angeboten.[209] Und 2013 war Berlin Gastgeber des Mind & Life Symposiums für Kontemplationsforschung, einer Konferenz, in der Wissenschaft und uraltes Wissen zusammengebracht werden, um ein ganzheitliches Verständnis des menschlichen Geistes zu fördern.[210]

Paradoxerweise ist einer der am schnellsten wachsenden Bereiche für Hilfsmittel, um Technik abzuwehren, die Technik selbst. In den Anfangszeiten des Internets ging es um die Gewinnung von immer mehr Daten. Mittlerweile haben wir nicht nur davon mehr als genug – wir ertrinken regelrecht in Daten –, sondern auch so viel Zerstreuung, wie wir nur wollen. Die Technik ist sehr gut darin, unsere Wünsche zu erfüllen, aber diese decken sich nicht immer mit unseren Bedürfnissen. Inzwischen haben viele Entwickler begriffen, dass es einen Wachstumsmarkt für Anwendungen und Programme gibt, die dem Nutzer helfen, die Datenflut und Zerstreuung zu fokussieren und zu filtern.

Einige Beispiele für Anwendungen, die Sie vor Ablenkung schützen, finden Sie in Anhang A, zusammengestellt von Carolyn Gregoire, Third-Metric-Redakteurin bei der *HuffPost*.

Die gute Nachricht, so die Immunologin Esther Sternberg, lautet, dass »man gar nicht lange offline gehen muss – ich meine, offline im Sinne des Ausbruchs aus der Routine –, um einen Neustart zu machen ... Wenn Sie spüren, dass Ihr Stresslevel ansteigt, schauen Sie einfach aus dem Fenster ins Grüne hinaus, hören Sie den Vögeln zu und gönnen sich ein paar Minuten Stille. Man kann sich selbst wieder herunterholen.«[211]

Offline zu gehen wird allerdings immer schwieriger, je höher man auf der Karriereleiter steigt. Mehr Macht zu haben birgt die Gefahr, genau die Eigenschaften zu verlieren, die für eine Führungsposition entscheidend sind. Eine Studie hat ergeben, dass mehr Machtbefugnisse bei Entscheidungsträgern zu einem geringeren Empathievermögen führen.[212] Eine Untersuchung zur Weltsicht von Führungskräften zeigte, dass Macht einen anfällig dafür macht, die Ansichten anderer zu ignorieren oder misszuverstehen.[213] Die zunehmende Abhängigkeit von empathiefeindlichen elektronischen Kommunikationsmitteln verschärft diese Tendenzen nur noch. Alles, was Ihre Selbstwahrnehmung verstärkt und Ihre Fähigkeit, zuzuhören und sich auf den Moment zu konzentrieren, ist daher sehr wertvoll.

Setzen Sie sich zuerst Ihre eigene Sauerstoffmaske auf

Meditation, Yoga, Achtsamkeit, kurze Schläfchen und eine bewusste Atmung waren in grauer Vorzeit einmal Kennzeichen eines New-Age-Lebensstils, der alternativen Szene und der Gegenkultur. In den letzten Jahren sind wir allerdings an einen Wendepunkt gekommen, weil immer mehr Leuten bewusst wird, dass Stressabbau und Achtsamkeit nicht nur einem harmonischen Miteinander und universeller Liebe dienen – sondern auch gesteigertem Wohlbefinden und besserer Leistung.

Ein ausgewogenes Leben und eine hohe Leistung schließen einander nicht nur nicht aus, sondern die Leistungsfähigkeit wird sogar gesteigert, wenn man sein Leben ins Gleichgewicht bringt. Sheryl Sandberg sagte einmal zu mir: »Als ich meine Arbeitszeit wegen der Kinder stark reduzierte, habe ich nicht nur weniger gearbeitet, sondern ich war auch wesentlich produktiver. Durch die Kinder war jede Minute wertvoll, also überlegte ich ganz genau, ob ich dieses Meeting und jene Geschäftsreise wirklich brauchte. Meine Mitarbeiter wurden gleichfalls produktiver, weil die Meetings, die ich nicht brauchte, auch für sie nicht wesentlich waren.«[214]

Zuerst 2008 und dann wieder 2012 wollte die *Huffington Post* demonstrieren, dass eine ausgewogene Lebensführung auch an den hektischsten Tagen im Politzirkus möglich ist. Während des Wahlparteitags der Demokraten 2008 in Denver, Colorado, boten wir gestressten Teilnehmern – Delegierten wie Journalisten – die Möglichkeit, sich in der »*HuffPost*-Oase« zu erholen.[215] Dort gab es Yogaübungen, Thaimassagen, Handmassagen, entspannende Gesichtsmasken, gesunde Snacks und Erfrischungen, Musik und bequeme Sitzgelegenheiten zum Entspannen und Runterkommen.

Die Reaktion war überwältigend. Zahlreiche knallharte Reporter gestanden uns, wie schwer es ihnen falle, sich loszureißen und in den

Tagungssaal zurückzukehren, und viele stellten fest, dass diese Möglichkeit zur Entspannung sie die anstrengende Parteitagswoche durchstehen ließ, ohne sich dabei völlig zu verausgaben, und sie ihrer Chronistenpflicht mit mehr Energie nachkommen konnten. Bei der nächsten Wahl 2012 wiederholten wir unsere Aktion also, aber im größeren Maßstab und zwar sowohl für den Parteitag der Republikaner in Tampa, Florida, als auch für den der Demokraten in Charlotte, North Carolina. Der Zusammenhang zwischen der Möglichkeit, sich zu entspannen und neue Kraft zu sammeln, und der Fähigkeit, eingehender und produktiver über Probleme wie Armut, Bildung, Umwelt und Arbeitslosigkeit nachzudenken, ist vielleicht nicht unmittelbar offensichtlich. Doch je besser man sich um sich selbst kümmert, desto besser kann man sich auch um andere kümmern – um die Familie, die Kollegen, die Gemeinde, die Mitbürger. Die Notfallanweisungen in Flugzeugen besagen, dass man zuerst seine eigene Sauerstoffmaske aufsetzen muss, bevor man anderen hilft, selbst wenn es das eigene Kind ist. Schließlich kann man kaum wirkungsvoll helfen, wenn man selbst nach Luft schnappt. Alexander Solschenizyn formulierte es in seinem Roman *Im ersten Kreis der Hölle* so: »Wenn du die Welt in Ordnung bringen wolltest, wo würdest du beginnen: Bei dir oder bei den anderen?«[216]

Natürlich geht die Idee, sich aus dem Alltagsbetrieb loszureißen, um zur Ruhe zu kommen, auf die Zehn Gebote der Bibel zurück, wo Jahwe die Israeliten anweist: »Denke an den Sabbattag, um ihn heilig zu halten. Sechs Tage sollst du arbeiten und all deine Arbeit tun, aber der siebte Tag ist Sabbat für den Herrn, deinen Gott. Du sollst an ihm keinerlei Arbeit tun [...]. Denn in sechs Tagen hat der Herr den Himmel und die Erde gemacht, das Meer und alles, was in ihnen ist, und er ruhte am siebten Tag; darum segnete der Herr den Sabbattag und heiligte ihn.«[217] Für gläubige Juden ist die Zeitspanne vom Sonnenuntergang am Freitag bis zum Sonnenuntergang am Samstag eine Zeit für die Innenschau, für Familie und Freunde und für alles außer Arbeit – eine biblische Vorschrift zum Abschalten und Kraft schöpfen. Der Sabat endet mit der Haisdala- oder Trennungszeremonie, bei der die Teilnehmer Gott für die Trennung von »Licht und Dunkelheit« und den »siebten Tag der Ruhe und die sechs Tage der Arbeit« danken.[218]

Für Frauen, die beruflich Karriere machen wollen, ist es, wenn sie Kinder bekommen, noch schwieriger, Zeit für sich selbst zu finden. In der gegenwärtigen Unternehmenskultur ist die Mutterschaft oft ein großes Karrierehindernis. Natürlich ist es schwierig, Beruf und Familie unter einen Hut zu bringen, und wir brauchen viele gesellschaftliche Reformen, um diese Schwierigkeiten abzubauen, doch für mich war das Mutterwerden das denkbare beste Gegengift für meine Workaholic-Arbeitseinstellung. Durch die Kinder fiel es mir leichter, mich von den unvermeidlichen Höhen und Tiefen des Arbeitslebens zu distanzieren. Natürlich braucht man keine Kinder zu bekommen, um die richtigen Prioritäten zu setzen, aber für mich wurde es dadurch einfacher. Allein das Wissen, am Abend wieder bei meinen Töchtern sein zu dürfen, tauchte den ganzen Arbeitstag in ein anderes Licht. Schon ein einfacher Telefonanruf von ihnen während der Arbeit erinnerte mich daran, was im Leben wirklich zählt. Und das gilt auch heute noch, obwohl meine Töchter jetzt beide über 20 sind. Rückschläge belasten mich längst nicht mehr so wie früher. Und haben Sie vielleicht schon mal einen Tag ohne Rückschlag erlebt? Vielleicht gibt irgendwann mal ein brillanter Wissenschaftler – bestimmt einer mit einer großen Familie – diesem Effekt einen Namen. Wie auch immer er heißt, er hat eine enorme Auswirkung auf mein Selbstvertrauen, meine Stimmung und meinen Eifer gehabt – alles wichtige Faktoren bei der Arbeit.

Auch hier bestätigt die Wissenschaft die Erfahrung. Laut einer Studie der Brigham Young University von 2009 hat die Gründung einer Familie einen messbaren Einfluss auf die Gesundheit, besonders auf den Blutdruck. Die Forscher versahen fast 200 Eheleute mit Blutdruckmessgeräten und fanden heraus, dass Paare mit Kindern einen bedeutend niedrigeren Blutdruck hatten als kinderlose Paare. Bei Frauen war der Effekt ausgeprägter als bei Männern.[219]

Das soll aber nicht heißen, dass es den Unternehmen erspart bliebe, die organisatorischen Hindernisse aus dem Weg zu räumen, die Müttern bei ihrer beruflichen Laufbahn im Weg stehen. Leider gibt es für viel zu viele Beschäftigte – besonders Frauen – noch viel zu wenig Unterstützungsmaßnahmen, um Karriere und Familie miteinander in Einklang zu bringen; und das ist entscheidend, wenn wir Erfolg für alle neu definieren wollen. Gleitzeit, Arbeit von zu Hause aus, Projektverträge und eine Unternehmenskultur, die von ihren Mitarbeitern nicht erwartet, dass sie rund um die Uhr erreichbar sind, müssen zur Norm werden, wenn wir unsere Arbeitsplätze wirklich nachhaltig gestalten wollen.

Unsere gegenwärtige toxische Definition von Erfolg und unsere Abhängigkeit von elektronischen Kommunikationsmitteln haben einen besonders negativen Effekt auf die nächste Generation. Der »Generation Y«, den sogenannten Millennials, könnte man auch den alarmierenden Spitznamen »Generation Stress« geben. Für eine Studie im Auftrag der American Psychological Association sollten die Teilnehmer ihre Stressbelastung einordnen. Die Kinder, die um die Jahrtausendwende Teenager waren, standen ganz an der Spitze.[220]

Und noch dazu blieb dieses Phänomen durch sämtliche Fragen der Studie hindurch konstant. Fast 40 Prozent dieser Generation gaben an, dass ihre Stressbelastung im vergangenen Jahr zugenommen habe, gegenüber nur 33 Prozent bei den Baby-Boomern und 29 Prozent bei den älteren US-Bürgern. Über die Hälfte der Millennials sagten, Stress hielte sie mindestens ein Mal im Monat nachts wach, verglichen mit 37 Prozent bei den Babyboomern und 25 Prozent bei den älteren Amerikanern. Nur 29 Prozent der Millennials bekommen nach eigener Aussage genug Schlaf.[221]

In Großbritannien leidet womöglich über die Hälfte aller Jugendlichen unter Schlafmangel, so Russell Foster, Professor in Oxford: »Hier haben wir ein klassisches Beispiel dafür, wie ausreichend Schlaf die Lebensqualität erheblich steigern könnte, und ebenso die schulischen Erfolge unserer jungen Leute. Aber niemand bringt ihnen bei, wie wichtig Schlaf ist, und so wird er all den vielen anderen Anforderungen geopfert, die an sie gestellt werden.«[222]

Eine erhöhte Stressbelastung kann für die Millennials später im Leben alle möglichen negativen Konsequenzen haben. Wie wir gesehen haben, ist Stress ein wesentlicher Faktor für Herzerkrankungen,[223] Diabetes[224] und Übergewicht.[225] Bereits jetzt hat man bei 19 Prozent dieser Generation Depressionen diagnostiziert, gegenüber 12 Prozent bei den Babyboomern und 11 Prozent bei den älteren Amerikanern.[226]

Es überrascht nicht, dass die berufliche Tätigkeit einer der größten Stressfaktoren für junge Amerikaner ist. 67 Prozent der Generation Y geben ihre Arbeit als signifikanten Belastungsfaktor an (gegenüber 62 Prozent der Baby-Boomer und 39 Prozent der älteren Amerikaner).[227] Neben vielen anderen Herausforderungen, denen sie sich gegenübersehen, finden sich viele von ihnen nach dem Collegeabschluss mit hohen Studiendarlehensschulden auf einem schwächelnden Arbeitsmarkt wieder. Mehr als jede andere Generation sind die Millennials Opfer der unserem Wirtschaftssystem inhärenten Stressbelastung – entweder durch Überarbeitung, durch Abhängigkeit von elektronischer Kommunikation oder durch Arbeitslosigkeit und Furcht vor sozialem Abstieg.

Viele dieser Probleme erfordern natürlich politisches Handeln und wirtschaftliche Reformen. Aber an welchem Ende des Spektrums man sich auch immer befindet – Achtsamkeit, Meditation und verschiedene andere Mittel und Methoden stärken nicht nur die Widerstandskraft und den Erfindergeist angesichts problematischer Situationen, sondern auch die Arbeitsproduktivität des Einzelnen. Und, jawohl, mir ist bewusst, wie paradox es ist, von Leistungssteigerung zu sprechen, wenn ich für Praktiken werbe, die den Erfolgsbegriff doch neu definieren sollen. Wir sprechen hier schließlich davon, was im Leben wirklich wichtig ist. Mit anderen Worten: Meditation, Yoga, ausreichend Schlaf, Selbsterneuerung und Zuwendung verbessern zwar unsere Arbeitsleistung, machen uns aber gleichzeitig bewusst, dass unsere Arbeit nicht definiert, wer wir als Person sind.

Warum auch immer Sie an die Sache herangehen – tun Sie es. Vielleicht wollen Sie im Moment einfach nur am Arbeitsplatz mehr leisten oder Ihre Firma voranbringen und fangen deshalb mit Meditation oder Achtsamkeit an oder achten auf genügend Schlaf. So oder so werden Sie dadurch höchstwahrscheinlich anfangen, die Prioritäten in Ihrem Leben neu zu setzen. Anand Giridharadas schrieb in der *New York Times* über unsere »Third Metric«-Konferenz im Juni 2013: »Dieser Ansatz hat auch seine Risiken ... Wenn man stärker auf sein Wohlbefinden achtet, nur um bei der Arbeit mehr zu leisten, verliert man vielleicht den Krieg, obwohl man die Schlacht gewinnt, da die Vorstellung bestehen bleibt, was gut für die Arbeit sei, sei auch gut für einen selbst.«[228]

Ich glaube, wir können beides: sowohl die Schlacht als auch den Krieg gewinnen. Wenn wir besser auf unser Wohlbefinden achten – aus welcher Motivation heraus auch immer –, bringt uns das Aspekten unserer Persönlichkeit nahe, die vorher brachlagen, und erhöht die Chancen, die Trennung zwischen beruflichem Erfolg und Gedeihen im Leben aufzuheben.

Schlafen Sie sich nach oben

Die grundlegendste Veränderung, die wir vornehmen können, um unseren Erfolgsbegriff neu zu definieren, hat mit unserer angespannten Beziehung zum Schlaf zu tun. Dr. Michael Roizen, Leitender Wellness-Beauftragter der Cleveland Clinic, sagt: »Schlaf ist die am meisten unterschätzte gesunde Angewohnheit.«[229] Aber die meisten von uns machen sich diesen Teil des Lebens, der doch eigentlich von unschätzbarem Wert ist, nicht zunutze. Streng genommen tun wir häufig eher das Gegenteil. Denn fälschlicherweise glauben wir, dass Erfolg das Ergebnis der Zeitmenge sei, die wir in die Arbeit stecken, und nicht der Zeitqualität. Schlaf – oder vielmehr unser Vermögen, ohne ihn auszukommen – ist zum Symbol unserer Kraft geworden. Wir machen geradezu einen Fetisch daraus, mit möglichst wenig Schlaf auszukommen, ja wir geben sogar damit an. Ich aß einmal mit einem Mann zu Abend, der sich damit brüstete, dass er in der Nacht zuvor nur vier Stunden geschlafen hatte. Ich widerstand der Versuchung, ihm zu sagen, dass die Unterhaltung interessanter geworden wäre, wenn es fünf gewesen wären.

Es gibt praktisch keinen Aspekt des Lebens, der von ausreichendem Schlaf nicht positiv beeinflusst würde, und es gibt keinen, auf den Schlafmangel keinen negativen Einfluss hat. Bill Clinton, berühmt dafür, mit fünf Stunden Schlaf pro Nacht auszukommen, gab später zu: »Alle entscheidenden Fehler, die ich gemacht habe, sind mir wegen Übermüdung unterlaufen.«[230] Als die EU-Spitzenpolitiker 2013 über einen Rettungsplan für Zypern verhandelten, einigten sie sich in den frühen Morgenstunden auf einen Plan, den ein Kommentator als »beeindruckend unsinnig« beschrieb.[231] Der Finanzjournalist Felix Salmon nennt die Einigung eine »unheimliche Kombination aus Unentschlossenheit, Erpressung und übernächtigter Zockermentalität«.[232] Die Rolle des Schlafmangels bei internationalen Krisengipfeln wäre ein ausgezeichnetes Dissertationsthema (aber schreiben Sie bitte nicht immer die Nacht durch, wenn Sie es bearbeiten!).

Wir können unsere Kreativität, unsere Erfindungsgabe, unser Selbstvertrauen und unsere Führungs- und Entscheidungsfähigkeit verbessern, indem wir uns schlicht und einfach ausreichend Schlaf gönnen. »Schlafentzug wirkt sich negativ auf die Stimmung, die Konzentrationsfähigkeit und die höheren kognitiven Funktionen aus. Die Kombination dieser Faktoren wird für gewöhnlich als geistige Leistungsfähigkeit bezeichnet«, so Dr. Stuart Quan und Dr. Russell Sanna von der Abteilung Schlafmedizin der Harvard Medical School.[233]

In den letzten fünf Jahren habe ich mich derart als Predigerin des Schlafs profiliert, dass ich in deren Verwaltungsrat gewählt wurde – eine Aufgabe, die mir viele neue Erkenntnisse der Schlafforschung zugänglich gemacht und meine Bekehrungsversuche für mehr Schlaf nur noch verstärkt hat!

Eine Studie der Duke University hat ergeben, dass Schlafmangel mit einer gesteigerten Stressbelastung und größeren Anfälligkeit für Herzerkrankungen und Diabetes korreliert, ebenso wurde festgestellt, dass Frauen gegenüber Männern ein erhöhtes Risiko tragen.[234] Till Roenneberg, Professor für Chronobiologie an der Ludwig-Maximilians-Universität München, hat den Begriff »sozialer Jetlag« geprägt, um die Diskrepanz zwischen den Bedürfnissen unseres Körpers gemäß unserer inneren Uhr und den Zwängen gemäß der gesellschaftlichen Uhr zu beschreiben.[235] Natürlich kann der altbekannte Jetlag durch Flugreisen unsere innere Uhr ebenfalls durcheinanderbringen – und als jemand, der ständig in den verschiedensten Zeitzonen unterwegs ist, stelle ich für mich deshalb gnadenlose Anti-Jetlag-Regeln auf. Während der Flüge trinke ich so viel Wasser wie möglich, vermeide Zucker und Alkohol, vertrete mir im Flugzeug die Beine, soweit es der Platz und die Sicherheitsvorschriften zulassen, und schlafe vor allem so viel und so lange, wie es nur eben geht. Dabei ist mir meine Meditationsmusik eine große Hilfe. Außerdem lasse ich alle elektronischen Geräte ausgeschaltet, selbst wenn deren Nutzung erlaubt ist.

Genau wie Meditation kann auch unser Schlafrhythmus das Gehirn physisch beeinflussen. An der Harvard Medical School hat man herausgefunden, dass es möglich ist, mit mehr Schlaf als dem absoluten Minimum das Volumen seiner grauen Hirnzellen zu erhöhen, was wiederum in Verbindung mit einer besseren psychischen Gesundheit steht.[236]

Eine Studie über Mäuse aus dem Jahr 2013 zeigte, dass das Gehirn während des Schlafs schädliche Abfallproteine abbaut, die sich zwischen den Hirnzellen ansammeln – ein Vorgang, der möglicherweise die Anfälligkeit für die Alzheimer'sche Krankheit reduziert. »Das funktioniert wie eine Geschirrspülmaschine«, so Maiken Nedergaard, Professorin für Neurochirurgie an der University of Rochester und Mitautorin der Studie. »Man kann entweder Gäste empfangen oder Hausputz machen, nicht beides gleichzeitig ... Das Gehirn hat nur eine bestimmte Menge an Energie zur Verfügung und muss daher zwischen zwei Funktionen wählen – waches Bewusstsein oder schlafendes Saubermachen.«[237] Viel zu viele von uns haben zu oft Gäste und machen zu selten sauber.

Die Great British Sleep Survey (»Große britische Schlafstudie«) hat ergeben, dass bei Menschen, die unter Schlafmangel leiden, das Gefühl von Hilflosigkeit siebenmal und das Gefühl von Einsamkeit fünfmal häufiger auftritt als bei Ausgeschlafenen.[238] Solche Folgeerscheinungen können alles beeinflussen, von unseren persönlichen Beziehungen bis hin zur Fähigkeit, auf unsere Gesundheit zu achten. Außerdem führt unser Schlafmangel auch in wirtschaftlicher Hinsicht zu erheblichen Verlusten. Eine Untersuchung an der Harvard University von 2011 ergab, dass Schlaflosigkeit signifikant mit verlorener Arbeitsleistung korreliert. Die Autoren schätzen, dass die dadurch verlorene Leistung, auf die gesamten USA hochgerechnet, mehr als 63 Milliarden Dollar jährlich beträgt.[239]

Immer mehr wissenschaftliche Untersuchungen setzen sich mit den unwiderlegbaren Vorteilen des Schlafs auseinander. Eine in *Science* erschienene Studie rechnet sogar vor, dass bei Schlafmangel schon eine zusätzliche Stunde Schlaf mehr für die Zufriedenheit im Alltag tut als eine Gehaltserhöhung um 60 000 Dollar.[240] Mehrere Untersuchungen konnten nicht einmal eine anhaltende Korrelation zwischen Geld und Zufriedenheit nachweisen – die großen Einkommenssteigerungen in den Industrieländern während der letzten 50 Jahre haben nicht zu einer Zunahme allgemeinen Glücks geführt. Richard Easterlin, Wirtschaftswissenschaftler an der University of Southern California, hat die Korrelation zwischen Einkommen und gefühlter Lebenszufriedenheit analysiert und herausgefunden, dass in Japan das subjektive Wohlbefinden zwischen 1958 und 1978 konstant geblieben ist – und das, obwohl die Realeinkommen in dieser Zeit um 500 Prozent gestiegen sind![241]

Was aber sollen wir tun, wenn wir trotz bester Absichten einfach nicht auf die nötigen sieben bis acht Stunden Schlaf pro Nacht kommen? Die Wissenschaft hat herausgefunden, dass selbst kurze Schläfchen zwischendurch helfen können, den Kurs zu halten. Historisch gesehen gehören Leonardo da Vinci, Thomas Edison, Eleanor Roosevelt, Winston Churchill und John F. Kennedy zu den berühmten Fürsprechern des Nickerchens. Der Fernsehmoderator Charlie Rose erklärte mir, er gönne sich bis zu drei kurze Schlafpausen pro Tag: »Ich mache ein Nickerchen nach unserem CBS-Morgenmagazin, eines, bevor ich meine eigene Show aufnehme, und ein weiteres, bevor ich am Abend ausgehe. Ich hasse es, erschöpft durch meinen Tag zu gehen!«[242] David Randall, Autor von *Dreamland: Adventures in the Strange Science of Sleep* (»Traumland: Abenteuer in der merkwürdigen Wissenschaft vom Schlaf«) schreibt, dass schon ein kurzes Schläfchen »unser Gehirn dazu anregt, besser zu funktionieren, bessere Ideen hervorzubringen, schnellere Lösungen zu finden, Muster schneller zu erkennen und sich genauer an Informationen zu erinnern.«[243]

Natürlich ist mehr schlafen einfacher gesagt als getan – glauben Sie mir, ich weiß, wovon ich rede! Das gilt besonders in einer Kultur der Dauererreichbarkeit. Außerdem zeigen immer mehr wissenschaftliche Belege, dass leuchtende Bildschirme und gesunder Schlaf natürliche Feinde sind. Forscher des Rensselaer Polytechnic Institute haben kürzlich eine Studie veröffentlicht, die nachweist, dass der Schein von Computerbildschirmen die Produktion von körpereigenem Melatonin behindert, welches für die Regulierung der inneren Uhr und des Schlafzyklus notwendig ist.[244] Die Technik verbindet uns dermaßen intensiv mit der Außenwelt, dass wir die Verbindung zu unserer Innenwelt verlieren.

Wir müssen unser Leben unbedingt von dem Gift befreien, das Anne-Marie Slaughter als »Zeit-Macho« bezeichnet. Sie meint damit unseren »unaufhörlichen Kampf, noch härter zu arbeiten, noch mehr Überstunden zu machen, noch mehr Nächte am Schreibtisch zu sitzen und noch öfter um die Welt zu fliegen, derweil wir die zusätzlichen Überstunden abrechnen, die uns das Überqueren der Datumsgrenze verschafft.«[245]

Im Januar 2010 überredete ich Cindi Leive, die Chefredakteurin der Zeitschrift *Glamour,* sich meinem Neujahrsvorsatz anzuschließen, der, davon waren wir überzeugt, das Leben von Frauen weltweit verbessern würde: mehr zu schlafen. Schlaf war für uns eine feministische Herausforderung, denn von allen Amerikanern, die zu wenig schlafen, sind Frauen die Erschöpftesten.[246] Berufstätige Mütter bekommen am wenigsten Schlaf; 59 Prozent von ihnen gaben bei einer landesweiten Umfrage an, unter Schlafmangel zu leiden, und 50 Prozent erklärten, mit sechs oder weniger Stunden Schlaf pro Nacht auskommen zu müssen.[247] Cindi gestand, dass sie durch ihre Berufstätigkeit, die beiden kleinen Kinder und ihre Fernsehsucht nur auf etwa fünf Stunden pro Nacht komme.

»Frauen leiden sehr viel stärker unter Schlafmangel als Männer«, bestätigt Dr. Michael Breus, Autor von *Beauty Sleep* (»Schönheitsschlaf«). »Frauen haben so viele Verpflichtungen, da rutscht der Schlaf auf der Prioritätsskala weit nach hinten. Sie wissen zwar eigentlich, wie wichtig Schlaf ist, doch dann müssen sie noch dies erledigen und jenes auch noch. Und so geht es dann bergab.«[248] Dem Körper die benötigte Ruhe und Erholung vorzuenthalten, führt zu einer erhöhten Anfälligkeit für Krankheiten, Stress, Verkehrsunfälle und Gewichtszunahme. (Dr. Breus schwört sogar, dass man im Schlaf mehr abnimmt als durch Gymnastik!)[249]

Aber Schlafmangel führt nicht nur zu körperlichen Problemen. Wenn Sie sich nicht genug Schlaf gönnen, leiden Ihre geistigen Fähigkeiten darunter, und zwar in allen Bereichen – bei beruflichen Entscheidungen, bei der Bewältigung von Beziehungsproblemen und in überhaupt jeder Lebenssituation, die Urteilskraft verlangt; ebenso leiden Ihr emotionales Gleichgewicht und Ihre Kreativität.

»Egal, was Sie tun – nach einer ausreichenden Nachtruhe gelingt es Ihnen besser«, so Dr. Breus.[250] Wir aber zwingen uns ständig, mit weniger Schlaf auszukommen und wissen irgendwann gar nicht mehr, wie sich eine »persönliche Bestleistung« eigentlich anfühlt.

Nicht ohne Grund gilt Schlafentzug als eine Foltermethode und wird außerdem routinemäßig von religiösen Sekten angewandt.[251] Interessierte Beitrittskandidaten werden gezwungen, sehr lange wachzubleiben, um ihre Entscheidungsfähigkeit herabzusetzen und sie für Überredungsversuche anfälliger zu machen. Wir haben also die Wahl: Wollen wir entscheidungsstarke Frauen und Männer sein, die ihr Leben in die Hand nehmen? Oder wollen wir wie Zombies durch die Gegend laufen?

Doch zurück zu Cindis und meinem Neujahrsvorsatz. Einen Monat lang wollten sie und ich darauf achten, immer genug Schlaf zu bekommen, Cindi siebeneinhalb Stunden, ich acht – und zwar jede Nacht (durch diese Schlafdauer, das hatten wir ausprobiert, konnten wir am Tag zu unserer kreativen und effektiven Höchstleistung auflaufen).

Selbstverständlich war das leichter gesagt als getan. Wir mussten vielen Versuchungen widerstehen – von Jon Stewarts Satireshow bis zu unseren E-Mail-Postfächern. Und vor allem mussten wir die Workaholic-Überzeugung missachten, dass man faul ist, wenn man nicht dem Beispiel notorischer Wenigschläfer folgt.

Denn es ist in Wahrheit natürlich gerade umgekehrt: Jeder Berufstätige kann sehr viel mehr leisten, wenn er nicht am Steuer schläft. Das Problem ist, dass Frauen in der an vielen Arbeitsplätzen noch immer vorherrschenden Männerclub-Atmosphäre häufig das Gefühl haben, sie gehörten nicht richtig dazu. Dann versuchen sie, das überzukompensieren, indem sie mehr und länger arbeiten als der Kollege am Schreibtisch nebenan. Mit harter Arbeit fühlen sich die Frauen in ihrem Beruf akzeptierter und selbstsicherer. Und anfangs funktioniert das auch gut. Also arbeiten sie immer mehr und länger, und die Überstunden werden zum festen Bestandteil ihrer Arbeitseinstellung. Das ist aber ein Pyrrhussieg: Überarbeitung führt nämlich zur Schlaflosigkeit, und die wiederum verringert die persönliche Leistungsfähigkeit. Zu viele von uns werden von der Furcht getrieben, dem Beruf und dem eigenen Leben gegenüber als nicht ambitioniert genug zu gelten, wenn sie sich genug Schlaf gönnen.

Doch durch mehr Schlaf wird man kompetenter und entscheidungsstärker. So erhält der alte Spruch über Frauen, die sich nach oben schlafen, eine völlig neue Bedeutung. Frauen haben schon so viele unsichtbare Schranken durchbrochen – sie sitzen im Kongress, fliegen ins Weltall, glänzen als Spitzensportlerinnen, leiten Firmen und haben Erfolg als führende Journalistinnen –, stellen Sie sich nur vor, was wir alles können, wenn wir erst einmal richtig ausgeschlafen sind!

Zu zweit lässt sich ein Neujahrsvorsatz natürlich leichter und mit mehr Spaß umsetzen. Am dritten Tag mailte mir Cindi: »Ich habe letzte Nacht meine siebeneinhalb Stunden Schlaf bekommen, aber es war *sehr stressig*, rechtzeitig ins Bett zu kommen! Ich bin herumgehetzt, als müsste ich einen Zug kriegen!« Das erleichterte mich so, dass ich mir eingestehen konnte, dass es mir genauso ging. An einem Abend hatte ich um halb elf noch mit unserem Gründungschefredakteur Roy Sekoff über eine neue Schlagzeile für die *HuffPost* diskutiert, und wurde langsam nervös, dass ich meinen Zug verpassen könnte. Roy und ich beeilten uns also mit dem Brainstorming, damit die Schlagzeile stand, bevor ich ins Bett musste. (Es hatte etwas von einem Actionfilm, in dem in letzter Sekunde eine Bomben entschärft wird.) Am wichtigsten aber war, dass ich danach über mich selbst lachen konnte – das hilft immer gegen Stress.

Außerdem entdeckte ich einige tolle Einschlafhilfen: erstens natürlich den hübschen rosa Seidenschlafanzug, den mir Cindi geschenkt hatte. Ihn anzuziehen genügte schon, um mich fürs Bett bereitzumachen – mehr als die Baumwoll-T-Shirts, die ich sonst zum Schlafen trage. Der Pyjama signalisierte ganz eindeutig »Schlafenszeit«, und es bestand nicht die Gefahr, ihn mit einem Trainingsanzug zu verwechseln. Nur zu oft ignorieren wir den Unterschied zwischen Tages- und Nachtkleidung. Einen Pyjama anzuziehen gibt dem Körper ein deutliches Signal: Runterfahren!

Ein noch wichtigeres Signal ist das Abschalten aller Kommunikationsgeräte. Ich achtete immer darauf, mein iPhone und die BlackBerrys (ja, ich habe wirklich mehrere!) weit vom Bett entfernt aufzuladen, damit ich nicht mitten in der Nacht anfing, die neuesten Nachrichten oder meine E-Mails zu checken.

Und Cindi entdeckte noch einen anderen Trick, wenn sie Schwierigkeiten mit dem Einschlafen hatte. »In Dreierschritten von 300 herunterzählen – das funktioniert wunderbar, man schläft garantiert vor 250 ein.« An den wenigen Abenden, an denen ich zu aufgedreht bin, um sofort einzuschlafen, ist mein Patentrezept ein heißes Bad mit meinem Lieblingsbadesalz.

Am vierten Tag unserer »Schlaftherapie« wachte ich tatsächlich ohne Wecker auf. Ich schaute mich ängstlich um – irgendein Notfall musste passiert sein, dass ich so unvermittelt von selbst aufgewacht war. Ich brauchte eine oder zwei Minuten, bis mir klar wurde, dass ich darum hellwach war ... weil ich ausgeschlafen hatte. Stellen Sie sich das mal vor!

Laut Professor Roenneberg lassen sich 80 Prozent aller Menschen an Werktagen vom Wecker wecken, doch herauszufinden, wie viel Schlaf man wirklich braucht, ist trotzdem einfach: »Man kann sich zwar überessen, aber überschlafen kann man sich eigentlich nicht. Wenn man von selbst aufwacht und sich frisch fühlt, hat man ausgeschlafen.«[252]

Weiter sagt er: »Dadurch, dass wir ständig elektrischem Licht ausgesetzt sind, hat sich unsere innere Uhr nach hinten verschoben, während der Arbeitstag geblieben ist, wo er war. Wir schlafen also später ein und werden dann zu früh geweckt, weil wir zur Arbeit müssen. So entsteht chronischer Schlafmangel.«[253] Das ist, als häufe man immer mehr Schulden an, ohne sie je abzahlen zu können.

Einer der Vorteile, wenn man ausgeschlafen ist, besteht darin, dass man zu einem dieser grässlichen »Morgenmenschen« wird, die man als Angehöriger der unausgeschlafenen Mehrheit am liebsten erwürgen würde. Ich war plötzlich morgens immer sofort voll da, ohne erst stundenlang in einem geistigen Nebel zu stecken.

Viele von uns wissen, dass regelmäßige Bewegung zu besserem Schlaf verhilft, aber ich habe herausgefunden, dass es andersherum genauso gilt: Mit regelmäßigem Schlaf kann man auch besser Sport treiben. Diese Erkenntnis spürte ich buchstäblich in meinen Knochen, und sie wird von der Forschung bestätigt. Laut einer neueren Studie an der Northwestern University, die im *Journal of Clinical Sleep Medicine* erschienen ist, schaffen die Teilnehmer nach schlechtem Nachtschlaf nur kürzere Fitnessprogramme.[254]

Als ich jetzt für meine Morgengymnastik die Trainingsgeräte in Angriff nahm, stellte ich fest, dass ich mehr Gewicht stemmen und das Laufband schneller und steiler einstellen konnte. Hätte mich jemand, der meine normale Gymnastik kennt, dabei gesehen, wäre ich wahrscheinlich zum Dopingtest gebeten worden, dabei war meine einzige leistungssteigernde Droge ein achtstündiger Schlaf gewesen. Das ist einer der Gründe, warum, wie Dr. Breus sagt, mehr Schlaf zu weniger Gewicht führt.[255]

Meine neue Energie hielt den ganzen Tag über an. Ich habe ein paar Freunde, mit denen ich regelmäßig wandern gehe. Bei uns ist es Brauch, dass derjenige, der sich jeweils am fittesten fühlt, bergauf reden muss, und die anderen bergab. Normalerweise bin ich als Bergabsprecherin bekannt. Bei der letzten Wanderung redete ich allerdings ununterbrochen während des Aufstiegs – meistens über die Vorteile von mehr Schlaf.

Ich übernahm auch noch eine weitere Anregung von Cindi; sie behandelte ihre Schlafenszeit wie einen wichtigen Termin – genauso wichtig wie jede berufliche Verabredung. Es ist sozusagen ein Termin mit ihr selbst. Sie legt fest, wann sie morgens aufstehen muss, rechnet siebeneinhalb Stunden (ihre festgelegte Schlafdauer) zurück und macht den Termin zum Schlafengehen. Wenn Sie eher ein A-Typ sind (ich bekenne mich schuldig!) und Befriedigung aus der Einhaltung von Deadlines und Terminen ziehen, können Sie Ihre Zwanghaftigkeit hier gewinnbringend einsetzen.

Zu viele von uns halten ihren Schlaf für eine frei verschiebbare Position, die gegenüber den festen beruflichen Terminen ruhig zurückstehen kann. Stattdessen sollten wir unsere Schlafenszeit wie einen Abflug oder eine Zugabfahrt zum festen Termin erklären und alles andere darum herum arrangieren.

Um diesen Termin einzuhalten, wandte Cindi das Rezept von Dr. Breus an, einen Wecker im Schlafzimmer so einzustellen, dass er klingelt, wenn es Zeit zum Schlafengehen ist. »Man muss dann ins Schlafzimmer gehen, um das blöde Ding abzuschalten – und ist damit wenigstens schon mal zur richtigen Zeit im richtigen Raum«, erzählte sie mir.[256]

Den Entschluss, mehr zu schlafen, publik zu machen, kann ebenfalls helfen, sich daran zu halten. Man findet sich dann plötzlich, so wie ich, von sympathisierenden Freunden umgeben, die es eigentlich genauso machen wollen und einem helfen, sein Vorhaben umzusetzen. Nachdem ich angefangen hatte, darüber in der *Huffington Post* zu bloggen, kamen bei Veranstaltungen plötzlich völlig Fremde auf mich zu, die besorgt auf die Uhr schauten und mich fragten, ob ich nicht bald nach Hause müsse, um meine acht Stunden Schlaf zu bekommen. Ich fühlte mich wie ein Kind, das am nächsten Tag Schule hat – mit Dutzenden Babysittern um mich herum, die mir alle helfen wollten, meinen Vorsatz einzuhalten.

Eine weitere Folge meines längeren – und besseren – Schlafs ist, dass ich intensiver träume. Ich weiß nicht, ob meine Träume wirklich lebhafter und interessanter werden, oder ob mir das nur so vorkommt, weil ich nicht mehr, wenn ich aufwache, nur daran denke, dass ich gerne noch weiterschlafen würde. Was auch immer der Grund sein mag, plötzlich führe ich ein sehr ausgefülltes und interessantes Traumleben.

Mich wieder mit meinen Träumen zu verbinden, war wie das Wiedersehen mit einer alten Flamme. Träume haben mich schon immer fasziniert. Auf einer Reise nach Luxor habe ich mal die

»Schlafkammern« des Tempels besucht, wohin sich die Hohepriester und Priesterinnen nach Vorbereitung durch Gebet und Meditation zurückzogen, um im Schlaf Rat und Inspiration durch die Götter zu suchen. Die Menschen des alten Ägypten gingen also erwartungsfroh zu Bett – ganz im Gegensatz zu unserer modernen Angewohnheit, uns ein paar Stunden mit Schlafmitteln zu betäuben, um den nächsten Tag Raserei durchhalten zu können. Durch diese spirituelle Vorbereitung auf den Schlaf konnten sie sich an ihre Träume und nächtlichen Reisen erinnern.

Schon lange, bevor ich in Ägypten gewesen bin, hat mich C. G. Jungs Beschäftigung mit Träumen und Archetypen fasziniert. Sein autobiographisches Werk *Erinnerungen, Träume, Gedanken* ist eins meiner Lieblingsbücher. Es hat mich dazu veranlasst, die Möglichkeit in Betracht zu ziehen, dass die Welt der Träume keine Trennung von der Realität ist, sondern sogar eine neue Realität eröffnet – einen zeitlosen Ort, an dem wir unserer Seele lauschen können.

Nach dieser Ägyptenreise führte ich viele Jahre lang Tagebuch über meine Träume. Ich füllte ein Heft nach dem anderen. Dann kam mir das Leben dazwischen, besonders, als ich Mutter wurde. Während ich ein Neugeborenes stillte, einen schreienden Säugling tröstete oder ein fieberndes Kleinkind wiegte – ganz zu schweigen von den gleichzeitigen Anstrengungen, weiterhin Bücher und Zeitungskolumnen zu verfassen –, verpuffte die Zeit bis zur Nacht einfach, und Schlaf wurde zur notwendigen Maßnahme, mehr eine Überlebenstaktik als ein Weg ins Geheiligte und Göttliche.

Nacht und Schlaf waren bald nur noch ein Übergang: Ich sank in die Federn, wenn ich gerade Zeit hatte, wachte immer zu spät auf, egal wie früh, und musste mich sofort wieder abhetzen. Das Leben wurde zu einem beständigen Zyklus aus Hektik und Zusammenbruch, die endlos aufeinanderfolgten. Irgendwann gewöhnte ich mich schließlich daran und hielt diesen Zustand für normal.

Mein »Erwachen« kam, als ich mich wieder bewusst mit dem Thema Schlaf befasste und ihm eine hohe Priorität in meinem Leben einräumte. Ich erlaubte mir, mich wieder an meine Träume zu erinnern. Eine schöne Begleiterscheinung, wenn man sich bewusst mit seinen Träumen befasst, ist übrigens, dass man dadurch mit nahestehenden Menschen noch stärker in Kontakt kommen kann. Meine jüngere Tochter und ich tauschen uns inzwischen regelmäßig über unsere Träume aus. Sie träumt zum Beispiel immer wieder eine anschauliche Metapher für die Auswirkungen eines guten Nachtschlafs. Sie sieht sich selbst als lebendes Stoppschild, das die Menschen zum Anhalten zwingt, bevor sie mit ihrem Leben fortfahren können.

Dr. Breus erklärt, warum Träumen so wichtig ist. »Durch das Träumen (gewöhnlich im REM-Schlaf) verfestigen Sie Ihre Erinnerungen. Was heißt das für Sie? Sie können Ihre Gedächtnisleistung und Ihr systematisches Denken verbessern und dadurch auch den Alltag besser bewältigen.«[257]

Über diese Nutzeffekte des Träumens hinaus hat es aber auch einen tieferen spirituellen Sinn, wie Rumi schreibt: »Du trägst einen Korb mit frischem Brot auf dem Kopf und gehst trotzdem von Tür zu Tür und bettelst um Brotrinden. Klopfe nur an deine innere Tür, an keine andere.«[258] Sich an seine Träume zu erinnern, ist ein solches Anklopfen an die innere Tür, hinter der man tiefe Einsichten und Selbsterkenntnis findet.

Von den Schlafexperten, mit denen ich zusammengekommen bin, habe ich noch ein paar zusätzliche Tipps für besseren Schlaf bekommen. Die folgenden fand ich am hilfreichsten:

- Kaufen Sie sich ein neues Kopfkissen und einen neuen Bezug.
- Verdunkeln Sie ihr Schlafzimmer und senken Sie die Raumtemperatur.
- Machen Sie vor dem Schlafengehen einige Atemübungen.
- Nehmen Sie vor dem Schlafengehen ein heißes Bad.
- Verschaffen Sie sich täglich Bewegung.
- Verbannen Sie nachts alle LCD-Bildschirme (Laptops, Tablets, Smartphones, Fernseher) aus dem Raum.[259]

‖ Meiden Sie ab 14 Uhr Kaffee und trinken Sie direkt vor dem Zubettgehen keinen Alkohol, damit der Körper Zeit hat, ihn abzubauen.

Tagsüber sollten Sie, damit sich kein Stress aufbaut, der Ihnen dann nachts das Einschlafen erschwert – alle paar Stunden eine 60-sekündige Erholungszeit nehmen, so wie Tennisprofis winzige Erholungsrituale in ihr Spiel einbauen. Dazu müssen Sie nur kurz innehalten und sich auf Ihre Handflächen oder Fußsohlen oder beides konzentrieren. Bleiben Sie eine Minute lang so und spüren Sie, wie alle Anspannung Ihren Körper durch die Hände und Füße verlässt.

Vier Jahre nach unserem »Sleep Challenge« starteten Cindi und ich einen »Unplugging Challenge«. Diesmal bekamen wir Gesellschaft von Mika Brzezinski, die unter anderem auch unsere »Third Metric«-Konferenzen mit mir zusammen moderiert. Wir nahmen uns fest vor, in der letzten Dezemberwoche Fernsehen, Smartphones und E-Mails aus unserem Leben zu verbannen, so dass wir uns voll und ganz unserer Familie und uns selbst würden widmen können.

»Versuchen Sie mal, den Stecker zu ziehen«, schrieb Mika über ihre erste Reaktion, ihre Geräte abzustellen, »nachdem Sie ein Jahrzehnt lang mit Ihrem iPhone in der Hand gegessen, geschlafen, geduscht und Sport gemacht haben. ›Besessen‹ ist nicht das richtige Wort. ›Abhängig‹ trifft es auch nicht ganz. ›Verkabelt?‹ ›Am iPhone-Tropf‹? ›Ständig verbunden‹? Das kommt der Sache schon näher.«[260] Ihre Offline-Woche verbrachte Mika im Urlaub mit ihrer Familie – einschließlich ihrer Smartphone-abhängigen Töchter im Teenageralter. Sie hat sehr anschaulich die ersten Momente ihres Smartphone-Phantomschmerzes beschrieben: »Als ich das Handy zur Seite legte, fühlte ich mich ganz seltsam, irgendwie unvollständig, als ob ich keinen BH tragen würde oder so etwas. In den ersten Tagen des Urlaubs hatte ich das Handy sogar manchmal in der Hand, obwohl es ausgeschaltet war. Es war wie beim Abstillen: Das ausgeschaltete Handy war mein Schnuller.« Aber ihre Standhaftigkeit wurde reich belohnt. »Es hat mir so viel gebracht, den Stecker zu ziehen«, schrieb sie. »Richtige Gespräche mit meinem Dad und meiner Mom. Wildes Geplansche mit meiner Nichte. Joggen mit Carlie. Joggen mit Jim und Carlie. Wandern mit Emilie. Austausch. Ich hab sogar einen Sonnenuntergang beobachtet, ohne auf mein Handy zu schauen.« Ihr Ergebnis: »Ich kann nur allen empfehlen, mal den Stecker zu ziehen! Es ist gut für Ihre Gesundheit. Für Ihre Beziehungen. Für Ihr Leben!«

Ebenso wie Cindi machte Mika einen schwierigen Entzug durch, doch die Woche hat sie einiges gelehrt. So schrieb sie zum Beispiel: »Wenn du nicht online bist, merkst du sofort: alle anderen sind es. Wirklich buchstäblich alle. Wir kehrten etwas schlechter informiert aus dem Urlaub zurück, dafür aber auch etwas glücklicher, und eher in der Lage, in nervenden Situationen ruhig zu bleiben – wegen unseres kleinen digitalen Entzugs.«[261] Daher beschloss sie auch, einige dieser Lektionen weiter zu beherzigen: »Ich gelobe feierlich, dass ich an den meisten Abenden die E-Mails nicht checken und mein Handy dieses Jahr öfter in der Tasche lassen werde. Gibt es jemanden da draußen, der sich mir anschließen will?« Ich bitte Sie dringend, ihr nachzueifern!

Was man aus dem Sportteil lernt: Die besten Dopingmittel

Die größte Schwachstelle unserer fehlgeleiteten Definition von Erfolg ist die Annahme, dass Überarbeitung der Weg zu Spitzenleistungen und Spitzenergebnissen sei. Man kann leicht erkennen, wie unsinnig diese Annahme ist, wenn man einen Blick in die Welt des Sports wirft. Sport ist nicht nur die Quelle für viele Metaphern in der amerikanischen Wirtschaft – »Home run«, »Slam dunk«, »Ballkontakt verlieren«, »gut aufgestellt sein« und so weiter –, sondern der Wirtschaft in seinem Umgang mit Leistung und Burnout weit voraus.

Im Spitzensport geht es nur um Erfolg. Und da man sportliche Leistungen endlos quantifizieren und messen kann, wird schnell offensichtlich, was funktioniert und was nicht. In der harten, gnadenlosen Welt des Profisports achtet man deswegen immer bewusster auf Meditation, Yoga, Achtsamkeit, ausreichend Nachtschlaf und Nickerchen zwischendurch, eben weil die Athleten und ihre Trainer die damit verbundene Leistungssteigerung erkannt haben. Für die schrumpfende Zahl der Zweifler ist der Spitzensport vielleicht ein guter Weg, um sich die greifbaren Auswirkungen von Achtsamkeit und bewusstem Stressabbau zu verdeutlichen.

Eine der interessantesten und am meisten zitierten Studien dazu stammt von der Stanford University. Vor über zehn Jahren hat Cheri Mah am dortigen Schlaflabor den Einfluss von Schlaf auf das Gehirn untersucht. Mehrere Teilnehmer ihres Versuchs gehörten der Schwimmauswahl der Universität an. Sie erzählten Mah, dass sie bessere Schwimmleistungen erbrachten und persönliche Rekorde aufstellten, wenn der Versuch vorsah, dass sie länger schliefen. Mah machte sich also daran herauszufinden, wie stark der Zusammenhang zwischen mehr Schlaf und mehr Leistung war.[262]

Einige der ersten Studien – mit Schwimmern, Footballspielern und Tennisspielern – deuteten auf eine sehr starke Korrelation hin. Mah initiierte also eine umfangreichere Studie, die, wie es Peter Keating vom Sportsender ESPN formuliert, »die Welt der Sportwissenschaft revolutionierte, indem sie demonstrierte, dass man sich das illegale und gefährliche Dopingmittel HGH [*Human Growth Hormone*, menschliches Wachstumshormon] sparen kann, indem man einfach das Licht ausmacht«.[263]

Mah ließ elf Spieler der Basketballauswahl von Stanford drei Spielzeiten lang jeweils mehrere Wochen lang ihren normalen Rhythmus einhalten und dann fünf bis sieben Wochen regelmäßig

Nickerchen machen, auf ihre Ernährung achten und möglichst jede Nacht 10 Stunden schlafen. Alle elf Spieler steigerten ihre Leistung. Dreipunktwürfe nahmen um 9,2 Prozent zu, Freiwürfe um 9 Prozent.[264] Und nicht nur die Leistung auf dem Spielfeld stieg, sondern laut den Aussagen der Spieler auch ihre Stimmung; sie fühlten sich allgemein weniger erschöpft. »Diese Ergebnisse legen nahe, dass die betreffenden Sportler zuvor nicht optimal funktioniert haben«, so Mah. »Sie hatten ein Schlafdefizit angehäuft ... Nicht, dass sie keine Leistung gebracht hätten – sie waren ja auch vorher gute Spieler –, aber sie hatten ihr Potenzial nicht voll ausgeschöpft.«[265]

Überall im Leistungssport werden gerade neue Verfahren eingeführt:

- Das Olympische Komitee der USA richtete 2005 in Zusammenarbeit mit dem Schlafforscher Mark Rosekind die Räume des Trainingszentrums in Colorado Springs neu ein. Es wurden bessere Matratzen und Verdunkelungsvorhänge angeschafft, und die Athleten wurden angehalten, 9 oder 10 Stunden lang zu schlafen.[266] Viele nahmen sich den Rat zu Herzen. »Schlaf ist enorm wichtig in meiner Disziplin«, so der Olympia-Marathonläufer Ryan Hall. »Was meine Leistung betrifft, ist die Erholung der limitierende Faktor, nicht meine Fähigkeit, schnell zu laufen. Ich versuche, jede Nacht auf 8 oder 9 Stunden Schlaf zu kommen, und plane außerdem täglich noch einen ›Geschäftstermin‹ – nämlich einen Mittagsschlaf – von 90 Minuten ein.«[267]
- Die Dallas Mavericks taten sich mit der Firma Fatigue Science aus Vancouver zusammen, um mithilfe eines Armbandsensors den Schlaf ihrer Spieler zu überwachen und ihn mit der Spielleistung zu vergleichen. Pat Byrne, Gründer von Fatigue Science, erklärt das Prinzip: »Wenn ein Spieler, der 6 Stunden pro Nacht schläft, erklärt, er fühle sich gut, dann können wir ihm sagen, dass er schneller reagiert, wenn er 8 Stunden schläft, und wir können es ihm auch beweisen.«[268]

- Kobe Bryant, Superstar der Los Angeles Lakers, bleibt oft vor einem Spiel extra lange im Mannschaftshotel, um mehr Schlaf zu bekommen.[269] Er meditiert auch[270] – eine Praxis, die er von seinem ehemaligen Trainer Phil Jackson gelernt hat. Jackson hat seinen Spielern auch die Methode »One breath, one mind« (»Ein Atem, ein Geist«) beigebracht und hat sie zu Übungen verpflichtet wie manchmal einfach einen Tag lang zu schweigen. »Ich gehe mit Achtsamkeit an die Sache heran«, erzählte er Oprah Winfrey. »Wir stemmen natürlich auch Gewichte und machen Lauftraining, aber wir müssen auch mental trainieren ... damit wir uns konzentrieren können ... und damit wir aufeinander eingehen können.«[271]
- Als Michael Jordan noch Star der Chicago Bulls war, arbeitete das Team mit dem Meditationslehrer George Mumford zusammen. »Wenn man ganz im Augenblick und in dem aufgeht, was man gerade tut, spielt man am besten«, erklärt Mumford. »Das passiert nur selten, aber es passiert öfter, wenn man lernt, achtsamer zu sein.«[272] Ein Video des vierfach ausgezeichneten NBA-Spielers LeBron James, wie er während einer Auszeit meditiert, wurde zum Hit auf YouTube.[273]
- Ricky Williams, ehemals Running Back der Miami Dolphins, meditierte vor jedem Spiel und lehrte später Meditation an der Nova Southeastern University in Florida. »Das ist meine Leidenschaft«, sagt er. »Ich glaube, viele Leute haben sich so an den Stress gewöhnt, dass sie ihn gar nicht mehr bemerken. Ich war auch mal einer von ihnen.«[274]
- Tennisstar Ivan Lendl steigerte seine Konzentration durch mentales Training. Er plante Ruhezeiten ein, um sich zu erholen, und stärkte sich oft, indem er kurz schlief.[275]

Seit Lendl Andy Murray trainiert, hat der viermalige Grand-Slam-Teilnehmer die US Open gewonnen (2012) und in Wimbledon gesiegt (2013). Der Fernsehmoderator Charlie Rose beschrieb in einem Gespräch mit Murray, wie es ist, wenn man Murray und anderen Spitzensportlern beim Spiel zuschaut: »Man kann richtig sehen, wie der Ball vom Schläger abprallt ... Es sieht fast wie Zeitlupe aus.«[276]

Was für ein wunderbares Bild: Ein Sportler auf dem Gipfel seiner Leistungskraft, ausgeruht, aufgeladen und konzentriert; die Zeit verlangsamt sich, der Ball bewegt sich in Zeitlupe, so dass er die beste Entscheidung treffen und ausführen kann. Meiner Erfahrung nach leisten Achtsamkeit und Stressabbaumethoden für uns dasselbe. Wenn man sich gehetzt, genervt und gestresst fühlt, empfindet man alles, was auf einen zukommt, wie einen Ansturm. Ruht man hingegen in sich selbst und ist konzentriert, dann scheinen die anstehenden Aufgaben verlangsamt, wie im Zeitlupentempo anzukommen, so dass man sie ruhig und mit Zuversicht lösen kann.

Tony Schwartz, der Gründer des Energy Project, sagt, dass das Muskelwachstum beim Sport in den Ruhe- und Erholungsphasen erfolge.[277] Wenn man höchste körperliche Fitness anstrebt, sollte man in kurzen, intensiven Schüben trainieren und sich danach ausruhen. Und genauso sollten wir unser ganzes Leben führen, wenn wir möglichst viel leisten und uns möglichst gut fühlen wollen.

»Rhythmisch wiederholte Bewegungen den ganzen Tag über wären am besten, aber stattdessen führen wir ein fast lineares, sitzendes Leben«, schreibt Schwartz. »Wir bearbeiten eine E-Mail nach der anderen, gehen von einem Meeting zum nächsten, bewegen uns fast nicht und nehmen uns kaum Zeit zur geistigen und emotionalen Erholung ... Die effektivste Vorgehensweise bei der Arbeit ist die eines Kurzstreckenläufers – möglichst konzentriert und nicht länger als 90 Minuten zu arbeiten und dann eine Pause zu machen. Wenn man so arbeitet, arbeitet man wirklich, und wenn man sich dann erholt, tankt man tatsächlich neue Kraft.«[278]

Genau wie Elitesportler, die in die notwendige Vorbereitung investieren – sowohl geistig wie körperlich –, werden Sie auch in Ihrem Beruf eine spürbare Verbesserung Ihrer Leistungen bemerken. Der

Informatiker David Levy ließ im vergangenen Jahr an der University of Washington eine Gruppe von Personalchefs an einem achtwöchigen Achtsamkeits- und Meditationskurs teilnehmen. Dann ließ er sie einige schwierige Aufgaben bearbeiten, in denen auch E-Mails, Kurznachrichten und Textverarbeitung eine Rolle spielten. Die Teilnehmer des Kurses konnten sich länger konzentrieren, waren weniger leicht ablenkbar und empfanden weniger Stress.[279] »Meditation ähnelt sehr den Wiederholungen beim Krafttraining«, so Levy. »Sie stärkt deinen Aufmerksamkeitsmuskel.«[280]

Man muss nicht aus dem Stand 1,20 Meter hoch springen können und wie Michael Jordan sein, um seine persönliche Spitzenleistung zu bringen. Man muss nur entschlossen sein, sich genug Schlaf zu verschaffen, sich die Zeit zu nehmen, die geistigen und emotionalen Batterien neu aufzuladen, regelmäßig seine Smartphones, Laptops und Tablets beiseitezulegen, und einige Stressabbaumethoden in sein Leben einzubauen. Achtsamkeit, Yoga, Gebet, Meditation und Kontemplation sind nicht mehr nur etwas für Wochenendretreats, sondern die perfekten Leistungssteigerungsmethoden für den Alltag.

Gehen Sie den Weg

Als ich noch in Los Angeles wohnte, entdeckte ich, dass mir viele meiner besten Ideen beim Wandern kamen. Wann immer es ging, verabredete ich mich daher zu Wanderungen, statt mich mit meinen Freunden oder auch mit den Redaktionsmitgliedern der *HuffPost* um einen Tisch zu setzen.

Nilofer Merchant, eine Unternehmerin aus dem Silicon Valley, nennt das die »Walk the talk«-Methode, also »Sprechen im Gehen«. Wenn man mit jemandem persönlich sprechen muss, warum dann nicht im Gehen? »Was mir daran so gefällt, ist, dass man sich buchstäblich Seite an Seite seinem Problem stellt«, sagt sie. »Ich finde es gut, dass man bei Besprechungen im Gehen keine E-Mails checken und nicht twittern kann. Man ist sich dessen bewusst, was um einen herum geschieht, die Sinne sind geschärft, und man verlässt das Treffen mit etwas, was ein Meeting im Büro kaum hervorbringt – ein Gefühl der Freude.«[281]

Wie oft haben Sie schon ein Gefühl der Freude in einem Konferenzraum mit abgestandener Luft empfunden, während Sie einer endlosen PowerPoint-Präsentation zuhörten? Entweder unsere Beine oder unser Geist – eins von beiden wandert. Wenn man still sitzt, schweift der Geist umher. Stehen Sie auf und gehen Sie, dann kann sich Ihr Geist beruhigen und besser konzentrieren.

Einer meiner Lieblingssprüche ist *Solvitur ambulando*, »Es löst sich im Gehen«. Er bezieht sich auf die Antwort, die der griechische Philosoph Diogenes im 4. Jahrhundert v. Chr. auf die Frage gegeben hat, ob Bewegung real sei. Um die Antwort zu finden, stand er auf und ging los.[282] Wie sich herausstellt, gibt es viele Probleme, die im Gehen gelöst werden können. Wie können wir in unserer Kultur der Überarbeitung, des Burnouts und der Erschöpfung unsere Kreativität, Weisheit und Fähigkeit zum Staunen anzapfen? *Solvitur ambulando.*

Ein Großteil der Planung für die *Huffington Post* wurde auf Wanderungen erledigt. Unsere erste Investorin, Laurie David, entschloss sich, bei uns einzusteigen, nachdem ich ihr unsere Idee auf einer Wanderung geschildert hatte. Unsere erste Kunstredakteurin, Kimberly Brooks, schlug mir die Idee, eine Kunstsparte einzurichten, ebenfalls auf einer Wanderung vor. Auch als ich Wehen hatte, war das Gehen von großer Bedeutung für mich. Und tatsächlich stellen Ärzte gerade fest, dass es, will man den Durchgang des Babys durch den Geburtskanal erleichtern, eine der schlechtesten Methoden ist, Frauen während der Wehen stundenlang im Bett liegen zu lassen.[283] Obwohl ich dafür vorgesehen war, im UCLA Medical Center mein Kind zu bekommen, verbrachte ich den größten Teil der Wehen, indem ich mit meiner Hebamme auf dem Gelände eines nahegelegenen Hotels herumlief, in dem wir abgestiegen waren. Durch einen merkwürdigen Zufall wurde am selben Tag der Verkauf des Hotels an neue japanische Besitzer bekanntgegeben. Und so wurden meine Spaziergänge – auf dem Gelände, am Kräutergarten vorbei, über den Rasen und wieder in die Empfangshalle – von ungläubig starrenden Touristen, japanischen Kameraleuten und mehreren örtlichen Fernsehteams begleitet – zusätzlich zu meinem plötzlichen krampfinduzierten Keuchen und den beruhigenden Worten meiner Hebamme.

Als die Hebamme schätzte, dass ich innerhalb der nächsten Stunde gebären würde, quetschten wir uns ins Auto – meine Mutter und meine Schwester waren inzwischen dazugekommen – und ab ging's ins Krankenhaus. Dreißig Minuten später kam Christina zur Welt.

Solange ich zurückdenken kann, hat mir das Gehen Lösungen für meine Probleme beschert. Ich bin in Griechenland aufgewachsen, und mein Lieblingsgedicht war damals »Ithaka« des griechischen Dichters Konstantinos Kavafis. Meine Schwester Agapi und ich konnten es auswendig, lange bevor wir verstanden, was es bedeutete. Es fängt so an:

Brichst du auf gen Ithaka,
wünsch dir eine lange Fahrt,
voller Abenteuer und Erkenntnisse.[284]

Im Laufe der Jahre habe ich herausgefunden, dass eine Reise voller Abenteuer und Erkenntnisse nicht unbedingt mit Flugzeugen, Autos und Reisepässen zu tun haben muss. Den Gewinn einer Reise kann man auch schon durch einen einfachen Spaziergang haben. Inzwischen lebe ich in Manhattan, und ich laufe andauernd, sowohl wenn ich Termine habe als auch wenn ich mich mit Freunden treffe – statt mit ihnen wie sonst üblich zum Frühstück oder Mittagessen zusammenzusitzen.

Es gibt viele Zeugnisse aus der Geschichte über die Vorteile des Gehens. Thomas Jefferson sagte, der Zweck des Gehens sei es, den Geist von Gedanken zu klären. »Man geht spazieren, um den Geist zu entspannen«, schrieb er. »Man sollte daher beim Gehen von allen Gedanken Abstand nehmen und stattdessen seine Aufmerksamkeit auf die Dinge in der Umgebung richten.«[285] Wenn er über einem Problem brütete, war das Spazierengehen für Ernest Hemingway die beste Methode, um Ideen zu entwickeln. »Ich spazierte oft an den Kais entlang, wenn ich mit der Arbeit fertig war oder über etwas nachzudenken versuchte«, schrieb er in *Paris, ein Fest fürs Leben*. »Das Nachdenken fiel mir leichter, wenn ich ging und etwas tat oder Leuten dabei zusah, wie sie etwas taten, von dem sie etwas verstanden.«[286] Nietzsche ging sogar noch weiter und erklärte, nur Gedanken, die im Gehen kommen, hätten irgendeinen Wert![287] Für Henry David Thoreau war das Gehen nicht nur Mittel zum Zweck, sondern der Zweck selbst. Er schrieb, mit seinen Wanderungen wolle er sich nicht »Bewegung verschaffen«, sondern sie seien Wagnis und Abenteuer eines jeden Tages.[288]

Forschungsstudien zeigen in immer stärkerem Maße den psychischen Nutzen vom Gehen und anderen Formen körperlicher Bewegung. »Es ist inzwischen klar, dass das eine gute Therapie insbesondere für leichte bis mittelschwere Depressionen ist«, sagt Jasper Smits, Psychologe an der Southern Methodist University. Die Ergebnisse sind so eindeutig, dass Smits mit einem Kollegen einen Ratgeber darüber geschrieben hat, wie man, wenn man im Gesundheitswesen tätig ist, Patienten das richtige Maß und die richtige Art Bewegung verschreibt.[289] Und, große Überraschung, es gibt bei diesem Rezept keine seitenlange Liste mit Nebenwirkungen. In Großbritannien ergab eine Studienreihe an der University of Essex, dass 94 Prozent aller Teilnehmer, die spazieren gingen, Rad fuhren oder gärtnerten, ihr geistiges Befinden verbesserten.[290]

Die Psychologin Laurel Lippert Fox treibt diese Idee noch einen Schritt weiter und führt mit ihren Patienten Sitzungen im Gehen durch. »Es ist so viel dynamischer als im Liegesessel«, sagt sie.[291]

Spazierengehen als Antidepressivum ist keine unbedeutende Entdeckung, wenn man bedenkt, dass laut der Weltgesundheitsorganisation WHO weltweit mehr als 350 Millionen Menschen an dieser Erkrankung leiden.[292]

Ähnliche positive Effekte hat angeblich auch schon der Aufenthalt im Freien und besonders in der Natur, was laut Richard Ryan vom Medical Center der University of Rochester »Auswirkungen nicht nur auf die Stadtplanung, sondern auch auf Architektur und Innenarchitektur haben sollte«.[293] Ryan ist Koautor einer Studie, die gezeigt hat, dass der Aufenthalt in der Natur Menschen großzügiger macht und ihr Gemeinschaftsgefühl stärkt.[294] Eine weitere Studie, diesmal von niederländischen Forschern, zeigt, dass Menschen, die bis zu einem Kilometer von Parks oder Wäldern entfernt wohnen, weniger an Depressionen und Angststörungen leiden als solche, die weiter weg wohnen.[295] Doch auch wer keine Bäume in der Nähe hat, kann jederzeit ins Grüne fahren und dort spazieren gehen.

»Angesichts der außer Kontrolle geratenen Gesundheitskosten ist es nur sinnvoll, wenn wir unsere Grünflächen als medizinische Vorsorge begreifen«, sagt Dr. Kathryn Kotrla von der medizinischen Fakultät der Texas A & M University. »Das wirft ein deutliches Licht darauf, wie falsch unsere westliche Vorstellung des Körper-Geist-Dualismus ist. Die Studie zeigt, dass wir ein ganzheitlicher Organismus sind, und wenn wir gesund werden, heißt das, dass unser Körper und unser Geist beide gesunden.«[296]

Es hat sich herausgestellt, dass uns das Sitzen anstelle des Gehens entsprechend schlecht bekommt. Laut der American Cancer Society haben Berufstätige, die im Sitzen arbeiten, eine größere Anfälligkeit für Herzkranzgefäßschäden als solche, die bei der Arbeit stehen.[297] Das ist keine neue Entdeckung. Eine Untersuchung an Berufstätigen in ähnlichen Tätigkeitsfeldern hat schon vor längerer Zeit gezeigt, dass Londoner Busfahrer häufiger an Herz-Kreislauf-Krankheiten sterben als Busschaffner, und Sachbearbeiter mit Schreibtischjobs häufiger als Postboten.[298]

Der Nutzen, den man davon hat, sich aufzuraffen und loszulaufen – oder sich überhaupt zu bewegen – geht über das Körperliche hinaus. Wissenschaftler an der University of Illinois haben herausgefunden, dass drei 40-minütige Spaziergänge pro Woche bereits Alterungserscheinungen bekämpfen sowie die Vernetzungen im Gehirn und die kognitiven Leistungen verbessern.[299] Nicht nur das kreative Denken wird beim Spazierengehen gefördert, auch das konzentrierte, ergebnisorientierte. Vielleicht sollten wir nicht nur Meetings, sondern auch Unterrichtsstunden im Gehen abhalten.

Wäre der Punkt nicht, der ruhende Punkt, so wäre der Tanz nicht – und es gibt nichts als den Tanz.[300]

T.S. ELIOT

Solcherlei wissenschaftliche Erkenntnisse standen Henry David Thoreau zwar noch nicht zur Verfügung, aber er war sich der Vorzüge des Gehens schon vor langer Zeit gewiss. »Mich dünkt, meine Gedanken beginnen zu fließen, sowie ich nur meine Beine in Bewegung setze«, schrieb er.[301] Rebecca Solnit beschreibt in ihrem Buch *Wanderlust* die Verbindung zwischen dem Akt des Gehens und unserem Erleben der Welt. »Gehen hat mit Schaffen und Arbeiten das entscheidende Element der körperlichen und geistigen Auseinandersetzung mit der Welt gemeinsam«, schreibt sie, »des Erfahrens der Welt durch den Körper und des Körpers durch die Welt.«[302]

Das berührt eine Vorstellung, die der japanischen Ästhetik zugrunde liegt, einschließlich der traditionellen Teezeremonie – das Konzept des Ma, was übersetzt ungefähr den wesentlichen Raum, das Intervall, die Lücke zwischen Dingen und die Bedeutung, die ihre Schaffung und Wahrnehmung hat, bezeichnet.[303] Ob wir also einfach »nur so spazieren gehen« oder ob wir ein festes Ziel haben – beim Verbinden zweier Orte kann der Raum dazwischen sehr wichtig sein. Manchmal ist er sogar das Entscheidende.

»Raum ist Substanz«, so drückt es der Grafikdesigner Alan Fletcher aus. »Cézanne hat den Raum gemalt und modelliert. Giacometti hat seine Skulpturen geschaffen, indem er ›das Fett aus dem Raum wegmeißelte‹. Mallarmé schuf Gedichte, in denen außer den Wörtern auch die Lücken zählen. Ralph Richardson sagte, das Schauspielern zeige sich in den Pausen ... Isaac Stern beschrieb Musik als ›die kleinen Pausen zwischen den Noten – Momente der Stille, die die Form ausmachen.‹«[304]

Gehen ist eine der Arten, sich durch die Welt zu bewegen; durch Sprache und Schrift bringen wir dieses Erlebnis in eine Form. »Wörter bilden einen Text auf dieselbe Weise, wie ein Spaziergang den Raum bildet«, schreibt der britische Autor Geoff Nicholson. »Schreiben ist eine Möglichkeit, sich die Welt zu eigen zu machen, und Gehen eine andere.«[305]

Um die Welt um uns herum wirklich wahrzunehmen, müssen wir uns zunächst von den Ablenkungen befreien, die ständig um unsere Aufmerksamkeit buhlen. Selbst der äußerst konzentrierte Thoreau hatte Mühe, im gegenwärtigen Moment zu bleiben: »Ich bin beunruhigt, wenn es mir widerfährt, dass mein Körper eine Meile in den Wald hineingegangen ist, ohne meinen Geist mitzunehmen. Bei meiner Nachmittagswanderung würde ich gerne alle meine morgendlichen Beschäftigungen und gesellschaftlichen Pflichten vergessen. Aber so leicht kann ich das Zivile nicht abschütteln. Der Gedanke an eine bestimmte Tätigkeit geht mir dann im Kopf herum, und ich bin nicht dort, wo mein Körper ist – ich bin von Sinnen ... Was habe ich in den Wäldern zu suchen, wenn ich an etwas denke, das außerhalb der Wälder liegt?«[306]

»Das Zivile abschütteln« – was für eine vollkommene Umschreibung für ein wichtiges und allgemeines menschliches Bedürfnis. Seit Thoreaus Zeit ist das Zivile exponentiell gewachsen, ist aufdringlicher und scheinbar vertrauter geworden – es vermittelt uns den Anschein menschlicher Beziehung, ohne uns die Vorzüge solcher Beziehungen zu bescheren. Die technische Entwicklung ermöglicht dem Zivilen, eine ungeheure Anhänglichkeit zu entwickeln, so dass wir es nicht mehr abschütteln können. Seit es Smartphones gibt, kann man nicht mehr einfach entkommen, indem man aufsteht und weggeht. Irgendwann versucht man dann gar nicht mehr, das Zivile abzuschütteln. Wir ergeben uns einem Dasein voller Ablenkungen und leben damit, wie Thoreau es formuliert, einen Großteil unseres Lebens von Sinnen zu sein.

Wir laufen durch die Stadt, während wir auf unserem Smartphone eine SMS schreiben, telefonieren und Musik hören, getrennt von unseren Mitmenschen und von uns selbst. Der Journalist Wayne Curtis nennt solche dauerverbundenen Menschen »digitale Tote, die langsam dahinschlurfen, die Augen auf ein Display in ihrer Hand fixiert«.[307] Er zitiert eine Studie der University of Washington, in der es um die Beobachtung einer bestimmten Straßenkreuzung ging. Die Studie ergab, dass jeder dritte Fußgänger beim Überqueren der Straße abgelenkt war, in der großen Mehrheit der Fälle entweder durch Musikhören oder durch Telefonieren oder Simsen. Es überrascht nicht, dass diejenigen, die gerade eine SMS verfassten, 20 Prozent mehr Zeit brauchten, um die Straße zu überqueren.[308] Eine weitere Studie ergab, dass man beim Simsen einen vorgegebenen Zielpunkt um 33 Prozent langsamer erreicht.[309]

Oliver Burkeman, Kolumnist des *Guardian*, schreibt: »Smartphones sind zwar seit Jahren allgegenwärtig, aber erst vor Kurzem scheint es eine Verschiebung in der gesellschaftlichen Norm gegeben zu haben. Für viele Leute zählt zu den ungeschriebenen Umgangsregeln auf Bürgersteigen jetzt auch: Wenn mich das, was ich auf meinem Smartphone lese oder anschaue, genügend stark fesselt, dann ist es an dir, mir auszuweichen – etwa so, als sei ich sehr gebrechlich, drei Jahre alt oder blind. Oder ein Laternenpfahl.«[310] Diese Gepflogenheit kann gefährlich sein. Im Dezember 2013 fiel eine Touristin in Melbourne von einem Pier ins Wasser, während sie ihren Facebook-Account checkte. Als sie geborgen wurde, hielt sie das Smartphone noch umklammert. Sie hatte Glück, dass sie überlebte.[311] Laut einer Untersuchung der Ohio State University wurden 2010 über 1500 Fußgänger nach Unfällen im Zusammenhang mit mobilen Kommunikationsgeräten in die Notaufnahme eingeliefert.[312]

Im Bemühen, die Umklammerung unseres Lebens durch die Technik zu lockern, brauchen wir jede Hilfe. Manche von uns sind konsequent genug, die Geräte einfach abzuschalten und einen zeitweiligen kalten Entzug oder eine digitale Diät durchzuhalten. Doch nicht alle von uns sind so willensstark. Spazierengehen – ohne Geräte oder zumindest mit abgeschalteten Geräten – ist ein Anfang.

»Vermutlich kann man die größten geistigen Vorteile des Spazierengehens nicht damit erklären, was es ist, sondern damit, was es nicht ist«, schreibt Oliver Burkeman. »Wenn man nach draußen geht, lässt man das ruhen, was man gerade getan hat, und indem wir nicht mehr versuchen, etwas zu erreichen, erreichen wir es oft.«[313]

Wenn wir unser Gehirn zwingen, eine neue Umgebung zu verarbeiten, sind wir dadurch meist gegenwärtiger. Gregory Berns schreibt, dass unser Gehirn »durch andere Menschen und neue Umgebungen neue Erkenntnisse gewinnt – aus allen Fällen, in denen es nur schwer voraussagen kann, was als Nächstes kommt.«[314]

Bitte gehen Sie also unbedingt spazieren. Es macht uns gesünder, es steigert die kognitive Leistungsfähigkeit, von der Kreativität bis hin zum Organisationsvermögen, und es hilft uns, wieder bewusst mit unserer Umgebung, uns selbst und unseren Mitmenschen in Kontakt zu treten.

(Pelzige) Freunde mit (mehrerlei) Nutzen

Dritte-Größe-Werte kann man auf vielfältige Weise in sein Leben einbauen. Meditation, lange Spaziergänge, Sport, Yoga, sich wieder bewusst mit Familie und Freunden verbinden, darauf achten, dass man sich ausklinkt, neu auflädt und genug Schlaf bekommt – all das wird bestimmte Aspekte Ihres Wohlbefindens und ein Gefühl der Erfüllung stärken. Eine weitere Möglichkeit ist, sich mit Tieren zu umgeben. Ein Sinn des Lebens ist es, die Grenzen unserer Liebe zu erweitern, den Kreis unserer Fürsorge zu vergrößern, sich zu öffnen, anstatt sich zu verschließen, und sich auszudehnen, anstatt sich in sich zusammenzuziehen. Jede Woche kommen neue Geschichten hinzu, auf was für bemerkenswerte Weisen Haustiere unser Herz öffnen und unser Leben verbessern können. Allen McConnell, Psychologieprofessor an der Miami University, schreibt in *Psychology Today*, es sei wohlbekannt, dass unser soziales Netzwerk wichtig für das emotionale Wohlbefinden sei. Aber dieses Netzwerk ist nicht auf Menschen beschränkt. Laut Forschungsergebnissen aus McConnells Labor weisen Haustierhalter ein größeres Selbstbewusstsein auf, fühlen sich weniger einsam, sind körperlich besser in Form und kontaktfreudiger als Menschen ohne Haustier.[315]

In einer weiteren Studie mit 97 Haustierhaltern wurde einigen Teilnehmern das Gefühl sozialer Zurückweisung vermittelt (klingt wie in der Highschool). Danach sollten einige der Probanden über ihre besten Freunde schreiben, andere über ihre Haustiere. Die Forscher fanden heraus, dass Gedanken an das eigene Haustier im selben Maße helfen, sich von den negativen Gefühlen einer Zurückweisung zu erholen, wie Gedanken an den besten Freund.[316]

Interessanterweise fand man keine Hinweise darauf, dass sozial isolierte Menschen sich ihre Haustiere als eine Art Ersatz für menschlichen Kontakt halten – eine Vorstellung, die zum Klischee der »katzenverrückten alten Jungfer« geführt hat. Ganz im Gegenteil. McConnell schreibt: »Die Haustierhalter scheinen ihre allgemeinen menschlichen Sozialkompetenzen auch auf ihre Tiere auszudehnen.«[317] Mit anderen Worten: Wer tiefgehende menschliche Beziehungen unterhält, hat auch am meisten von einem Haustier.

Wie Ehepartner und enge Freunde können auch Haustiere »ins Ich integriert« werden, in den Wesenskern, der unsere Sicht auf das

Leben bestimmt. McConnell sagt: »Sie werden so sehr Teil des Ich wie ein Familienmitglied« und haben einen starken Einfluss auf Gesundheit und Zufriedenheit.[318]

Aber der Nutzen von Haustieren geht über das Alltägliche hinaus. »Haustiere bieten eine bedingungslose Liebe, die für Depressive sehr hilfreich sein kann«, sagt Ian Cook, Psychiater und Leiter des Depression Research and Clinic Program an der UCLA. Sie fördern außerdem das Verantwortungsgefühl, regelmäßige Aktivität, eine feste Routine und verlässliche Kameradschaft, was zusammengenommen eine unschätzbare Quelle der Gesundheit sein kann.[319]

Man hat außerdem herausgefunden, dass Haustierhalter einen niedrigeren Blutdruck, eine geringere Anfälligkeit für Herzkrankheiten[320] und eine niedrigere Stressbelastung[321] aufweisen. Und all das ohne Nebenwirkungen außer hin und wieder einem angenagten Tischbein. Auch am Arbeitsplatz können Haustiere ein Gewinn sein. Laut dem *International Journal of Workplace Health Management* nahm im Laufe eines Werktages die Stressbelastung für jene Mitarbeiter ab, die ihren Hund mitbrachten.[322] »Die Unterschiede im subjektiv wahrgenommenen Stress zwischen Tagen mit und ohne Hund waren signifikant«, so Randolph Barker, Professor an der Virginia Commonwealth University. »Insgesamt waren die Angestellten ausgeglichener bei der Arbeit als der Durchschnitt.«[323] Barker fand außerdem heraus, dass sich nicht nur die Hundebesitzer selbst besser fühlten. Die Kollegen ohne Hund fragten häufig, ob sie mit dem Hund in der Pause spazieren gehen dürften. Ein Hund im Büro hatte einen positiven Effekt auf die allgemeine Stimmung, wirkte dem Stress entgegen und machte alle um sich herum zufriedener. »Die Anwesenheit eines Hundes kann für viele Unternehmen als preisgünstige Wellnessmaßnahme betrachtet werden«, schloss Barker.[324]

Bis jetzt erlauben nur 17 Prozent aller US-Unternehmen, Haustiere mit an den Arbeitsplatz zu bringen. Zu diesen 17 Prozent gehören aber einige der innovativsten Unternehmen – Amazon, Zynga, Tumblr und Google.[325] Google nimmt die Sache so ernst, dass die

Grundsätze zu Haustieren am Arbeitsplatz im Verhaltenskodex des Unternehmens stehen: »Hunde am Arbeitsplatz: Die Zuneigung von Google zu unseren vierbeinigen Freunden ist ein integraler Aspekt unserer Firmenkultur.«[326]

Die Rolle von Tieren und insbesondere Hunden als Botschaftern des guten Willens sieht man am deutlichsten in ihrer Funktion als Therapiehunde. Nach dem Amoklauf von Newtown, Connecticut, im Dezember 2012 wurden Therapiehunde aus dem ganzen Land eingeflogen, um den Betroffenen, vor allem den Kindern, zu helfen. Ein halbes Jahr später hielt die Stadt Newtown einen »Tag des Dankes« ab, um sich erkenntlich zu zeigen. Fünfzig Hunde (und sehr viel mehr Halter und Einwohner) wohnten der Versammlung bei. Eine Mutter erklärte, ihrer Tochter sei es nach der Schießerei sehr schlecht gegangen. »Aber wenn sie über die Hunde sprach, die sie jeden Tag in der Schule sah, strahlte sie richtig.«[327]

Ein anderes kleines Mädchen entwickelte eine rührende Beziehung zu einem der Vierbeiner. Bei einer Weihnachtsfeier für die Schüler der Sandy-Hook-Grundschule, kurz nach der Schießerei, begegnete die neunjährige Emma Wishnewski einem Therapiehund namens Jeffrey, der aus einem New Yorker Tierheim kam und den Spitznamen »Positively Peaceful Pit Bull« (»Absolut friedlicher Pitbull-Terrier«) trug.

Es war Liebe auf den ersten Blick zwischen Emma und Jeffrey, die beiden waren die ganze Feier hindurch unzertrennlich und treffen sich seitdem regelmäßig zum Spielen. »Sie war immer noch sehr verwundbar damals, und sie saß einfach gerne neben Jeffrey«, sagt Emmas Mutter. »Er ist stark, und sie fühlt sich neben ihm wohl einfach sicher.« Inzwischen hat Emma angefangen, den Hund der Familie, Jedi (der als Rettungshund ausgebildet ist), als Therapiehund zu trainieren. »Emmas Lächeln konnte die ganze Welt erleuchten, und ich glaube, früher haben wir es öfter gesehen«, sagt ihre Mutter. »Aber es ist immer noch da. Wenn sie mit Jeffrey zusammen ist, lächelt sie die ganze Zeit.«[328]

Tiere helfen uns, bessere Menschen zu werden. Sehr oft zeigen sie uns, wie wir unsere besten Seiten entfalten können. Sie sind stets im Hier und Jetzt, stecken ihre Nasen in buchstäblich alles und sehen eine Welt, die wir als selbstverständlich hinnehmen und durch die wir nur hindurchhetzen auf unserem Weg in ein Leben, das wir nie ganz erreichen.

In ihrem Buch *On Looking: Eleven Walks with Expert Eyes* schildert die Kognitionspsychologin Alexandra Horowitz, wie die Welt, gesehen durch unterschiedliche Augen, wirkt. Ein Beispiel ist ihr Hund, der sie inspiriert hat, das »Schauspiel des Gewöhnlichen« wahrzunehmen.[329]

Der Begriff »Haustierhalter« impliziert eine Hierarchie mit dem Menschen als dem dominanten Teil der Beziehung. In Wirklichkeit aber kann, wie es John Grogan, Autor von *Marley and Me*, formuliert hat, »der Mensch eine Menge vom Hund lernen, selbst von einem so verrückten wie unserem. Marley lehrte mich, jeden Tag mit ungezügeltem Überschwang und Freude zu leben, den Moment zu ergreifen und dem eigenen Herzen zu folgen. Er lehrte mich, die einfachen Dinge zu lieben – einen Spaziergang im Wald, frisch gefallenen Schnee, ein Nickerchen im Schein der Wintersonne. Und als er alt und lahm wurde, lehrte er mich, auch im Angesicht schwieriger Umstände optimistisch zu sein. Am meisten aber hat er mir über Freundschaft, Selbstlosigkeit und vor allem unerschütterliche Treue beigebracht.«[330] Der Romanautor Jonathan Carroll drückt es so aus:

Hunde sind so etwas wie Engel, und ich meine das nicht ironisch. Sie lieben bedingungslos, vergeben sofort und sind die treuesten aller Freunde, bereit, alles zu tun, was uns glücklich macht, und so weiter. Wenn wir einige dieser Eigenschaften bei einem Menschen fänden, würden wir ihn als etwas Besonderes betrachten; wenn er ALLE davon hätte, würden wir ihn engelhaft nennen. Aber weil er »nur« ein Hund ist, tun wir das als süß oder lustig ab, nicht mehr. Welche Eigenschaften mag man denn an anderen Menschen am liebsten?

Oft sind es eben jene, die unsere Hunde täglich zeigen – wir sind nur so daran gewöhnt, dass wir nicht darauf achten.[331]

Haustiere sind unumstrittene Meister im Erwidern von Zuneigung. Die Freude, die sie empfinden, sich uns zu schenken, ist vielleicht das Wertvollste, was sie uns lehren können. Genau wie unsere Tiere sind auch wir so angelegt, dass wir uns mit anderen Menschen verbinden, auf sie zugehen, sie lieben. Aber anders als bei ihnen kommt uns meist etwas dazwischen – Eifersucht, Unsicherheit, Ärger, Wut. Haustiere zeigen uns immer wieder, was uns menschlich macht. Sie sind eine pelzige Version unseres besseren Ich.

Jenseits der Wirtschaftsindizes: Ein echter Glücksindex

Glück ist zwar schwer zu messen, aber die Vorstellung, dass es ein fester Bestandteil unseres nationalen Diskurses und Bestrebens sein sollte, ist nicht neu. Wie ich in der Einleitung bereits erwähnt habe, ist das »Streben nach Glück« in der Unabhängigkeitserklärung der USA als eines der unantastbaren Rechte niedergelegt, mit denen uns der Schöpfer versehen hat. Peter Whoriskey von der *Washington Post* hat über Projekte in mehreren Ländern, darunter Frankreich, Großbritannien und die USA, berichtet, in denen es darum geht, das tatsächliche Wohlbefinden ihrer Bürger zu messen.[332]

Wie er schreibt, wurde die Idee, den Erfolg eines Landes nach Kriterien zu bemessen, die über die wirtschaftlichen Indikatoren hinausgehen, schon 1968 von Robert F. Kennedy formuliert:

Zu sehr und zu lange haben wir unsere persönlichen und gesellschaftlichen Werte für die Anhäufung materieller Dinge geopfert. Unser

Bruttosozialprodukt ... wenn wir Amerika danach beurteilen wollen ... zählt auch Luftverschmutzung und Zigarettenwerbung mit, und die Rettungswagen, die sich um die Verkehrstoten kümmern ... Aber das Bruttosozialprodukt rechnet nicht die Gesundheit unserer Kinder, die Qualität ihrer Schulbildung oder die Freude ihres Spiels mit ein. Es zählt nicht die Schönheit unserer Dichtung oder die Stärke unserer Ehen, die Intelligenz unserer öffentlichen Diskussionen oder die Integrität unserer Amtsträger. Es misst weder unseren Geist noch unseren Mut, weder unsere Weisheit noch unsere Bildung, weder unser Mitleid noch unsere Vaterlandsliebe; es misst, kurz gesagt, alles, nur nicht das, was das Leben lebenswert macht.[333]

In Frankreich startete der damalige Präsident Nicolas Sarkozy 2008 eine Initiative unter Führung der mit dem Nobelpreis ausgezeichneten Wirtschaftswissenschaftler Joseph Stiglitz und Amartya Sen, »um eine Akzentverschiebung vorzunehmen, weg von der Messung wirtschaftlicher Produktivität hin zu der menschlichen Wohlbefindens«.[334]

Der britische Premierminister David Cameron äußerte sich bereits auf der Konferenz »Google Zeitgeist Europe 2006« entsprechend. »Es wird Zeit, dass wir uns eingestehen, dass es im Leben um mehr als um Geld geht, und es wird Zeit, sich nicht nur auf das BIP zu konzentrieren, sondern auf das AWB – das Allgemeine Wohlbefinden. Wohlbefinden kann man nicht in Geld ausdrücken oder am Markt handeln. Es geht dabei um die Schönheit unserer Umgebung, die Güte unserer Kultur und vor allem um die Qualität unserer Beziehungen.«[335] Vier Jahre später gab er bekannt, dass die britische Statistikbehörde eine entsprechende Umfrage durchführen werde. »All jenen, denen das wie eine Abweichung vom ernsthaften Geschäft des Regierens vorkommt,« erklärte er, »sage ich, dass das ernsthafte Geschäft des Regierens genau darin besteht herauszufinden, wie man das Leben der Menschen verbessert und entsprechend zu handeln.«[336]

Das Konzept, unser Wohlbefinden zu messen, gewinnt an Boden. Die EU betreibt eine »European Quality of Life Survey« (»Europäische Umfrage zur Lebensqualität«). Die OECD mit Sitz in Paris verfügt über einen »Better Life Index« (»Index für besseres Lebens«), der Australien in den Jahren 2011 bis einschließlich 2013 zum glücklichsten Industriestaat der Welt erklärt.[337] Die UN haben einen »World Happiness Report« (»Weltglücksbericht«) in Auftrag gegeben, in dem es heißt, am glücklichsten seien die skandinavischen Länder, am unglücklichsten einige afrikanische Staaten.[338] Jeffrey Sachs, Leiter des Earth Institute an der Columbia University in New York und Herausgeber des Berichts, sagt: »Es gibt einen deutlichen weltweiten Trend, die Politik auf das auszurichten, was die Menschen selbst als wichtige Faktoren für ihr Wohlbefinden bezeichnen.«[339] Die National Academies der USA stellten 2011 eine Kommission zusammen, zu der auch der Nobelpreisträger Daniel Kahneman gehört, um herauszufinden, wie sich das »subjektive Wohlbefinden« messen lässt.

Die Idee, unser Wohlbefinden zu messen, ist so weit verbreitet, dass der *Economist* letztes Jahr schrieb, »die Glücksindustrie« sei »einer der eher unerwarteten Wirtschaftszweige, die sich während der gegenwärtigen Krise entwickelt haben«.[340]

Ich unterstütze vorbehaltlos jedes Projekt, das zeigen will, dass wir mehr als nur unsere Beiträge zu unserem Girokonto, zur Bilanz des Arbeitgebers oder zum BIP unseres Landes sind. Aber um unser Glück und Wohlbefinden wirklich zu messen, muss man das Gesamtbild betrachten.

Die Schlussfolgerungen des britischen Statistikamtes basieren zum Beispiel ausschließlich auf einer Befragung, in der 165 000 Menschen über 16 angeben sollten, wie zufrieden sie in bestimmten Bereichen mit ihrem Leben sind, wobei die Benotung von 0 (»gar nicht«) bis 10 (»hochzufrieden«) reichte. Auf dieser methodischen Grundlage gab das Office for National Statistics dann bekannt, dass die allgemeine Lebenszufriedenheit in Großbritannien von 7,41 im April 2012 auf 7,45 im März 2013 gestiegen sei.[341] Aber ist eine

Zunahme um 0,04 Punkte wirklich signifikant? Kann man daraus tatsächlich schließen – wie es einige Zeitungen sofort taten –, dass die Lebenszufriedenheit der Briten zunimmt?[342]

Außerdem hat man, wenn man gerade unglücklich ist, vielleicht nicht die größte Lust, Fragebögen zu beantworten (tatsächlich gab nur etwa die Hälfte der Angeschriebenen den Fragebogen ausgefüllt zurück). Das verdeutlicht, wie schnell sehr weit reichende Schlüsse aus einem zu kleinen Datenkorpus gezogen werden.

Man kann für Großbritannien ziemlich leicht echte Daten finden, die in absolutem Widerspruch zu den Ergebnissen des Glücksindex stehen. So stieg die Verschreibung von Antidepressiva 2011 im Vergleich zum Vorjahr um 9 Prozent auf 45 Millionen Rezepte, und der britische National Health Service gab über 270 Millionen Pfund für derartige Medikamente aus, 23 Prozent mehr als 2010.[343]

Umfragen zu Glück und Zufriedenheit sind zwar nicht sinnlos, sollten aber auf eine breitere Datengrundlage gestellt werden. Ein umfassenderer Glücksindex sollte nicht nur Daten zur Verschreibungen von Antidepressiva und Schlafmitteln sammeln, sondern auch den Anteil von Alkoholikern und Selbstmördern an der Bevölkerung, die Häufigkeit stressbedingter Leiden – darunter Diabetes und Bluthochdruck –, die Gesundheitskosten für stressbedingte Leiden, den Anteil von Arbeitgebern mit betrieblichen Wellnessprogrammen und flexiblen Arbeitszeiten und schließlich die durch Stress verlorenen Arbeitstage berücksichtigen.

Dennoch ist es nicht unwesentlich, dass so viele führende Politiker inzwischen endlich anerkennen, dass das Wohlbefinden ihrer Bürger nicht nur vom Quartalswachstum der Wirtschaft eines Landes abhängt (so wichtig dies auch ist), insbesondere, wenn dies konkrete Maßnahmen zur Folge hat – von der Schaffung neuer Arbeitsplätze bis zur Einführung von Elternzeit –, die den Stress reduzieren und das Wohlbefinden erhöhen.

Auf persönlicher Ebene kann jeder Einzelne drei einfache Schritte unternehmen, die dramatische Effekte auf das Wohlbefinden haben:

1. Wenn Sie nicht schon zur Minderheit der klugen Menschen gehören, die sich ausreichend Schlaf gönnt, können Sie ganz einfach Ihre Gesundheit, Kreativität, Produktivität und Ihr Wohlbefinden verbessern, indem Sie schlicht eine halbe Stunde mehr schlafen. Am leichtesten ist das, wenn Sie früher zu Bett gehen, aber Sie können auch tagsüber ein Nickerchen machen – oder beides kombinieren.
2. Bewegen Sie sich: Gehen Sie spazieren, laufen Sie, machen Sie Dehnübungen oder Yoga, tanzen Sie. Hauptsache Bewegung.
3. Gönnen Sie sich täglich 5 Minuten Meditation. Nach und nach können Sie auch 15 oder 20 (oder auch mehr) Minuten daraus machen, doch schon wenige Minuten werden Ihnen die Tür zu dieser neuen Gewohnheit öffnen – und zu allen Vorteilen, die sie mit sich bringt.

Falls Sie noch nie meditiert haben, hier eine einfache Anleitung:

1. Suchen Sie sich ein einigermaßen ruhiges Plätzchen und wählen Sie eine Zeit, in der Sie ungestört sind.
2. Entspannen Sie Ihren Körper. Wenn Sie die Augen schließen möchten, tun Sie das. Atmen Sie ruhig ein und aus und beobachten Sie dabei entspannt den Rhythmus Ihrer Atmung.
3. Atmen Sie tief. Achten Sie darauf, wie die Luft durch die Nase einströmt, sich Brust und Bauchdecke heben und mit dem ausströmenden Atem wieder senken. Beobachten Sie, wie Sie entspannt und ohne Anstrengung ein- und ausatmen.
4. Wenn sich Gedanken einstellen, registrieren Sie sie einfach und lenken Sie Ihre Aufmerksamkeit wieder sanft auf den Atem. Bei der Meditation geht es nicht darum, das Denken auszuschalten, sondern um die Erkenntnis, dass wir mehr sind als unsere Gedanken und Gefühle. Stellen Sie sich Ihre Gefühle als Wolken vor, die am Himmel vorüberziehen. Wenn Sie bemerken, dass Sie Ihre Gedanken oder Gefühle bewerten, kehren Sie einfach zur Wahrnehmung Ihres Atems zurück.

5. Manchen Meditierenden hilft ein besonderes, vielleicht heiliges Wort oder ein entsprechender Satz, mit dem sie die Aufmerksamkeit auf den Atem zurücklenken können, zum Beispiel »Om«, »Hu«, »Frieden«, »Danke«, »Gnade«, »Liebe« oder »Stille«. Sagen Sie sich Ihr persönliches Wort innerlich bei jedem Einatmen vor oder nutzen Sie es als Erinnerungszeichen, wenn Ihr Geist abschweift.
6. Sehr wichtig ist, dass Sie aus Ihrer Meditationspraxis keinen weiteren Stressfaktor machen. Einer der Hauptnutzen von Meditation ist schließlich Stressabbau, dazu noch verstärkte Intuition, Kreativität, Mitgefühl und Frieden.

Für den Fall, dass Sie noch mehr Anleitung und Unterstützung möchten, finden Sie in Anhang B zahlreiche Meditationshilfen, um Ihre Praxis in Gang zu bringen und zu vertiefen. Sie wurden von unserer Third-Metric-Redakteurin Carolyn Gregoire zusammengestellt.

Weisheit

Das Kreisen ohne Ende von Idee und Tat,
Das endlose Erfinden, endlose Versuchen
Führt uns zur Kenntnis der Bewegung,
nicht des Stillstands:
Kenntnis der Sprache, nicht des Stillschweigens;
Kenntnis der Wörter, Unkenntnis des Worts ...
Wo blieb das Leben, das im Leben uns entglitt?
Wo blieb die Weisheit, die uns in Beschlagenheit entglitt?
Wo die Beschlagenheit, die uns in Nachrichten entglitt?[344]

T. S. ELIOT

Das Leben als Klassenzimmer

Weil ich in Athen aufgewachsen bin, gehörten zu meiner Bildung auch die klassische Antike und die griechischen Mythen. Ich lernte sie nicht als historische Fakten, wie meine Kinder in amerikanischen Schulen, sondern als meine persönlichen Wurzeln und die Quelle meiner Identität. Athene war die Göttin der Weisheit, und für mich ist dieser Begriff bis heute mit ihr verknüpft – sie verbindet Stärke und Verwundbarkeit, Kreativität und Fürsorge, Leidenschaft und Disziplin, Pragmatismus und Eingebung, Intellekt und Fantasie und fordert, dass sie alle, das Männliche wie das Weibliche, Teil unseres Wesens und Ausdrucks werden.

Heute brauchen wir die Weisheit der Athene mehr denn je. Sie haucht der traditionell männlichen Welt der Arbeit und des Erfolgs die fehlenden Elemente der Seele und des Mitgefühls ein. Wie sie voll bewaffnet und unabhängig dem Kopf des Zeus entsprungen ist und völlig selbstverständlich in der pragmatischen Männerwelt besteht, ob auf dem Schlachtfeld oder in der Polis, ihre Kreativität, ihre Leidenschaft für Recht, Gerechtigkeit und Politik – all das erinnert uns daran, dass Schaffen und Handeln für Frauen genauso natürlich sind wie für Männer. Frauen müssen ihre tiefgründigeren Seiten nicht aufgeben, wenn sie es in einer von Männern definierten Welt im umfassenden Sinn zu etwas bringen wollen. Frauen – und auch Männer – müssen diese instinktiven Stärken zurückgewinnen, wenn sie ihre innere Weisheit nutzen und Erfolg neu definieren wollen.

Weisheit ist genau das, was fehlt, wenn wir wie die Ratten in B. F. Skinners berühmtem Experiment von vor über 50 Jahren immer wieder dieselben Hebel drücken, obwohl keine Belohnung mehr kommt.[345] Weisheit bringt ein tieferes Gewahrsein in unseren Alltag und befreit uns so von der engen Realität, die uns gefangen hält – einer Realität, die von den ersten beiden Messgrößen des Erfolgs, Geld und Macht, aufgezehrt wird, lange nachdem uns diese schon keine Erfüllung mehr bringen. Wir drücken immer weiter die Hebel, obwohl keine Belohnung erfolgt, und sogar dann noch, wenn längst offensichtlich ist, dass sie unserer Gesundheit, unserem Seelenfrieden und unseren Beziehungen schaden. Weisheit bedeutet zu erkennen, was wir wirklich suchen: echte Verbindungen und Liebe. Beides werden wir nur finden, wenn wir bereit sind, unsere unaufhörliche Jagd nach dem Erfolg, so wie die Gesellschaft ihn definiert aufzugeben und uns stattdessen auf die Suche nach dem Wahren, Echten, Bedeutungsvollen und Erfüllenden begeben.

Ikarus, der griechische Sagenheld, der der Sonne zu nahe kam, so dass das Wachs in seinen künstlichen Flügeln schmolz, ist ein großartiges Symbol für die Tragödie des modernen Menschen. Er ignoriert alle Warnungen, bis es schließlich zu spät ist, er ins Meer stürzt und ertrinkt. Christopher Booker, Autor von *The Seven Basic Plots* (»Die sieben grundlegenden Geschichten«), sagt: »Angestachelt durch seine neue Fähigkeit zu Fliegen, verfällt er der Hybris, dem kosmischen Stolz, der das Wesen der Ichsucht ist. Hybris leugnet das oberste Gesetz der Ausgewogenheit und Verhältnismäßigkeit, das alles im Universum beherrscht, und die gegenseitige Abhängigkeit aller seiner Teile.«[346] Ikarus setzt sich über die Naturgesetze hinweg und verliert deshalb seine Flügel, ebenso wie wir unser wahres Wesen und unsere tiefen Bedürfnisse verleugnen und deshalb an Burnout leiden.

Wenn wir darüber nachdenken, was wir wirklich wollen, wird uns klar, dass alles, was in unserem Leben geschieht – jedes Unglück, jede Kränkung, jeder Verlust, aber auch jede Freude, jede Überraschung, jeder glückliche Zufall – ein Lehrer ist und das Leben ein riesiges Klassenzimmer. Das ist die Weisheit, die spirituelle Lehrer, Dichter und Philosophen schon seit Anbeginn der Geschichte formuliert haben – von der Bibel, wo es heißt, dass kein Sperling ohne Gottes Zutun zu Boden falle,[347] bis hin zu Rilkes Wort, dass vielleicht alle Drachen im Leben Prinzessinnen seien, die nur darauf warten, uns einmal schön und mutig zu sehen.[348] Meine Lieblingsdefinition von Weisheit – ich bewahre sie laminiert in meiner Brieftasche auf – stammt von Mark Aurel:

Wahre Erkenntnis bedeutet, die Ereignisse des Lebens so zu sehen: »Du bist zu meinem Nutzen hier, auch wenn du dich anders gebärdest.« Und alles wendet sich dem zum Vorteil, der es so begrüßt: Du bist genau, was ich gesucht habe. Was auch immer einem im Leben zustößt, ist der richtige Stoff, um einen selbst und diejenigen, die einem nahestehen, daran wachsen zu lassen. Das ist, mit einem Wort, die Kunst – die des Lebens nämlich, und sie ziemt sowohl den Menschen wie den Göttern. Alles hat seinen Sinn und einen verborgenen Segen; was also könnte unangenehm oder hart für einen sein, wo doch das ganze Leben einen grüßt wie einen treuen alten Freund?[349]

Vor vielen Jahren hatte ich einen Traum, der diesen Gedanken auf eine andere Weise zusammenfasst, eine Weise, die für mich zu einer bleibenden Metapher geworden ist. Ich fahre mit einem Zug nach Hause zu Gott. (Lassen Sie sich nicht abschrecken!) Die Reise ist lang, und alles, was in meinem Leben passiert, ist eine Landschaft, die draußen vorbeizieht. Manche Aussichten sind schön, ich möchte gerne bleiben und sie eine Weile betrachten, sie vielleicht festhalten oder sogar mitnehmen. Auf anderen Strecken führt mich die Reise dagegen durch öde, hässliche Landstriche. Doch so oder so, der Zug fährt immer weiter. Weh tut es dann, wenn ich mich an die Landschaft, ob schön oder hässlich, festklammere, anstatt zu akzeptieren, dass alle diese Aussichten nur Mahlgut für die Mühle sind, das, wie Mark Aurel sagt, einem verborgenen Sinn und verborgenen Segen dient.

Meine Familie fährt natürlich mit. Die anderen, die noch mit im Zug sitzen und unser Leben teilen, wählen wir selbst aus. Diejenigen, die wir zur Mitfahrt einladen, sind Menschen, denen wir uns verwundbar und unverstellt zeigen, bei denen wir auf Masken und Spielchen verzichten. Sie stützen uns, wenn wir ins Wanken geraten, und erinnern uns an den Zweck der Reise, wenn wir uns von der Landschaft ablenken lassen. Und wir tun dasselbe für sie. Doch lassen Sie niemals die Jagos dieses Lebens, die Schmeichler und Betrüger, in den Zug. Wenn einer auftaucht, warnen uns Herz und Intuition sofort, doch wir haben oft so viel zu tun, dass wir es nicht bemerken. Wenn Ihnen auffällt, dass sich ein solcher Mensch an Bord geschlichen hat, nötigen Sie ihn umgehend auszusteigen, verzeihen Sie ihm und vergessen Sie ihn danach so schnell wie möglich. Nichts ist anstrengender, als nachtragend zu sein.

Eine Scheidung ist, besonders, wenn man Kinder hat, eine der härtesten Lektionen, die das Leben zu bieten hat und einer der größten Stressfaktoren außerdem. Mein Exmann Michael und ich waren 11 Jahre lang verheiratet und sind jetzt seit 16 Jahren geschieden. Wir sind zwar nicht mehr durch die Ehe verbunden, dafür aber durch etwas, das viel stärker und dauerhafter ist – unsere Töchter. Ihnen zuliebe haben wir uns sehr große Mühe gegeben, trotz aller Probleme Freunde zu bleiben. Das bedeutet unter anderem, dass wir Weihnachten und die Geburtstage unserer Töchter jedes Jahr wie eine Familie zusammen feiern. Und Stück für Stück, durch viel harte Arbeit, sind wir dabei immer mehr zusammengewachsen. Ich weiß noch, wie wir zum ersten Mal nach der Scheidung mit der ganzen Familie in den Sommerurlaub fuhren, und wie heilend es war, unseren Groll loslassen zu können und uns stattdessen darauf zu konzentrieren, dass wir zwei gemeinsame Töchter haben – eine Bindung, die alles überbrückt, was wir in den Ehejahren aneinander auszusetzen hatten. In diesem Sommerurlaub und vielen folgenden haben wir eine Menge Zeit damit verbracht, gemeinsam mit unseren Töchtern in Erinnerungen zu schwelgen oder uns die Zukunft auszumalen. (Einen ganzen Abend lang haben wir das Für und Wider einer Hochzeit am Abend und Namen für noch ungeborene – und zum Glück auch noch unempfangene – Kinder besprochen.)

Unsere Ehe war vielleicht vorbei, unsere Beziehung aber nicht. Sie ist es immer noch nicht. Und wie jede Beziehung erfordert sie Mühe, Arbeit und Aufmerksamkeit. Das sicherste Zeichen dafür, dass mein Ex und ich uns weiterentwickelt hatten, war, dass wir jetzt bereit waren, uns nicht durch unsere Vorbehalte gegeneinander daran hindern zu lassen, gemeinsam Schönes zu erleben. Selbst in der glücklichsten Ehe gibt es Kleinigkeiten, die einen am Partner stören. Diese kleinen Ärgernisse werden noch zehnmal größer, wenn man kein Paar mehr ist – deshalb ist es eines der Geheimnisse einer guten Scheidung, sie möglichst zu vermeiden.

Jemanden zu hassen ist so, als trinke man Gift und warte, dass der andere stirbt.[350]

CARRIE FISHER

Michael war zum Beispiel ein Pionier im Verzicht auf digitale Geräte, wenn die Familie gemeinsam in Urlaub fuhr. Wenn wir zusammen sind, verhänge ich mir also ein totales BlackBerry-Verbot.

Ich dagegen ärgerte mich immer über seine Intoleranz, wenn ich mich auch nur eine Sekunde verspätete – selbst im Urlaub (dabei dachte ich immer, ein Merkmal von Urlaub sei, dass man sich eben nicht an einen strikten Zeitplan halten muss!). Aber das änderte sich allmählich. Wenn ich mal ein paar Minuten zu spät zum Essen kam, starrte er mich nicht mehr böse an.

Wir haben es zwar nicht geschafft, als Paar zusammenzubleiben, aber zumindest als Eltern unserer Töchter – und Kinder leiden meistens am stärksten unter einer Scheidung in Unfrieden.

»Meine Güte«, sagte Isabella neulich während der Ferien, »man kann kaum glauben, dass ihr eigentlich geschieden seid.« Aus irgendeinem Grund machte mich das sehr, sehr glücklich. Ich kam mir vor, als habe ich das Ziel einer langen, mühevollen Reise erreicht, nach deren Ende es uns allen besser ging. Um unseres inneren Friedens und Glücks willen wie auch um der vielen Kinder willen, deren Eltern sich jedes Jahr scheiden lassen, ist das eine Reise, die der Mühe wirklich wert ist.

Heute brauchen wir nichts dringender, als die Dinge wieder im angemessenen Verhältnis zu sehen und unsere Alltagssorgen von dem zu trennen, was wirklich zählt. In unserem Leben kann eine erstaunliche Bandbreite anscheinend unvereinbarer Menschen und Aktivitäten harmonisch miteinander koexistieren, solange wir in unserer Mitte sind und in uns ruhen.

Ich spürte das, als ich mit 17 Jahren nach Indien ging, um an der von Rabindranath Thakur gegründeten Visva-Bharati University in Shantiniketan bei Kalkutta Vergleichende Religionswissenschaft zu studieren. Im Rahmen meines Studiums besuchte ich auch den heiligen Hinduschrein von Benares, wo auf dem Ganges Leichen vorbeitrieben, die zum hinduistischen Ritual des spirituellen Übergangs gehörten, und abgemagerte Asketen im Gebet zwischen Ziegen und Tauben knieten. Pilger, die meisten in Lumpen, aber auch eine Frau in einem goldenen Sari, lauschten dem ununterbrochenen Stimmengewirr von Gurus und Straßenhändlern. Es war zweifellos eine chaotische Szene, aber inmitten dieses ganzen Chaos fühlte ich einen unergründlichen Frieden. Ich erkannte, dass ich mein Leben nicht auf einem einsamen, Gelassenheit schenkenden Berggipfel verbringen würde, aber dass man Frieden und Weisheit auch inmitten eines von Menschen wimmelnden Marktplatzes finden kann, und dass jene so flüchtige Kombination aus Stille und dem Strom der Welt erreichbar ist – dass man in der Welt sein kann, ohne zu ihr zu gehören.

Blaise Pascal, der berühmte französische Mathematiker und Philosoph des 17. Jahrhunderts, führte alles Unglück der Welt darauf zurück, dass die Menschen nicht ruhig in ihrem Zimmer sitzen können.[351] Wenn man gelernt hat, ruhig und allein in einem Zimmer zu sein, kann man jene Verbindung zu sich selbst pflegen, mit der man sein Leben von innen heraus führen kann, ob man nun allein oder inmitten einer Menge schreiender Menschen ist. Man kann in diesem Zustand verharren, egal, wie viel man arbeitet. Es scheint so einfach, und jedes Mal, wenn ich an diesem Ort bin, frage ich mich, warum ich ihn je verlassen habe. Doch es erfordert große Entschlossenheit und Entschiedenheit, daran festzuhalten und wenn ich herausrutsche, mich selbst schnell einzufangen – wieder und wieder und wieder und ohne Bewertung.

Bei der *HuffPost* haben wir eine kostenlose Smartphone-App zur Kurskorrektur entwickelt, die sich GPS für die Seele nennt. Sie bietet Tipps und Hilfsmittel, um in einen Zustand der Ruhe und Ausgeglichenheit zurückzukehren. Ich weiß, dass es ein bisschen paradox ist, ausgerechnet mit einer App die Verbindung zu sich selbst wiederherzustellen, aber es gibt keinen Grund, die Technik, die wir sowieso schon in der Tasche beziehungsweise der Handtasche haben, nicht auch zu nutzen, um uns von ihr zu befreien. Stellen Sie sich das wie spirituelle Stützräder vor. GPS für die Seele ist so was wie eine individuelle Anleitung, die uns mithilfe von Musik, Gedichten, Atemübungen und Bildern geliebter Menschen beim Stressabbau und Zentrieren unterstützt. Man kann außerdem Ratschläge von Experten, anderen Nutzern und eigenen Freunden einholen.

Es erstaunt mich immer wieder, wie schnell ich an diesen Ort der Zentrierung zurückgelangen kann, und wie viel einfacher es geht, je vertrauter der Weg dorthin ist. Wir alle haben die Fähigkeit in uns, von belastender Schwere zu Leichtigkeit zu gelangen, welchen Problemen wir uns auch gegenübersehen mögen. Wenn ich in dieser »Seifenblase der Leichtigkeit« bin, heißt das nicht, dass die Alltagsdinge verschwinden, die mich immer geärgert oder aufgeregt haben; das tun sie nicht. Aber sie haben nicht mehr die Macht, mich zu ärgern. Und wenn uns die wirklich harten Dinge widerfahren – Tod,

Krankheit, Verlust – sind wir besser in der Lage, mit ihnen umgehen, statt von ihnen überwältigt zu werden.

Eine Prüfung dieser Art hatte ich am 4. März 2012. Das war der Tag, an dem ich die Art Anruf bekam, den jede Mutter mehr als alles andere fürchtet: »Mommy, ich bekomme keine Luft mehr.« Es war Christina, meine ältere Tochter, im letzten Jahr an der Yale University und zwei Monate vor ihrem Studienabschluss.

Wenn ich mich jetzt an jenen Märztag und die rasende Fahrt von New York zur Notaufnahme in New Haven, die spätere Rückfahrt mit meiner ruhiggespritzten, weinenden Tochter in den Armen und die im Anschluss folgenden Wochen zurückerinnere, stelle ich fest, dass ich mich auf all das konzentrierte, wofür ich dankbar war: dass meine Tochter am Leben war, dass sie eine liebevolle Familie hatte, die sich um sie kümmerte, und dass sie gesund werden wollte. Christina hatte schon vorher Drogenprobleme gehabt, aber wir hatten gedacht, das wäre vorbei. Und es war noch nie so schlimm gewesen.

Alles andere, was ich in meinem Leben für wichtig gehalten hatte, versank in dieser Zeit. Bis sie damit selbst an die Öffentlichkeit ging, wussten nur die Familie, ihre engsten Freunde und ihre Patinnen von Christinas Sucht. Es war ihre Geschichte und ihr Leben, deswegen sollte sie selbst entscheiden, wann und ob sie darüber sprechen wollte. Ich war stolz auf sie, als sie 13 Monate später über ihren Kampf schrieb:

Vor einem Jahr hätte ich diesen Blog noch nicht schreiben können, weil ich mich so schämte und schuldig fühlte, drogensüchtig zu sein. Ich bin nie misshandelt oder vernachlässigt worden. Ich bin nicht in einer Alkoholikerfamilie aufgewachsen. Ich bin mit einer Familie gesegnet, die mich bedingungslos liebt, und hatte jede denkbare Möglichkeit, mich zu entfalten. Warum also? Warum den Menschen, die mich lieben, so viel Schmerz bereiten? Warum das anscheinend alles wegwerfen wollen?

Die ehrliche Antwort ist: Ich weiß es nicht. Was ich weiß – und ich habe mich seit 13 Monaten damit auseinandergesetzt – ist, dass die Sucht eine Krankheit ist. Sie ist chronisch, wird immer schwerer, kann tödlich enden und jeden treffen.
Mein Leben, so wie es heute aussieht, wäre vor 13 Monaten noch undenkbar gewesen. Ja, ich meine die Umstände – ich habe eine feste Arbeit und gesunde, liebevolle Beziehungen –, aber vor allem, dass ich gelernt habe, verwundbar zu sein. Ich habe gelernt, wie man sich entschuldigt und verzeiht. Ich habe gelernt, wie viel Kraft es erfordert loszulassen. Wenn dieses Bekenntnis auch nur einem Menschen dabei hilft, sich ein bisschen weniger einsam zu fühlen, wenn es auch nur einen Menschen ermutigt, um Hilfe zu bitten, wenn es auch nur einem Menschen zeigt, dass die Situation sich verbessern kann, wie hoffnungslos sie auch gerade scheint, dann genügt das schon.[352]

»Eines erzählt einem niemand über Abstinenz«, sagt Christina. »Von den Drogen loszukommen ist viel einfacher, als mit den Gefühlen fertigzuwerden, vor denen sie einen beschützt haben.«[353] Ohne Scham verwundbar zu sein und die eigenen Gefühle ohne Bewertung zu akzeptieren, wird viel leichter, wenn wir uns klarmachen, dass wir mehr sind als unsere Emotionen, unsere Gedanken, unsere Ängste und unsere Persönlichkeit. Und je tiefer diese Erkenntnis ist, desto leichter wird es, von großer Anstrengung zur Leichtigkeit zu kommen.

Je stärker wir eine Violinensaite drücken,
desto weniger spüren wir sie. Je lauter wir spielen,
desto weniger hören wir ... Wenn ich zu spielen ›versuche‹,
schlägt das fehl; wenn ich renne, stolpere ich. Der
einzige Weg zur Stärke ist Verwundbarkeit.[354]
STEPHEN NACHMANOVITCH

Von großer Anstrengung zur Leichtigkeit – so lässt sich auch das Erlebnis zusammenfassen, ein Kind zu gebären. Von einem von Schmerzen gequälten Körper zum Wunder der Geburt gelangt man in nur wenigen Stunden (wenn man Glück hat). Trotz aller medizinischen Fortschritte ist dieses Wunder über die Jahrtausende nicht geringer geworden. Die überwältigende Tatsache, dass wir Sterblichen wirklich neues Leben schaffen können, verändert einen für immer. Dieses Wunders gedenken wir bis an unser Lebensende jedes Jahr mit einer Feier.

Ich hatte mir schon lange Kinder gewünscht und war daher überglücklich, als ich mit 38 Jahren endlich Mutter wurde. Einige Stunden nach Christinas Geburt hatte ich ein weiteres Gnadenerlebnis, das, wie ich später entdeckt habe, auch viele andere Frauen kennen. Und wie Tagebucheinträge vergangener Generationen zeigen, ist es nicht nur ein Phänomen unserer Gegenwart.

Ich lag im Bett und hielt Christina stundenlang im Arm. Als ich schließlich schläfrig wurde, legten wir sie in die Wiege neben meinem Bett. Kurze Zeit später, alle anderen waren gegangen, fing ich plötzlich heftig an zu zittern. Ich versuchte mich selbst mit denselben Worten zu beruhigen, die ich zuvor meinem Baby zugeflüstert hatte: »Es ist alles in Ordnung ... alles in Ordnung.«

Dann hörte das Zittern plötzlich auf. Ich hatte meinen Körper verlassen und schaute auf einmal hinab auf mich, Christina, die Blumen auf dem Nachttisch und das ganze Zimmer. Ich hatte keine Angst; ich wusste, dass ich zurückkehren würde. Und ich wurde überschwemmt von einem ungeheuren Gefühl des Wohlbefindens und der Stärke. Es war, als ob ein Vorhang geöffnet worden wäre, um mir einen Blick auf die Gesamtheit von Geburt, Leben und Tod zu geben. Ich sah sie alle gleichzeitig und konnte sie daher alle akzeptieren. Ich weiß nicht, wie lange ich in diesem Stadium fast greifbaren Friedens schwebte. Dann sah ich, wie eine Krankenschwester ins Zimmer kam; als sie mich berührte, war ich mit einem Schlag zurück in der Wirklichkeit des Krankenhauses. Ich brachte ein wunderbares

Gefühl des Selbstvertrauens und der Freude mit. Die Angst davor, Christina mit nach Hause zu nehmen, war verschwunden. Ich wusste, es würde uns gut gehen.

Im Alltag erfordert es Übung und Entschlossenheit, von der Anstrengung zur Leichtigkeit zu gelangen. Aber wir haben es in der Hand. Ich bin zu der Erkenntnis gelangt, dass das Tor zur Leichtigkeit ein Zustand ständiger Dankbarkeit ist. Dankbarkeit ist für mich schon immer eines der stärksten Gefühle gewesen. *Grace* und *gratitude*, die englischen Ausdrücke für Leichtigkeit und Dankbarkeit, haben dieselbe lateinische Wurzel *gratus*. Wann immer wir uns in einer Situation befinden, in der wir am liebsten die Welt anhalten und aussteigen möchten, können wir uns daran erinnern, dass es einen anderen Weg gibt, und uns der Leichtigkeit öffnen. Der andere Weg beginnt oft damit, dass wir uns einen Moment Zeit nehmen, um dankbar zu sein; für diesen Tag, dafür, dass wir am Leben sind – für irgendetwas. Für Christina war es sehr wertvoll, während ihrer Genesung jeden Abend eine Liste all dessen zusammenzustellen, wofür sie an diesem Tag dankbar war, und diese Liste mit drei Freunden zu teilen, die ihr ihrerseits ihre Dankbarkeitslisten mailten. Sie setzt diese Übung bis heute fort. Mark Williams, Psychotherapeut aus Oxford, empfiehlt die »Zehnfingerübung in Dankbarkeit«, bei der man jeden Tag an zehn Dinge denkt, für die man dankbar ist, und sie an den Fingern abzählt. Das ist manchmal nicht leicht. Aber genau darum geht es – »die kleinen, bislang unbemerkten Aspekte des Tages ins Bewusstsein zu rücken«.[355]

Der Nutzen von Dankbarkeitsübungen ist erwiesen. In einer Studie von Forschern der University of Minnesota und der University of Florida senkte es die subjektive Stressbelastung der Versuchsteilnehmer. Nachts verspürten sie ein Gefühl größerer Ruhe, wenn sie abends eine Liste mit den positiven Ereignissen des Tages niedergeschrieben hatten.[356]

Ich bin nicht nur dankbar für alle Segnungen meines Lebens, sondern auch für alles, was nicht geschehen ist – für jedes knappe Entkommen vor einem Schicksalsschlag, für alles, was mir fast zugestoßen wäre, aber dann doch an mir vorüberging. Der Unterschied zwischen dem Eintreffen und dem Nichteintreffen solcher Schläge ist Gnade.

Und dann sind da die Katastrophen, die tatsächlich eintreten und uns gebrochen und schmerzerfüllt zurücklassen. Für mich war ein solcher Moment, als ich mein erstes Kind verlor. Ich war 36 und überglücklich, endlich schwanger zu sein. Aber Nacht für Nacht hatte ich unruhige Träume. Nacht für Nacht sah ich, dass das Baby in mir wuchs, aber seine Augen wollten sich nicht öffnen. Aus den Tagen wurden Wochen und aus den Wochen Monate. Eines Morgens fragte ich laut im Halbschlaf, »Warum öffnen sie sich nicht?« Da wusste ich, was die Ärzte später bestätigten. Die Augen dieses Babys würden sich nie öffnen; es starb in der Gebärmutter, bevor es geboren wurde.

Frauen wissen, dass wir unsere ungeborenen Babys nicht nur im Mutterleib tragen. Wir tragen sie in unseren Träumen und in unseren Seelen und in jeder einzelnen unserer Zellen. Eine Fehlgeburt bringt so viele unausgesprochene Ängste mit sich: Werde ich je ein Kind bekommen können? Werde ich je Mutter sein? Alles in mir schien zerbrochen. Während der vielen schlaflosen Nächte, die folgten, lag ich im Bett, siebte die Scherben und Splitter durch und hoffte Gründe für die Totgeburt zu finden.

Während ich durch ein Minenfeld schwieriger Fragen und unvollständiger Antworten taumelte, begann langsam mein Weg der Heilung. Ich träumte allmählich nicht mehr so häufig von meinem Baby, doch eine Zeit lang schien es mir, als ob die Trauer selbst niemals enden wollte. Meine Mutter hatte mir einmal ein Zitat von Aischylos gegeben, das mich in diesen Stunden direkt ansprach: »Selbst im Schlaf vergeht der Schmerz nicht, fällt Tropfen für Tropfen in des Menschen Herz. Und in unserer Verzweiflung gelangen wir, gegen unseren Willen, dank der Gottheit unermesslich großer Gnade zu Weisheit.« Irgendwann akzeptierte ich den Tropfen um Tropfen fallenden Schmerz und betete um die Weisheit.

Schmerzen hatte ich schon früher erlitten. Beziehungen waren zerbrochen, Krankheiten hatten mich befallen, der Tod hatte mir geliebte Menschen genommen. Aber einen Schmerz wie diesen hatte ich noch nie erlebt. Was ich durch ihn lernte, ist, dass wir nicht auf der Welt sind, um Siege, Trophäen oder Erlebnisse zu sammeln, auch nicht, um Fehlschläge zu vermeiden, sondern um zurechtgefeilt und -geschliffen zu werden, bis nur noch unser wahres Ich übrig bleibt und hervortritt. Das ist der einzige Weg, um einen Sinn in Schmerz und Verlust zu erkennen und der einzige Weg, wieder zu Dankbarkeit und Leichtigkeit zurückzukehren.

*An einem Tag mit perfektem
Wind muss sich das Segel nur entfalten, und die Welt
ist voller Schönheit. Heute ist solch ein Tag.*[357]

RUMI

Ich spreche gerne Gebete – auch im Stillen – bei Tisch und wenn ich während meinen Reisen um die Welt mich den jeweiligen Traditionen anschließe. Als ich 2013 für den Start der japanischen *HuffPost* nach Tokio flog, fand ich es schön, vor jeder Mahlzeit *itadakimasu* zu sagen, also »Ich empfange«. Im indischen Dharamsala begann jedes Essen mit einem einfachen Gebet.

In meiner Kindheit in Griechenland hatte ich vor dem Essen auch immer ein einfaches Tischgebet gesprochen, laut oder im Stillen, und das, obwohl unsere Familie nicht besonders religiös war. »Gnade ist weniger etwas, das man anstrebt, als etwas, das man zulässt«, schrieb John-Roger, Gründer des Movement of Spiritual Inner Awareness. »Sie erkennen aber vielleicht nicht, dass die Gnade zugegen ist, weil Sie den Weg, auf dem sie kommen soll, bereits vorher festgelegt haben, zum Beispiel wie Donner oder Blitz, mit all der Dramatik, dem Gepolter und der Angeberei. Dabei kommt die Gnade ganz natürlich zu uns, wie das Atmen.«[358]

Sowohl Mönche wie Wissenschaftler bestätigen, wie wichtig Dankbarkeit in unserem Leben ist. »Es ist ein wunderbares Los, Angehöriger der menschlichen Spezies zu sein«, schreibt Thomas Merton, ein Trappistenmönch aus Kentucky. »Unsere Art gibt sich zwar vielen Absurditäten hin und macht schreckliche Fehler; und dennoch ließ es sich Gott selbst zum Ruhm gereichen, Teil von ihr zu werden. Teil der Menschheit! Man stelle sich nur vor, wie es ist, wenn eine solche alltägliche Erkenntnis einem plötzlich wie der Hauptgewinn in einer kosmischen Lotterie vorkommt.«[359]

Die führenden Kapazitäten auf dem Gebiet der Dankbarkeitsforschung, Robert Emmons von der University of California und Michael McCullough von der University of Miami, haben herausgefunden, dass »ein auf Dankbarkeit konzentriertes Leben das Allheilmittel gegen unersättliche Begierden und die Übel des Lebens ist ... Grundpfeiler der Dankbarkeit ist die Haltung, dass Glück unverdient ist. Der dankbare Mensch erkennt an, dass er oder sie nicht verdient hat, was ihm zuteilwird, sondern dass es ihm aus freien Stücken gegeben wird.«[360] Dankbarkeit wirkt wie Zauberei, weil sie ein Gegengift zu negativen Gefühlen ist. Sie ist wie weiße Blutkörperchen für die Seele, die uns vor Zynismus, Anspruchsdenken, Wut und Resignation schützen. Sie wird in einem Zitat, das ich sehr mag, zusammengefasst (dem Imam Asch-Schāfiʿī zugeschrieben, einem muslimischen Juristen des 8. Jahrhunderts): »Mein Herz ist ruhig, denn es weiß, dass das, was mir zugedacht ist, mich nie verfehlen wird, und das, was mich verfehlt, nie für mich gedacht war.«

Die Macht des Bauchgefühls:
Wenn Ihre innere Stimme spricht,
seien Sie still und hören Sie zu

Ein deutliches Anzeichen mangelnder Weisheit ist unser Unvermögen, auf Warnsignale zu achten. Die Geschichte ist voller Beispiele dafür. Was solch ein Missachten für Konsequenzen haben kann, wurde für mich vor einigen Jahren lebendig, als ich Pompeji besuchte, die antike Stadt, deren Einwohner im Jahr 79 durch einen Vulkanausbruch ausgelöscht wurden.

Es hatte viele Vorwarnungen gegeben, darunter ein schweres Erdbeben im Jahr 62, vulkanische Beben in den folgenden Jahren, austrocknende Quellen und Brunnen, entlaufene Hunde, Vögel, die nicht mehr sangen. Und dann das offensichtlichste Warnzeichen: Rauchsäulen, die aus dem Vesuv quollen, bevor er seinen Deckel sprengte und die Stadt und ihre Einwohner unter 20 Metern Asche und Vulkangestein begrub.[361]

Die vorangegangenen Beben hatte man als »nicht besonders beunruhigend« abgetan. Die Warnsignale drohender Katastrophen sind heute überall um uns und verweisen auf die Diskrepanz zwischen dem, was wir eigentlich tun sollten – gegen den Klimawandel, gegen wachsende wirtschaftliche Ungleichheit, gegen den erfolglosen Kampf gegen die Drogen –, und dem, was wir stattdessen tun. Und die Ursache dieser Diskrepanz ist fehlende Weisheit.

Eine wichtige Quelle von Weisheit ist Intuition, unser inneres Wissen. Wir alle kennen das: ein Bauchgefühl, eine Ahnung, eine innere Stimme, die uns sagt, wir sollten etwas tun oder lassen. Wir hören die Botschaft, und sie klingt richtig, auch wenn wir nicht erklären können, warum. Oder wir sehen sie, wenn wir eher visuell veranlagt sind. Eine aufflackernde Erkenntnis, die manchmal just in dem Augenblick wieder verschwindet, in dem wir sie bemerken, falls wir nicht lernen, darauf zu achten – das Lächeln auf dem Gesicht eines Kindes vor den Fenstern unseren Zuges, der an einem Spielplatz vorbeirast. Selbst wenn wir gerade nicht an einer Wegkreuzung stehen und auf diese innere Stimme lauschen, weil wir uns fragen, was zu tun ist, ist unsere Intuition immer da, schätzt jede Situation ein und versucht uns immer auf den für uns richtigen Weg zu lenken. Aber können wir sie hören? Achten wir auf sie? Leben wir so, dass der Pfad zu unserer Intuition stets unverstellt ist? Unsere Intuition zu stärken, indem wir ganz bewusst auf sie horchen, so dass wir ihre Weisheit nutzen können, ist ein Schlüsselweg, um in unserer Arbeit und unserem Leben aufzublühen.

> *Intuition, nicht Intellekt,*
> *ist das Sesam-öffne-dich des Ich.*[362]
>
> ALBERT EINSTEIN

Für manche Menschen verbindet sich mit »Intuition« die Vorstellung von hippiemäßigem New-Age-Gedankengut oder gar des Paranormalen. Dabei gibt es schon seit Anbeginn der Geschichte die Anerkennung einer Art von Weisheit, die nicht das Ergebnis von Logik und Vernunft ist. Die westliche Kultur ist ein Denkmal der Vernunft. Ihr verdanken wir die Aufklärung, die industrielle Revolution und das Informationszeitalter mit allem, was daraus folgt. Doch es war weder allein die Vernunft, die uns diese Triumphe verschaffte, noch ist es allein die Vernunft, die uns durch den Tag bringt.

Plotin, ein römischer Philosoph des 3. Jahrhunderts, schrieb, es gebe drei Arten des Wissens: »Meinung, Forschung, Erleuchtung. Das Mittel der ersten ist Vernunft, das der zweiten die Dialektik, das der dritten Intuition.«[363] Das Internet hat die ersten beiden Arten des Wissens leicht zugänglich gemacht, doch von der Erleuchtung oder Weisheit, die essentiell ist, um ein lebenswertes Leben zu führen, hat es uns weiter entfernt.

Die Wissenschaft bestätigt, wie wichtig Intuition bei der Entscheidungsfindung ist.[364] »Es ist schon lange klar«, schreiben die Psychologen Martin Seligman und Michael Kahana, »dass viele wichtige Entscheidungen nicht durch lineare Schlussfolgerungen, sondern durch Intuition zustande kommen.«

Sie beschreiben eine intuitive Entscheidungsfindung als »a) schnell, b) nicht bewusst, c) bezogen auf Probleme mit mehreren Dimensionen, d) auf zahlreichen früheren Erfahrungen beruhend, e) charakteristisch für Experten, f) nicht leicht nachträglich darzustellen, g) oft sehr eindeutig und nachdrücklich vorgebracht«.[365]

Es gibt einen Grund dafür, warum wir glauben, unsere Intuition komme von tief drinnen – warum wir sie manchmal als »Bauchgefühl« bezeichnen oder als etwas, das man »in den Knochen spürt«. Der Grund ist, dass sie zum Wesen unseres inneren Schaltplans gehört. In seinem Buch *Blink* beschreibt Malcolm Gladwell, wie dieser Kern, dieses adaptive Unbewusste, als »eine Art riesiger Computer« funktioniert, »der schnell und unbemerkt eine Menge Daten verarbeitet, die wir brauchen, um als menschliche Wesen zu funktionieren«.[366]

In *Blink* geht es hauptsächlich darum, dass die Einschätzung einer Situation durch unser adaptives Unbewusstes oder unsere Intuition tatsächlich viel zutreffender sein kann als unsere bewusste, gut überlegte Einschätzung. Gladwell erzählt die Geschichte eines Kouros – einer bestimmten Art griechischer Statue –, den das J. Paul Getty Museum in Los Angeles erwerben wollte. Nach zahlreichen Prüfungen hatte eine Gutachterkommission das Stück für echt erklärt. Einige Kunsthistoriker aber, darunter Thomas Hoving, der frühere Direktor des Metropolitan Museum of Art, wussten es sofort besser; Hoving spürte eine »intuitive Abscheu« vor der Statue. »Schon nach 2 Sekunden Betrachtung – auf den ersten Blick«, schreibt Gladwell, »verstanden sie die Essenz der Statue besser als das Team am Getty-Museum nach 14 Monaten.« Konnten sie erklären, wie das Urteil zustande kam?, fragt Gladwell. »Überhaupt nicht. Aber sie wussten es.« Und sie hatten Recht. Die Statue war eine Fälschung.[367]

In seinem Buch *Sources of Power* erzählt Gary Klein die Geschichte eines Trupps von Feuerwehrleuten, der in einem einstöckigen Haus einen Küchenbrand bekämpfte: »Der Einsatzleiter hat plötzlich das Gefühl, etwas stimme nicht. Er hat keine Hinweise darauf; er fühlt sich einfach unwohl in diesem Haus und evakuiert seinen Trupp, obwohl es ein ganz gewöhnliches Haus war, ohne besondere Merkmale.« Später konnte der Einsatzleiter nicht erklären, was ihn dazu gebracht hatte, seine Männer aus dem Haus zu rufen; er schrieb es einem »sechsten Sinn« zu. Er handelte jedenfalls richtig, denn kurz nachdem der letzte Feuerwehrmann das Haus verlassen hatte, brach der Fußboden ein, auf dem sie gestanden hatten. Wie sich herausstellte, hatte das Feuer seinen Ursprung genau unter ihnen, in einem Keller, von dem sie nichts gewusst hatten.[368]

Weiter erzählt Klein die Geschichte von erfahrenen Krankenschwestern auf einer Frühgeborenenstation, die bei mehrdeutigen Symptomen intuitiv sagen konnten, ob ein Frühchen eine lebensbedrohliche Sepsis hatte – ein potenziell lebensrettendes Wissen, denn Sepsis (Blutvergiftung) muss sofort behandelt werden, wenn sie nicht zum Tod führen soll. Oft wussten die Krankenschwestern, dass eine Sepsis vorlag, bevor das Laborergebnis kam. Als er sie fragte, woher sie Bescheid wussten, erwiderten sie: aus Intuition. »Sie sahen hin«, schreibt Klein. »Sie wussten es. Ende der Geschichte.«[369] Ihre Intuition, so stellte sich heraus, beruhte auf subtilen Hinweisen, die die Schwestern selbst nicht benennen konnten. Dennoch zogen sie augenblicklich die richtigen Schlüsse.

Wir alle wissen, dass wir Zugang zu unserer Intuition haben, wenn wir sie pflegen und auf sie achten. Wir wissen, dass unsere Intuition zutreffender sein kann, als der Versuch, sich einem Problem mit kalter, nüchterner Logik zu nähern. Und wir wissen, dass die Konsequenzen, je nachdem, ob man auf die Intuition hört oder nicht, buchstäblich eine Frage von Leben und Tod sein können. Warum ignorieren oder missachten wir also so oft die innere Stimme in unserem Leben?

Ich bin dagegen auch nicht gefeit. Wie oft im Leben habe ich diese Einflüsterungen ignoriert; ich weiß, wie einfach es ist, sie auszublenden oder beiseitezuschieben oder so beschäftigt zu sein, dass man einfach keine Zeit zum Zuhören hat. Oft liegt es auch daran, dass man sich ein bestimmtes Gefühl einfach nicht rational erklären kann. Genau deswegen sollte man allerdings darauf achten. Darum, unter anderem, geht es bei Weisheit, im Gegensatz zu Logik oder Daten.

Sagen wir, Sie sind nachts auf dem Heimweg. Vor Ihnen liegt eine dunkle Gasse, und Sie fühlen sich unwohl – ein leichtes Unbehagen, etwas wie der »sechste Sinn« des Feuerwehrhauptmanns. Ihre innere Stimme, Ihr adaptives Unbewusstes flüstert: »Geh nicht diese Gasse entlang.« Aber Sie haben es eilig, also gehen Sie doch dort entlang. Wenn Ihre Intuition richtig ist, können die Folgen schwerwiegend sein.

Angenommen, Sie führen Bewerbungsgespräche für eine neu zu besetzende Stelle in Ihrem Unternehmen. Bei einem Bewerber haben Sie ein ungutes Gefühl – aber Sie sind in Zeitnot, und seine Qualifikationen sehen auf dem Papier gut aus. Die Position muss dringend neu besetzt werden, also übergehen Sie Ihre Intuition und stellen den Betreffenden ein. Genau auf diese Weise werden viele Fehlbesetzungen in Unternehmen gemacht. Oder Sie unterhalten sich mit Ihrer Tochter, sind aber abgelenkt, weil Ihnen etwas durch den Kopf geht oder Sie gerade eine SMS bekommen haben. Und sie ignorieren eine seltsame Wendung in dem, was Ihre Tochter gerade gesagt hat – oder nicht gesagt hat.

Manchmal signalisiert Ihre intuitive Reaktion, dass Sie mehr Informationen brauchen. Unsere moderne Welt der ständigen Erreichbarkeit türmt aber ein Hindernis nach dem anderen zwischen uns und unserer Intuition auf. Sie wird unter einem vollgestopften E-Mail-Postfach, dem ständigen Piepsen der Smartphones, der Hetze von Termin zu Termin, dem Stress und dem Burnout verschüttet. Wenn unsere intuitive Stimme eine Empfangsstärkeanzeige wie ein Handy hätte, könnten wir sehen, dass wir uns häufig außerhalb der Reichweite unserer Weisheit befinden.

»Je länger wir warten, um unsere Intuition zu verteidigen, desto weniger gibt es zu verteidigen«, schreibt Gary Klein. »Wir sind mehr als die Summe unserer Software und analytischen Methoden, mehr als die Datenbanken, auf die wir Zugriff haben, mehr als die Arbeitsabläufe, die wir auswendig können sollen. Die Frage ist, ob wir auf diese Artefakte zusammenschrumpfen oder über sie hinauswachsen.«[370]

Ich selbst verliere am leichtesten den Zugang zu meiner Intuition, wenn ich zu wenig schlafe. Wie wir im ersten Teil des Buches, der vom Wohlbefinden handelt, gesehen haben, ist Schlafmangel nicht nur schlecht für unsere Aufmerksamkeitsspanne, Konzentrationsfähigkeit und unser Gedächtnis, sondern auch für die emotionale Intelligenz, das Selbstbewusstsein und unsere Empathiefähigkeit.[371] Wenn wir unter Schlafmangel leiden, sind wir anfälliger für unethisches Verhalten, weil Schlafmangel unsere Selbstbeherrschung angreift.[372] Unser Verhalten und unser Charakter sind nicht in Stein gemeißelt – sie können sich ändern, je nachdem, wie hoch unser Energiepegel ist und wie zentriert wir sind.

Meditation, Yoga und Achtsamkeit helfen uns, den Lärm der Welt auszublenden, so dass wir auf unsere innere Stimme hören können. Während meiner Schwangerschaften mit Christina und Isabella praktizierte ich täglich Yoga. Ich übernahm dies von meiner Mutter, die während meiner Kindheit in Athen stundenlang – so kam es mir wenigstens vor – auf dem Kopf stehen konnte. Es war also eine Art Familientradition, auch wenn ich dagegen rebelliert hatte, bevor ich sie schließlich als wertvoll akzeptierte. Durch die Konzentration und Entspannung, die innere Disziplin und die körperlichen Übungen fühlte ich mich zentriert, im Gleichgewicht – und das noch lange, nachdem die Yogamatte wieder aufgerollt war.

Einer derjenigen, die Meditation und Yoga im Westen verbreiteten, war Paramahansa Yogananda. So beschrieb er in seiner *Autobiography of a Yogi* von 1946 die Notwendigkeit, auf unser intuitives inneres Ich zu achten: »Intuition ist Seelenführung, die natürlicherweise im Menschen auftaucht, wenn sein Geist ruhig ist. Fast jeder kennt das Erlebnis eines unerklärlich korrekten ›Bauchgefühls‹ oder hat seine Gedanken effektiv auf eine andere Person übertragen. Der menschliche Geist kann, befreit von den Störgeräuschen der Ruhelosigkeit, durch die Antenne seiner Intuition alle Funktionen komplizierter Funkgeräte ausüben, Gedanken senden und empfangen und unerwünschte ausblenden.«[373]

Auf Steve Jobs' Verfügung hin wurde dieses Buch bei seiner Trauerfeier verteilt. Jobs war lange in Indien gewesen und von der Rolle der Intuition im Leben sehr beeindruckt. »In Indien setzen die Menschen in den ländlichen Gegenden nicht wie wir ihren Intellekt ein, sondern benutzen stattdessen ihre Intuition, die dort weitaus entwickelter ist als in der übrigen Welt. Die Intuition ist ein sehr mächtiges Instrument, meines Erachtens viel mächtiger als der Intellekt. Dies hat bis heute einen großen Einfluss auf meine Arbeit.«[374]

Bei der Intuition geht es um Verbindungen – aber um Verbindungen, die nicht offensichtlich sind, die man mit Logik nicht zum Vorschein bringen kann. Unsere Intuition verbindet uns gleichzeitig mit unserem inneren Selbst und mit etwas Größerem, das sich jenseits unseres Ichs und unseres Lebens befindet. Allerdings kann es leicht passieren, den Zugang zu dieser Verbindung zu verlieren. Angesichts des Drucks und der Hektik unseres heutigen Lebensstils ist es wahrscheinlich, dass wir uns sehr bewusst darum bemühen müssen, um diese Verbindung wieder zu stabilisieren. Unsere Intuition ist wie eine Stimmgabel, die uns in Harmonie hält – wenn wir lernen zuzuhören. Sie hilft uns dabei, einen größeren Teil unseres Lebens aus jener ruhigen Mitte in uns zu leben, die Mark Aurel unsere »innere Burg« nannte.[375]

Ganz ohne Zweifel verbringen wir den größten Teil unseres Lebens außerhalb dieser Burg. Der Schlüssel zur Umkehr ist eine Kurskorrektur. Die Fähigkeit dazu und die Erkenntnis, dass wir das tun müssen, sind Vermögen, die wir lernen und verfeinern können, indem wir einfach üben. Wir können tatsächlich lernen, den Kurs immer schneller zu korrigieren und uns selbst zu jenem Ort der Stille, Unerschütterlichkeit und Liebe zurückzubringen – bis es uns zur zweiten Natur wird, zu dem zurückzukehren, was unser wahres Wesen ist.

Sprechen lernt man durch Sprechen, Studieren durch Studieren, Laufen durch Laufen, Arbeiten durch Arbeiten; und genauso lernt man auch Lieben ... durch Lieben.[376]

FRANZ VON SALES

In jener ruhigen Mitte gibt es Verhältnismäßigkeit, Ausgewogenheit und einen Sinn dafür, was wirklich zählt. Traurigerweise erlebte ich das, als mein Vater in seinen Siebzigern allmählich das Augenlicht verlor, bis er – und das, so sagte er, tue ihm am meisten leid – seine beiden Enkelinnen nicht mehr auseinanderhalten konnte. Er hatte ein deutsches Konzentrationslager, finanzielle Schwierigkeiten, eine Scheidung und unzählige Enttäuschungen überlebt. Er verfügte über einen brillanten Verstand und die Seele eines Dichters, war aber auch launisch und dem Glücksspiel und Alkohol nicht abgeneigt. Als seine Diabeteserkrankung eine Makuladegeneration verursachte und er nicht mehr lesen und schreiben konnte, war er verzweifelt. Das waren die großen Leidenschaften gewesen, denen nachzugehen er sich für sein Leben im Alter vorgenommen hatte. Jetzt musste er sich stattdessen nach innen wenden, und dort befand sich, wie meine Schwester es ausdrückte, »ein vernachlässigter Garten, der schon lange nicht mehr gegossen oder gejätet worden war, mit einem fest verschlossenen Tor zu seinem Herzen. Wenn wir das Schild am Tor hätten lesen können, hätte dort wahrscheinlich ›Kein Zutritt – Explosivstoffe‹ gestanden.« Es gab kurze Momente, in denen er aus sich herausging und das Tor ein wenig öffnete, aber dann schloss es sich schnell wieder. Erst ein so tragisches Ereignis wie die Erblindung brachte ihn dazu, sich um seinen inneren Garten zu kümmern.

iParadox:
Ihr Smartphone macht Sie nicht smarter

Einer der Faktoren, die es uns immer mehr erschweren, mit unserer Weisheit in Kontakt zu treten, ist unsere zunehmende Abhängigkeit von technischen Geräten. Die ständige Erreichbarkeit ist die Schlange, die in unserem digitalen Garten Eden lauert.

»Die Menschen haben eine krankhafte Beziehung zu ihren Geräten«, sagt Kelly McGonigal, eine Psychologin, die sich an der Stanford University mit dem Studium der Selbstbeherrschung befasst. »Die Menschen fühlen sich nicht nur abhängig, sondern gefangen.«[377] Wir finden es immer schwieriger, den Stecker zu ziehen und uns zu erneuern.

Professor Mark Williams fasst den Schaden zusammen, den wir uns selbst zufügen:

Was wir aus der Neurologie wissen – aus den Gehirnscans von Leuten, die ständig in Eile sind, die ihr Essen nie schmecken, die immer von einer Aufgabe zur nächsten hetzen, ohne darauf zu achten, was sie eigentlich tun –, ist, dass der emotionale Teil des Gehirns, der sie antreibt, die ganze Zeit hocherregt ist ... Wenn die Leute also glauben: »Ich beeile mich, um alles rechtzeitig fertigzukriegen«, ist das fast so, also biologisch gesehen, als würden sie rennen, um vor einem Raubtier wegzulaufen. Das ist der Teil des Gehirns, der aktiv ist. Aber niemand kann so schnell rennen, dass er seinen Sorgen entkommt.[378]

Achtsamkeit dagegen »kultiviert unsere Fähigkeit, Dinge zu tun und uns dabei darüber bewusst zu sein, dass wir sie gerade tun«.[379] Mit anderen Worten, wir werden uns unserer Bewusstheit bewusst. Das ist ein ungeheuer wichtiger Vorgang – und einer, den wir nicht an die Technik delegieren können. Manche Menschen glauben, dass die zunehmende Leistung von Big Data (also das Verarbeiten sehr großer Datenmengen mit leistungsfähigen Computern, um Muster aufzufinden) irgendwann dem menschlichen Bewusstsein Konkurrenz machen werde, doch es gibt auch wachsende Skepsis, was die angebliche Problemlösungspotenz von Big Data angeht.

Nassim Taleb, Autor von *The Black Swan*, schreibt dazu: »Big Data bedeutet vielleicht mehr Information, aber auch mehr Falschinformation.« Und selbst wenn die Information nicht falsch sei, ergebe sich doch das Problem, dass »die Nadel in einem immer größeren Heuhaufen versteckt ist«.[380]

»Bei vielen Fragen schneidet Big Data ziemlich schlecht ab«, so David Brooks. »Bei Entscheidungen über Beziehungen zu anderen Menschen ist es Unsinn, die wunderbare Maschine in Ihrem Kopf gegen die primitive Maschine auf Ihrem Schreibtisch auszutauschen.«[381] Heutzutage können wir unseren Wissendrang mit besseren Tools immer schneller stillen, aber Weisheit ist auch heute nicht leichter zu gewinnen als vor 3000 Jahren am Hof König Salomos. Unsere Generation ist mit Informationen übersättigt, aber in Sachen Weisheit hungert sie.

Eine der besten Reden, die ich auf dem Aspen Ideas Festival 2013 gehört habe, hielt Nancy Koehn, Professorin an der Harvard Business School. Was wir brauchen, sagte Koehn, ist Weisheit, denn »Information ist nicht gleich Wissen, und Wissen ist nicht gleich Erkenntnis, und Erkenntnis ist nicht gleich Weisheit. Suchen wir nicht alle wie verzweifelte Pilger in der Wüste nach dem Hier und Jetzt?«[382]

Bei der *HuffPost* haben wir eine Rubrik namens »Screen Sense« (»Bildschirmgefühl«) eingerichtet, die sich mit unseren suchterzeugenden Kommunikationsgadgets befasst und die neuesten wissenschaftlichen Studien, Berichte und Entdeckungen über den Einfluss der Technik auf unser Leben, unsere Gesundheit und unsere Beziehungen bringt. Der Preis für diese Sucht ist hoch. Über 3000 Tote und 400 000 Verletzte in den USA gehen auf Ablenkungen beim Autofahren und besonders das Schreiben von SMS während der Fahrt zurück, das die US-Straßenverkehrs-Sicherheitsbehörde National Highway Traffic Safety Administration als »bei Weitem besorgniserregendste Ablenkung« bezeichnet.[383]

In ihrem Eröffnungsbeitrag unter dem Titel »Mom's Digital Diet« schrieb Lori Leibovich, Chefredakteurin der Lifestyle-Rubrik bei der *HuffPost*, über ihren Familienurlaub, der auch ein Urlaub von ihrem Smartphone war. Ihren Kindern sagte sie: »Wenn ihr seht, wie ich irgendetwas anderes außer Fotos mit meinem Smartphone mache, dann nehmt es mir weg.« Wie bei allen Diäten war das Durchhalten nicht leicht. Aber es gab auch Belohnungen. »Ja«, schreibt sie, »es gab Augenblicke, in denen ich mich existentiell verloren fühlte, so sehr fehlte mir das Piepsen des iPhones, das mir eine neue Nachricht oder einen neuen Tweet anzeigte. Ich war darauf konditioniert wie ein Pawlow'scher Hund. Aber es war auch großartig, meine Hände für das Graben von Sandtunneln oder das Umblättern eines Buches zu benutzen, anstatt dauernd nur auf einem Touchscreen zu tippen. Zum ersten Mal seit ich weiß nicht mehr wann, nahm ich meine Kinder wieder wirklich wahr. Und sie genossen es, wahrgenommen zu werden.«[384]

Kontaktverlust ist eine Straße mit zwei Fahrtrichtungen. Caroline Knorr von Common Sense Media zufolge ergab eine Studie, die ihre gemeinnützige Organisation durchgeführt hat, dass 72 Prozent der Kinder unter acht Jahren und 38 Prozent der Kinder unter zwei Jahren bereits Mobiltelefone benutzen.[385]

Laut der Kinderpsychologin Stephanie Donaldson-Pressman, der therapeutischen Leiterin des New England Center for Pediatric Psychology, »erleben wir in der Therapie eine Zunahme von Symptomen, die gewöhnlich mit Angststörungen und Depression zusammenhängen«, unter anderem »Probleme mit dem Kurzzeitgedächtnis, verkürzte Aufmerksamkeitsspanne, Schlafmangel, starke Stimmungsschwankungen und allgemeine Unzufriedenheit.«[386]

»Durchschnittliche Acht- bis Zehnjährige verbringen fast 8 Stunden täglich mit verschiedenen Medien, bei größeren Kindern und Jugendlichen sind es über 11 Stunden.«[387] Die American Academy of Pediatrics, eine Vereinigung von Kinderärzten, empfiehlt hingegen, dass Kinder und Jugendliche nicht mehr als ein bis zwei Stunden am Tag vor Bildschirmen sitzen sollten. Kinder unter zwei Jahren sollten gar keine Geräte mit Bildschirmen benutzen. Entscheidend für die Umsetzung diese Empfehlungen ist, dass Eltern ein gesundes, suchtfreies Verhalten vorleben.

Der Comedian Louis C. K. hat uns und unserer Bildschirmsucht einen brillanten humorvollen Spiegel vorgehalten. In einer seiner Sketche führt er uns die Absurdität vor Augen, wenn Eltern bei wichtigen Ereignissen im Leben ihres Kindes – wie einem Fußballspiel, einer Schultheateraufführung oder der Verabschiedung aus dem Kindergarten – gar nicht mehr wirklich zuschauen können, weil sie so damit beschäftigt sind, alles mit dem Smartphone aufzunehmen. »Der Blick auf das wirkliche Kind« wird dadurch völlig verbaut. Wir sind so versessen darauf, die Meilensteine unserer Kinder festzuhalten, dass wir sie verpassen. »Wenn Sie Ihrem Kind einfach nur zuschauen, kriegen Sie eine einmalige Auflösung«, scherzt Louis C. K. »Alles in HD!«[388]

Heften Sie das unter der Rubrik »Vorsicht, Ihr Wunsch könnte in Erfüllung gehen« ab: Big Data, unbegrenzte Information, ständige Erreichbarkeit und zunehmende Technikabhängigkeit haben sich verschworen, einen lärmenden Verkehrsstau zwischen uns und unserem Ort der Erkenntnis und des Friedens zu schaffen. Nennen Sie es ein iParadox: Unsere Smartphones blockieren unseren Pfad zur Weisheit.

Krankhafte Eile und Zeitnot

Im Sommer 2013 wurde ein Blogpost in der *Huffington Post* über Nacht zu einer Sensation mit über 7 Millionen Klicks und fast 1,2 Millionen Facebook-Likes. Der Post hieß »The Day I Stopped Saying ›Hurry Up‹« (»Der Tag, als ich aufhörte, ›Beeil dich‹ zu sagen«) und stammte von Rachel Macy Stafford, einer Sonderschullehrerin und Mutter einer Sechsjährigen. Rachels Leben wurde, so schreibt sie, »kontrolliert von elektronischen Benachrichtigungen, Klingeltönen und vollgestopften Terminplänen«. Eines Tages wurde ihr schmerzlich bewusst, welche Auswirkungen das auf ihre Tochter hatte – »ein entspanntes, sorgloses Kind, der Typ, der stehen bleibt, um an den Rosen am Wegrand zu riechen«: »Ich war ein Tyrann, der drängte, unter Druck setzte und ständig antrieb – und zwar ein kleines Kind, das sich einfach nur am Leben freuen wollte.«[389] Der Grund, warum der Post wie eine Bombe einschlug, war abgesehen von unserem schlechten Gewissen wegen unserer Erziehungsmethoden, die Erkenntnis, wie sehr wir uns selbst schaden, wenn wir ständig nicht nur unsere Kinder, sondern ja auch uns selbst hetzen. Kinder leben stärker im gegenwärtigen Moment und sind weniger an künstlich geschaffene Zeitstrukturen gebunden – vielmehr weniger gefesselt –, die wir uns selbst auferlegen (und zu deren strikter Durchsetzung wir diese digitalen Geräte haben). Rachels Geschichte erinnerte uns daran, wie viel man von Kindern lernen kann, wenn es darum geht, im Augenblick zu sein.

Wenig überraschend kann man die Kunst der Entschleunigung nicht von heute auf morgen lernen. Die Weisheit zu erwerben, langsamer und bewusster und damit erst wahrhaftig zu leben, ist selbst bereits eine Reise – aber auch ein Rezept für bessere Gesundheit. Eine Studie unter Leitung von Lijing L. Yan an der Northwestern University hat ergeben, dass junge Erwachsene, die einen sehr gehetzten und ungeduldigen Eindruck vermitteln, eine höhere Anfälligkeit für Bluthochdruck haben.[390] Ständige Hetze kann Übergewicht fördern, wenn sie sich auf die Essgewohnheiten überträgt. Die Ernährungsexpertin Kathleen M. Zelman sagt: »Nach dem Beginn einer Mahlzeit dauert es ungefähr 20 Minuten, bis das Gehirn Signale aussendet, dass der Körper satt ist. Wer gemächlich isst, gibt seinem Gehirn genügend Zeit, dieses Signal auszulösen: Und das wiederum bewirkt, dass man weniger isst.«[391] Neue Studien bestätigen, dass langsameres Essen zu geringerer Kalorienaufnahme führt. Selbst der Sex wird besser, wenn man nicht hetzt, da der durch Eile ausgelöste Stress die Ausschüttung von Dopamin stört, eines Hormons, das sich auf die Libido auswirkt.[392] Forschungsergebnisse, die in der *Harvard Business Review* veröffentlicht worden sind, zeigen, dass Eile sowohl die Kreativität als auch die Arbeit negativ beeinflusst: »Wenn die Kreativität unter Druck gesetzt wird, stirbt sie für gewöhnlich [...]. Komplexe kognitive Prozesse brauchen ihre Zeit, und wenn man ihnen die nicht lässt, wird kreatives Arbeiten so gut wie unmöglich.«[393]

Unsere Kultur ist besessen davon, Zeit zu gewinnen. Das ist unsere persönliche Schuldenkrise. Wir sind stets bemüht, Zeit zu sparen, doch trotzdem reicht sie uns nie aus.

Um mit der Zeit zurechtzukommen – oder uns das wenigstens vormachen zu können –, pressen wir unseren Tagesablauf in starre Terminpläne, hetzen von Meeting zu Meeting, von Event zu Event und versuchen ständig, hier und da noch ein bisschen Zeit abzuknapsen. Wir laden uns Apps herunter, um die Produktivität zu steigern, und klicken eifrig auf Artikel über zeitsparende Tricks. Wir sind permanent darum bemüht, unserem Tagesablauf noch ein paar Sekunden abzuringen und hoffen, damit genug Raum für ein weiteres Meeting oder einen Termin zu schaffen, der uns auf der Karriereleiter nach oben hilft. Wie eine Fluglinie überbuchen wir uns ständig selbst, um nur ja keine Kapazität ungenutzt zu lassen und vertrauen darauf, schon alles irgendwie unterbringen zu können. Wir fürchten, dass wir, wenn wir unseren Tag nicht so voll wie möglich stopfen, irgendetwas Tolles, Wichtiges, Besonderes oder für die Karriere Entscheidendes verpassen könnten. Aber man kann die gesparten Minuten ja nicht behalten – Zeit kann man nicht anhäufen wie Geld auf einem Konto. In Wirklichkeit ist diese Lebensweise sehr kostspielig.

Wir leiden an einer Epidemie, die James Gleick in seinem Buch *Faster: The Acceleration of Just About Everything* als »hurry sickness«, als »krankhafte Eile« bezeichnet: »Unsere Rechner, unsere Filme, unser Sexleben, unsere Gebete – alles läuft heute schneller als je zuvor. Und je mehr wir unser Leben mit zeitsparenden Geräten und Strategien füllen, desto gehetzter fühlen wir uns.«[394]

Leslie Perlow, Wirtschaftswissenschaftlerin an der Harvard University, hat dieser subjektiven Zeitnot die Bezeichnung »time famine« (»Zeithunger«) gegeben.[395] Wenn man sich ausgehungert fühlt, hat das sehr reale Konsequenzen, von erhöhtem Stress bis zur verringerten Lebenszufriedenheit. Das gegenteilige Gefühl, nämlich genug Zeit zu haben, nennt sich »time affluence« (»Zeitreichtum«). So schwer zu glauben das auch ist – diesen Zustand kann man tatsächlich erreichen.

Ihr Herz hielt stille im Gewühl der lauten Straße.
Keine Eile kannten ihre Hände, keine Eile ihre Füße.[396]

CHRISTINA ROSSETTI

Manche Menschen verfügen von Natur aus über Zeitreichtum. Meine Mutter zum Beispiel. Was Zeit anging, war sie sogar stinkreich. Sie bewegte sich durch ihre Tage wie ein Kind, ganz in der Gegenwart, und blieb tatsächlich stehen, um an einer Rose zu riechen. Ein Einkauf auf dem Wochenmarkt konnte den ganzen Tag dauern, ohne dass sie einen Gedanken daran verschwendete, was noch alles zu erledigen war. Ich denke oft an den Rat, den sie meiner Schwester und mir gab, wenn wir vor einer schwierigen Entscheidung standen: »Lass es erst wirken.« Mit anderen Worten – nimm dir die Zeit, über die Folgen dieser Entscheidung nachzudenken und sie innerlich auszuprobieren.

Sie war ein großartiges Beispiel für den Genuss der Entschleunigung. Bis zu ihrem Tod im Jahr 2000 hatten wir eine unausgesprochene Übereinkunft: Ihr gehörte der Rhythmus einer zeitlosen Welt, der Rhythmus eines Kindes; mein Rhythmus war jener der modernen Welt. Während ich jedes Mal, wenn ich auf die Uhr schaute, das Gefühl hatte, es sei bereits später als erwartet, lebte sie in einer Welt, in der es keine unpersönlichen Begegnungen und keine Eile gab. Sie glaubte, wenn man durch das Leben hetze, verpasse man unvermeidlich all die Gaben, die man nur erhält, wenn man sich einer Arbeit, einer Unterhaltung, einem Essen, einer Beziehung oder einem Moment hundertprozentig widmet. Sie hasste Multitasking.

Wie man inzwischen weiß, kommt das luxuriöse Zeitgefühl meiner Mutter der wissenschaftlichen Realität des Zeitbegriffs näher als mein eigener Kampf gegen die ständige Zeitnot. Der Physiker Paul Davies schreibt im Magazin *Scientific American,* dass zwar für die meisten Menschen die Zeit zu fließen scheine – sie strömt auf uns zu und bleibt hinter uns zurück –, dies aber nicht stimme: »Die Physik stellt sich die Zeit lieber in ihrer Gänze vor – eine Zeitschaft sozusagen, analog zu einer Landschaft – mit allen vergangenen und zukünftigen Ereignissen auf einer Ebene. Dieses Konzept wird auch als *block time,* also ›Blockzeit‹, bezeichnet.«[397] Mir gefällt das sehr, weil mir die »Blockzeit« hilft, das große Ganze zu sehen – es gibt im wahrsten Sinne des Wortes gleichzeitig gar keine Zeit und alle Zeit der Welt.

Leider bin ich ein lebender Beweis, dass Zeitreichtum nicht erblich ist. Aber auch, wenn man nicht als Zeitreicher geboren wird, kann man etwas tun, um seinen Mangel in Überfluss zu verwandeln. Untersuchungen haben ergeben, dass, wie Keith O'Brien im *Boston Globe* schreibt, »Kleinigkeiten, einfache Emotionen wie Staunen und sogar kontraintuitive Handlungen wie die Übernahme von Arbeiten für andere – also eigentlich das Verschenken von Zeit«, unseren subjektiven Zeitreichtum verstärken können. »Nicht nur, dass die Menschen weniger ungeduldig waren«, so Jennifer Aaker, Professorin für Betriebswirtschaftslehre an der Stanford University und Koautorin einer Studie über subjektive Zeitwahrnehmung, »sondern sie gaben auch an, ihr subjektives Wohlbefinden habe sich gesteigert. Es ging ihnen einfach rundherum besser.«[398]

Zeitreichtum kann man ebenso wenig kaufen wie Glück. Laut einer Gallup-Umfrage von 2011 leidet man sogar umso eher an Zeitnot, je reicher man ist. Die Studie kam zu dem Schluss, dass »Menschen am oberen Ende des Einkommensspektrums am ehesten an Zeitarmut leiden«.[399]

Es überrascht nicht, dass wir selbst unser schlimmster Feind sind, wenn es darum geht, den Krieg gegen die Zeitnot zu gewinnen. Um den Krieg zu gewinnen, müssen wir zunächst einmal feststellen, dass wir uns verändern wollen. Laut einem Pew-Bericht von 2008 antworteten 68 Prozent aller Amerikaner auf die Frage, was ihnen wichtig sei, »freie Zeit für sich selbst«. Das war ihnen sogar wichtiger als Kinder – 62 Prozent – und beruflicher Aufstieg – 59 Prozent.[400] Aber der Lebensstil vieler Menschen spiegelt diese Prioritäten nicht wider. Solange Erfolg dadurch definiert wird, wer am längsten arbeitet, am wenigsten Urlaub nimmt, am wenigsten schläft und wer noch um Mitternacht oder schon um fünf Uhr morgens auf E-Mails antwortet – wer also unter der größten Zeitnot leidet –, werden wir niemals die Vorteile des Zeitreichtums genießen können.

Zeitreichtum kann man nicht vererben, aber wir leisten eindeutig ziemlich gute Arbeit, wenn es darum geht, unsere selbstzerstörerische Beziehung zur Zeit an unsere Kinder weiterzugeben. Schlafmangel ist ein sicherer Weg zum Zeithunger. Vatsal Thakhar, Professor für Psychiatrie an der Medizinischen Fakultät der New York University, vermutet, dass viele Fälle von Aufmerksamkeitsdefizit Hyperaktivitätsstörung bei Kindern in Wirklichkeit Schlafstörungen sind.[401] Laut der US-Seuchenbekämpfungsbehörde CDCP wurde bereits bei erstaunlichen 11 Prozent aller Schulkinder ADHS diagnostiziert. Kinder, die zu wenig schlafen, so Thakhar, »werden hyperaktiv und unkonzentriert«. Er führt eine Studie an, die bei jedem einzelnen von 34 untersuchten Kindern mit ADHS-Diagnose eine Schlafstörung diagnostizierte. Thakhar betont, dass Schlaf für Kinder besonders wichtig ist, weil sie den tiefen Schlaf mit langsamen Gehirnwellen, den sogenannten »Delta-Schlaf«, brauchen. Verglichen mit der Zeit vor hundert Jahren schlafen Kinder heute eine ganze Stunde weniger. Die Lösung ist nicht, sie einfach früher ins Bett zu schicken, sondern ihren Lebensrhythmus so zu verändern, dass es mehr Freiraum und weniger Programmpunkte gibt, so dass die Nachtruhe ganz von alleine eher einsetzt.

Wir schützen unsere Kinder so gut wie nie zuvor – mit Kindersitzen, Schulbroten in weichmacherfreien Plastikdosen und Bionahrungsmitteln. Auf die Zeitdiät unserer Kinder verwenden wir hingegen viel weniger Sorgfalt und Aufmerksamkeit, und das, obwohl der Nutzen des Zeitreichtums alle Fahrten zum Fußballtraining und zur Geigenstunde übertrifft. In William Faulkners *Schall und Wahn* bekommt Quentin Compson von seinem Vater eine Uhr geschenkt: »Ich gebe sie dir, nicht damit du dich der Zeit erinnerst, sondern dass du sie hin und wieder einen Augenblick lang vergessen und nicht deinen ganzen Atem daran verschwenden mögest, sie zu besiegen.«[402]

Was können wir also tun, um die krankhafte Eile zurückzuschlagen? Wir können uns – ganz gemächlich – der »Slow«-Bewegung anschließen. Jean-Carl Honoré, Autor von *In Praise of Slowness*, formuliert es so: »Geschwindigkeit kann Spaß machen, produktiv und wirkungsvoll sein, und ohne sie würde uns etwas fehlen. Was die Welt braucht und die ›Slow‹-Bewegung anbietet, ist ein gemäßigter Weg, ein Rezept für die Verbindung von Dolce Vita und Informationszeitalter. Das Geheimnis ist Ausgewogenheit: Anstatt alles schneller zu erledigen, tut man es mit angemessener Geschwindigkeit. Manchmal schnell. Manchmal langsam. Manchmal mittelschnell.«[403]

Der Moment, der Honoré dazu brachte, Pate der erwachenden »Slow«-Bewegung zu werden, liegt fast zehn Jahre zurück. Während er auf dem Flughafen von Rom auf seinen Rückflug wartete, sprach er am Mobiltelefon mit seinem Lektor. Wie viele von uns, sagt er, war er damals gestresst und entnervt, ein »Geizhals mit Stoppuhr, davon besessen, überall Zeit zu sparen, hier eine Minute, da ein paar Sekunden.«[404]

Und während er so in der Schlange stand und telefonierte, überflog er, um seine Zeit noch »produktiver« zu nutzen, eine Zeitung. Eine Überschrift fiel ihm ins Auge: »Die Eine-Minute-Einschlafgeschichte«. In dem Artikel ging es um ein Buch, das klassische Kindergeschichten auf Sechzig-Sekunden-Versionen reduzierte. Heureka, dachte Honoré. Als Vater eines zweijährigen Sohnes sah er in diesem Buch sofort ein Mittel, um beim Zubettbringen des Kindes Zeit zu sparen. Er machte sich gerade eine innere Notiz, das Buch zu kaufen, sowie er wieder nach Hause kam, als er plötzlich innehielt und sich fragte: »Bin ich völlig verrückt geworden?«[405]

Die »Slow Food«-Bewegung startete 1989 in Italien mit einem Manifest gegen die Ausbreitung des Fast Food. Sie fördert die regionale Küche, Nachhaltigkeit und den sozialen Faktor gemeinsamer Mahlzeiten.[406] (Italiener haben großartige Traditionen, auf die sie zurückgreifen können, um sich vor Burnout zu schützen: den *riposo*, die lange Pause am Nachmittag, und die *passeggiata*, den Abendspaziergang, um den Stress des Tages hinter sich zu lassen.)

Inzwischen hat sich die »Slow«-Bewegung auch auf Reisen, Lebensstil, Sex, Erziehung, Forschung, Gärtnern, Städte und jetzt auch das Denken ausgedehnt. »Slow Thinking‹ ist intuitiv, versponnen und kreativ«, schreibt Carl Honoré. »Es ist das, was sich einstellt, wenn es keinen Druck gibt und man Zeit hat, die Ideen auf kleiner Flamme kochen zu lassen. Das führt zu vielfältigen, nuancierten Erkenntnissen und manchmal überraschenden Durchbrüchen ... Die Zukunft wird den Innovativen gehören – und Innovation entsteht, wenn man weiß, wann man entschleunigen muss.«[407]

Wir werden Armbanduhren, Termine und Deadlines nicht abschaffen. Allerdings ist es der Erinnerung wert, dass das Wort Deadline (»Todeslinie«) aus dem amerikanischen Bürgerkrieg (1861–1865) stammt, wo es in Kriegsgefangenenlagern oft keinen Zaun gab, sondern nur eine dekretierte Linie, eben die Deadline, die von den Gefangenen nicht überquert werden durfte.[408] Unser heutiger Wortgebrauch ist von der ursprünglichen Bedeutung gar nicht so weit entfernt, denn oft genug bauen wir uns aus echten und eingebildeten Deadlines ein Gefängnis.

> *Alles änderte sich, als sie eines Tages herausfand,*
> *dass es für die wichtigen Dinge in ihrem Leben*
> *genau so viel Zeit wie nötig gab.*[409]
>
> BRIAN ANDREAS

Ein Gefühl von Zeitreichtum zu bekommen, kann uns zu größerem Wohlbefinden und tieferer Weisheit verhelfen – kein schlechter Punkt, um ihn auf unseren ständig wachsenden To-do-Listen nach ganz oben zu setzen. Aber dafür müssen wir zunächst die Beziehung zwischen unserem Zeitgefühl und der Technik regeln. Unsere digitalen Geräte spiegeln unsere krankhafte Eile nicht nur wider, sondern verstärken sie noch. Wir setzen die Technik ein, um Zeit zu sparen (so glauben wir), überziehen aber auch unseren Gebrauch der Technik und der sozialen Medien mit unserem verzerrten Zeitgefühl.

Es gibt zahllose Beispiele für die segensreiche Wirkung der sozialen Medien. Sie ermöglichen eine rasche und umfassende öffentliche Diskussion und veranlassen die Menschen zum Handeln. Vom Tahrirplatz über Teheran bis Tucson erleichtern soziale Medien die Organisation, den Informationsaustausch und den Kampf gegen Ungerechtigkeit. Bei Naturkatastrophen dienen sie zur Weitergabe lebenswichtiger Informationen,[410] und wie Eric Schmidt und Jared

Cohen in ihrem Buch *The New Digital Age* schreiben, »stärken sie die Bande von Kultur, Sprache und Perspektive« zwischen Volksgruppen in der Diaspora und ihren Heimatländern.[411] Soziale Medien machen es leichter, unser kollektives Bedürfnis, Gutes zu tun, in die Praxis umzusetzen – ob sich jetzt CollegeHumor mit Malaria No More zusammentut und über 750 000 Dollar für den Kampf gegen Malaria sammelt,[412] ob Zehntausende Menschen Videobeiträge zur Kampagne »It Gets Better« gegen Selbstmorde in der LGBT-Szene beisteuern[413] oder ob sich Nutzer bei GoFundMe treffen, um für den Bostoner Obdachlosen Glen James zu spenden, der einen Rucksack mit 40 000 Dollar darin gefunden und ehrlich bei der Polizei abgegeben hatte.[414]

Aber viral zu sein ist inzwischen selbst viral geworden und gilt als Zeichen des Erfolgs, egal, worum es bei dem, was da verbreitet wird, eigentlich geht. Die Vergötzung der sozialen Netzwerke hat in den Medien inzwischen ungeahnte Dimensionen erreicht. Die Tagesordnungen von Medientagungen sind angefüllt mit Diskussionsrunden über soziale Medien und den Einsatz sozialer Netzwerke zur Vergrößerung der Reichweite. Man hört nur selten jemanden darüber sprechen, welchen Wert die Geschichte eigentlich hat, die da unbedingt verbreitet werden soll.

Unsere Medienkultur ist im beständigen Jetzt gefangen und läuft ununterbrochen Enthüllungen hinterher, die eigentlich unwichtig sind, eine Halbwertszeit von Sekunden haben und selbst in dem kurzen Augenblick, in dem man sie »exklusiv« bringt, nichts bewirken. Michael Calderone, der leitende Medienredakteur der *HuffPost*, schreibt: »Nichts ist so unwichtig, dass man es nicht wichtig machen könnte.«[415] Die vorgetäuschte Dringlichkeit hat das wirklich Wichtige verdrängt.

»Wir haben es sehr eilig«, schrieb Thoreau 1854, »eine telegraphische Verbindung zwischen Maine und Texas einzurichten. Aber Maine und Texas haben sich eventuell gar nichts Wichtiges mitzuteilen.«[416] Heute beeilen wir uns, alles zu feiern, was verbreitet wird,

ob es nun dem, was gut und nützlich ist, auch nur ein Iota hinzufügt
– und sei es nur als Unterhaltung – oder nicht. Wir behandeln Viralität als Wert an sich, als sei auch Bewegung um der Bewegung willen eine gute Sache.

»Hey«, fragte vielleicht jemand, »wo willst du hin?«

»Keine Ahnung – aber dafür bin ich richtig schnell!« Keine sehr effektive Methode, um an einen besseren Ort zu gelangen.

Natürlich nutzt unser Team bei der *HuffPost* die sozialen Medien genauso offensiv wie jedes andere Onlinemedium. Und weil wir das jetzt schon eine ganze Weile ganz gut hinbekommen, können wir, so hoffe ich, die sozialen Medien als das sehen, was sie sind – ein Mittel zum Zweck, kein Zauberwerk.

Wie oft wird die Diskussion eines Themas damit gerechtfertigt, es sei jetzt der Trend auf Twitter? Bedeutet es irgendetwas, dass »die Meinungen bei Twitter sich 80:1 gegen dies und jenes stellen«? Ist etwas wichtig, weil es 3 000 »Gefällt mir« auf Facebook hat?

Trends bei Twitter haben womöglich gar keine Bedeutung; höchstens geben sie an, was die allgemeine Aufmerksamkeit gerade beherrscht. (Während des Super Bowls 2013 wurden 24,1 Millionen Tweets versandt;[417] bei Adeles Auftritt bei den Grammys 2012 waren es 10 901 Tweets pro Sekunde.[418]) Aber, wie Rachael Horwitz, die für Twitter arbeitet, mir geschrieben hat: »Der Algorithmus von Twitter bevorzugt Neues gegenüber Populärem.«[419]

Es läuft darauf hinaus, dass man Twitter benutzen kann, um sich ausführlich über Miley Cyrus bei den Video Music Awards auszulassen (das brachte erstaunliche 306 000 Tweets pro Minute)[420], oder man nutzt Twitter wie Kickstarter und DonorsChoose und setzt die Macht der sozialen Medien zum Crowdfunding kreativer Projekte ein, oder um Lehrern bei der Deckung dringenden Schulbedarfs zu helfen.

Bei der ständigen Verbesserung der Kommunikationsmittel und der Einführung immerzu neuer ist es wichtig, sich zu fragen, was wir eigentlich kommunizieren. Und was lassen wir uns entgehen, indem wir Themen *nicht* kommunizieren, weil wir in der ständigen Gegenwart gefangen nur dem neuesten Trend nachjagen?

Soziale Medien sind ein Mittel, kein Endzweck. Viral zu werden heißt nicht, dass man sein Ziel erreicht hat.

Die Vergötzung der sozialen Medien ist zu einer großen Ablenkung geworden. Und wir lassen uns gerne ablenken. Ich glaube, dass es unsere Aufgabe als Medienvertreter ist, die sozialen Kommunikationsmittel, die wir zur Verfügung haben, einzusetzen, um die Geschichten zu erzählen, auf die es ankommt – und auch die, die uns unterhalten –, und uns immer daran zu erinnern, dass diese Mittel selbst nicht die Story sind. Wenn wir uns zu sehr in unser kleines, abgeschlossenes Twitter- oder Facebook-Universum hineinsteigern, vergessen wir schnell, dass die Armut immer weiter zunimmt, sozialer Abstieg grassiert[421] und Millionen Menschen in den USA und noch mehr in Europa und dem Rest der Welt langzeitarbeitslos sind.[422] Und dass 400 Millionen Kinder auf der ganzen Welt in extremer Armut leben.[423] Daneben ignorieren wir aber allzu oft die großartigen Beispiele von Mitgefühl, Erfindungsreichtum und Innovation von Menschen, die das Leben einzelner und ganzer Gemeinschaften verändern, indem sie diese Probleme angehen.

Unsere Zeit verlangt nach einer besseren Reaktion. Diese neuen sozialen Medien können uns zu einflussreicheren Zeugen machen – oder uns besser ablenken.

Wir alle haben eine Beziehung zur Technik. Die Frage ist, wie gesund wir diese Beziehung ausgestalten. Das ist eine wichtige Frage, denn sie hat Auswirkungen darauf, wie gesund und wie weise wir selbst sein können.

Unsere Aufmerksamkeit ist der Treibstoff, der unser Leben befeuert. Oder wie es Viral Mehta, einer der Gründer von ServiceSpace, sagt, »der Lehm, aus dem wir unsere Tage formen«.[424] Was auch immer die Leute wertzuschätzen behaupten – es kommt darauf an, wo sie mit ihrer Aufmerksamkeit sind. Verschlingt die Technik unsere Aufmerksamkeit, verschlingt sie auch unser Leben. Und wenn wir

Projekte auf unserer To-do-Liste anhäufen, verschlingen diese unsere Aufmerksamkeit, selbst wenn es nur unbewusst geschieht, und selbst wenn wir sie nie wirklich beginnen.

Als ich 40 wurde, machte ich »große Inventur« in meinem Leben. Dabei fiel mir auf, wie viele Dinge ich mir vorgenommen hatte – zum Beispiel Deutsch zu lernen, gut Skilaufen zu lernen und eine gute Köchin zu werden.[425] Die meisten blieben unvollendet, und viele hatte ich nicht einmal angefangen. Nichtsdestotrotz zehrten diese zahllosen unabgeschlossenen Projekte an meinen Kräften und lenkten meine Aufmerksamkeit ab. Sowie ich die Datei angelegt hatte, nahm sie einen Teil von mir. Ich fand es sehr befreiend, als mir aufging, dass ich ein Projekt auch einfach »abschließen« konnte, indem ich es aufgab und von meiner To-do-Liste strich. Warum dieses unnötige Gepäck mit mir herumschleppen? So beendete ich meine Vorhaben, Deutsch, Skifahren und Kochen zu lernen, und viele weitere dazu, die nun nicht länger meine Aufmerksamkeit beanspruchen.

Wie man den lästigen Mitbewohner im Kopf hinauswirft

Selbst unsere schlimmsten Feinde reden nicht so über uns, wie wir manchmal mit uns selbst sprechen. Ich nenne diese Stimme den lästigen Mitbewohner im Kopf. Er ernährt sich davon, uns schlechtzumachen und unsere Unsicherheiten und Ängste zu verstärken. Ich wünschte, jemand würde ein Aufnahmegerät erfinden, das wir an unser Gehirn anschließen könnten, um unsere Selbstgespräche aufzunehmen. Dann würden wir erkennen, wie wichtig es ist, diese negativen Selbstgespräche zu beenden und mit einer Dosis Weisheit gegen unseren lästigen Mitbewohner anzugehen. Meine persönliche

Mitbewohnerin ist unglaublich sarkastisch. Einmal war ich zu Gast in Stephen Colberts satirischer Fernsehshow und sagte zu ihm, meine lästige Mitbewohnerin klinge genau wie er! »Ich muss ja irgendwo Dampf ablassen!«, erwiderte er.[426]

Ich versuche seit vielen Jahren, die lästige Mitbewohnerin aus meinem Kopf zu werfen; inzwischen bin ich immerhin so weit, dass sie sich auf gelegentliche Gastauftritte beschränkt. Erschwert wird uns Frauen diese Aufgabe dadurch, dass ein Großteil der an uns gerichteten Nachrichten und Informationen heutzutage so angelegt ist, dass wir uns minderwertig fühlen sollen. Ständig sagt man uns, wir sollten schöner, schlanker, sexyer, erfolgreicher, reicher, bessere Mütter, bessere Ehefrauen, bessere Liebhaberinnen und so weiter sein. Das wird zwar oft in eine Botschaft der Art »Du schaffst das schon, Mädchen!« verpackt, aber der Subtext ist klar: Wir sollen uns schlecht fühlen, weil wir in vielerlei Hinsicht einem vermeintlichen Ideal nicht entsprechen: Wir haben Bäuchlein, keine durchtrainierten Bauchmuskeln; wir sind nicht begehrenswert, weil wir uns nicht ständig wie Sexhäschen fühlen (oder gerade weil wir es tun); wir sind unfähig, weil wir kein farbcodiertes Ablagesystem für unsere Kochrezepte und Papiere haben; wir sind nicht ehrgeizig genug, weil wir es nicht bis zur Hauptabteilungsleiterin, in den Vorstand oder in ein großes Eckbüro geschafft haben. Schon, dass es den Begriff des »having it all«, des »Alles-miteinander-vereinbaren-Könnens«, überhaupt gibt, wie umstritten auch immer, impliziert ja, dass wir es irgendwie nicht schaffen.

Unseren lästigen Mitbewohner umzuerziehen, erfordert eine neue Definition von Erfolg und dessen, was ein lebenswertes Leben ausmacht. Das ist nämlich für jeden von uns etwas anderes, abhängig von unseren eigenen Werten und Zielen (und nicht von jenen, die uns die Gesellschaft überstülpt).

Humor ist im Umgang mit dieser ständigen inneren Kritik äußerst hilfreich. »Engel können fliegen, weil sie sich selbst leichtnehmen«, sagte meine Mutter meiner Schwester und mir immer mit den

Worten G. K. Chestertons.[427] Außerdem half es, wenn ich mir selbst immer wieder eine passende Gegenbotschaft schickte. Da meine Mitbewohnerin sich von meinen Ängsten und negativen Fantasien ernährte, war die Botschaft von John-Roger für mich am hilfsreichsten. Er beendete alle seine Seminare so: »Die Segnungen gibt es schon.« Oder, wie es Juliana von Norwich, eine englische Mystikerin des 15. Jahrhunderts, sagt: »Und alles wird gut sein, und alle Dinge wenden sich zum Guten.«[428] Oder wie Sophokles' Ödipus ausruft: »Allen Prüfungen zum Trotz – mein vorgerücktes Alter und die Größe meiner Seele sagen mir, dass alles gut ist.«[429] Ich spreche mir das innerlich immer wieder vor, so lange, bis ich in diese ruhige und beruhigende Nachricht eingetaucht bin – die noch dazu den Vorteil hat, wahr zu sein. Suchen Sie sich also Ihre eigene Botschaft. Verbieten Sie Ihrem ständigen Kritiker, Ihre Träume zu zerreden.

*Wenn du mit Angst und Wut hineingehst,
wirst du Angst und Wut finden. Geh in eine Situation
mit dem, was du dort finden möchtest.[430]
Wenn du dich sorgst, dann hältst du im Geist Bilder fest,
von denen du weniger haben möchtest. Du wirst das,
worauf du dich konzentrierst. Worauf du dich
konzentrierst, das kommt zu dir. Halte also im
Geist das fest, wovon du mehr möchtest.[431]*

JOHN-ROGER

Schlechte Gewohnheiten ablegen: Was wir von Minotauren, Sicherheitsgurten und den Stoikern lernen können

Die Sage von Ariadne, Theseus und dem Minotaurus hat mich schon immer fasziniert, nicht nur, weil mein Vorname Ariadne lautet, sondern wegen der Rolle des Ariadnefadens in der Mythologie und in unserem Alltag. Theseus musste, um nach Athen zurückkehren zu können, in das Labyrinth vordringen und den Minotaurus töten. Alle, die es vor ihm versucht hatten, waren gestorben; Theseus dagegen, dem der Ariadnefaden, den er hinter sich ausrollte, den Rückweg zeigte, gelang es, siegreich zu entkommen. Der Ariadnefaden ist unser Hin- und Rückweg. Er verbindet diese Welt mit der anderen, die äußere mit der inneren, Sterblichkeit mit Ewigkeit.

Wenn wir uns selbst befreien, neue Gewohnheiten annehmen und alten den Garaus machen – unsere persönlichen Minotauren –, ist es entscheidend, dass wir den für uns stimmigen Faden finden. Wenn wir diesen Faden gefunden haben, können wir unseren Weg durch das Labyrinth des Alltags in unsere Mitte zurückfinden, egal, was das Leben uns vor die Füße wirft.

Für mich ist dieser Faden ganz einfach mein Atem. Ich arbeite daran, bestimmte Praktiken in mein Leben einzubauen – Meditation, Spazierengehen, Sport –, aber die Verbindung, die das bewusste Atmen mir verschafft, gibt mir etwas, wohin ich Hunderte Male am Tag in einem einzigen Augenblick zurückkehren kann. Bewusstes, konzentriertes Atmen hilft mir, Pausen im Alltag zu machen, bringt mich in den gegenwärtigen Moment zurück und lässt mich Ärgernisse und Rückschläge überwinden. Ich bin mir dadurch auch sehr viel bewusster geworden, wann ich die Luft anhalte oder gepresst atme, nicht nur angesichts von Problemen, sondern manchmal auch bei ganz alltäglichen Verrichtungen – wenn ich einen Schlüssel ins Schloss stecke, eine SMS schreibe, eine E-Mail lese oder meinen

Terminplan durchgehe. Wenn ich mithilfe meines Atems den zusammengepressten Kern meines Körpers entspanne, kann ich diesem Faden zurück zu meiner Mitte folgen.

> *Computer stürzen ab, Menschen sterben,*
> *Beziehungen zerbrechen. Das Beste, was man da machen*
> *kann, ist durchatmen und neustarten.*[432]
>
> CARRIE BRADSHAW IN »SEX AND THE CITY«

Die Psychologin Karen Horneffer-Ginter fragt: »Warum können so viele von uns so schlecht eine Pause einlegen? Was haben unsere Kultur und unsere Sozialisation an sich, das uns davon abhält, unsere angeblich so wichtigen Aufgaben einen Moment liegenzulassen, um uns neu aufzuladen? Wenn ich Plakate und Handzettel für die Pausen-Bewegung machen sollte, würde es darauf um unsere Neigung gehen, bis zur Erschöpfung zu arbeiten, und zwar weit über den Punkt hinaus, an dem man im eigenen Interesse oder sogar im Interesse des Projekts aufhören sollte.«[433]

Es gibt einen Grund dafür, warum Gewohnheiten Gewohnheiten sind. Der Mensch führt ein komplexes Leben, und eine der Eigenschaften, die wir erworben haben, um so produktiv zu sein, wie wir sind, ist die automatische Ausführung erworbener und angelernter Reaktionen, die wir so tief im Unterbewussten vergraben haben, dass sie kein bewusstes Denken mehr zu ihrer Ausführung erfordern. Der Mathematiker Alfred North Whitehead schrieb 1911: »Die Binsenweisheit, man solle mit den Gedanken stets bei dem sein, was man gerade tut, ist ein grundlegender Irrtum. Das genaue Gegenteil trifft zu. Die Zivilisation schreitet voran, indem sie die Anzahl wichtiger Handlungen, die wir ohne Nachdenken ausführen können, erweitert.«[434] Tatsächlich legen Forschungen von John Bargh an der Yale University und Tanya Chartrand von der Duke University nahe, dass der Löwenanteil des Verhaltens eines Menschen von unbewussten geistigen Prozessen diktiert wird.[435]

Einige dieser Gewohnheiten sind sinnvoll, andere nicht. Manche beginnen sinnvoll und werden später oder in anderen Zusammenhängen schädlich. Die interne Maschinerie, die wir entwickelt haben, um sie zu schaffen, unterscheidet dazwischen allerdings nicht. Und ob gut oder schlecht, eine einmal angenommene Gewohnheit schlägt schnell Wurzeln und setzt sich in unserem Leben fest. Und das ist das Problem – sich etwas anzugewöhnen, ist viel leichter, als es sich wieder abzugewöhnen.

> *Ein alter Cherokee-Indianer lehrte seinen Enkel Lebensweisheiten. »In mir spielt sich ein Kampf ab«, sagte er zu dem Jungen. »Es ist ein schrecklicher Kampf zwischen zwei Wölfen. Der eine ist böse – er ist Wut, Neid, Trauer, Bedauern, Gier, Arroganz, Selbstmitleid, Schuld, Ablehnung, Minderwertigkeit, Lügen, falscher Stolz, Überheblichkeit und Ichsucht. Der andere ist gut – er ist Freude, Liebe, Hoffnung, Gelassenheit, Demut, Freundlichkeit, Wohlwollen, Mitgefühl, Großzügigkeit, Wahrheit, Mitleid und Glaube. Derselbe Kampf spielt sich auch in dir ab – und in jedem anderen Menschen auch.«*
> *Der Enkel dachte eine Minute lang darüber nach und fragte dann seinen Großvater: »Welcher Wolf gewinnt?«*
> *Der alte Cherokee antwortete schlicht:*
> *»Der, den du fütterst.«[436]*
> CHEROKEE-LEGENDE

Das Rätsel der Gewohnheiten – wie man sie erwirbt und wieder ablegt – ist ein zentrales Thema der Menschheit seit Anbeginn der Zivilisation. Mehrere der Zehn Gebote schreiben vor, schlechten

Gewohnheiten zu widerstehen, zum Beispiel dem Begehren, und sich gute anzueignen, zum Beispiel, die Eltern zu ehren. Aristoteles sagt, Gewohnheit sei nur lange Übung, die schließlich ins Wesen des Menschen übergehe.[437] Für Ovid ist nichts mächtiger als die Gewohnheit.[438] Und Benjamin Franklin meint: »Es ist leichter, schlechten Gewohnheiten vorzubeugen, als sie wieder abzulegen.«[439]

Charles Duhigg erklärt in *The Power of Habit*, dass Forscher am MIT das Genom der Gewohnheit im Wesentlichen kartiert haben. Sie haben herausgefunden, dass der Kern einer Gewohnheit aus einer neuronalen Schleife besteht, die drei Teile hat. Sie beginnt mit einem Signal, das die Botschaft an das Gehirn sendet, den Automatikmodus anzuschalten. Dann kommt die Routine – das, was wir für die Gewohnheit selbst halten, die psychisch, emotional oder physisch sein kann. Und zuletzt erfolgt die Belohnung, das Signal, das dem Gehirn sagt, dass es den Prozess verstärken soll.[440] Das ist die »Gewohnheitsschleife«, und man sieht leicht, warum sie mit der Zeit immer stärker automatisiert und immer schwerer abzulegen wird. Natürlich sollte unser Hauptziel weniger darin bestehen, schlechte Gewohnheiten abzulegen, als vielmehr darin, sie durch neue, gesündere zu ersetzen, die uns helfen, uns auf gesunde Weise weiterzuentwickeln.

Der Dichter Mark Nepo definiert ein Opfer als einen »respektvollen und mitfühlenden Abschied von etwas, das nicht mehr funktioniert, um nahe bei dem zu bleiben, was heilig ist«.[441] Zu erkennen, wann eine Gewohnheit nicht mehr funktioniert, und sie zu opfern, ist ein Grundpfeiler der Weisheit.

Wir glauben vielleicht, wir hätten das Kommando über unsere Gedanken und unser Verhalten – wir seien der Kapitän unseres Schiffes, der das Steuerrad dreht, wie er will –, aber oft ist es in Wirklichkeit unser Autopilot, der die Kontrolle hat. Das erinnert mich daran, wie eine Freundin einmal mit ihrer Familie eine Kreuzfahrt unternahm. Ihr zehnjähriger Sohn bettelte ununterbrochen die Besatzung an, mal das riesige Schiff steuern zu dürfen. Der Kapitän ließ sich schließlich erweichen und lud die Familie auf die Kommandobrücke ein. Der Junge stellte sich sofort ans Steuerrad und begann, wie wild daran herumzudrehen. Die Mutter erschrak furchtbar – bis der Kapitän ihr zuflüsterte, sie solle sich keine Sorgen machen, das Schiff fahre mit Autopilot; was ihr Sohn da mache, habe keine Auswirkungen auf den Kurs.

Genauso sinnlos werden alle unsere Beteuerungen sein, wir wollten uns ändern, wenn wir unseren Autopiloten nicht umprogrammieren können. Das dauert bei jedem Menschen unterschiedlich lange. Leichter wird es, wenn man sich auf »Schlüsselgewohnheiten« konzentriert; ändert man eine, erleichtert dies die Änderung der anderen Gewohnheiten. »Schlüsselgewohnheiten setzen einen Prozess in Gang, der mit der Zeit alles verändert«, schreibt Duhigg. »Das Prinzip der Schlüsselgewohnheiten besagt, dass Erfolg nicht davon abhängt, alles richtig hinzubekommen, sondern darauf beruht, einige Schlüsselprioritäten auszumachen und diese zu starken Hebeln umzubauen.«[442] Für mich hat sich als wichtigste Schlüsselgewohnheit das Schlafen erwiesen. Seit ich meine Schlafenszeit auf 7 bis 8 Stunden pro Nacht verlängert habe, fallen mir auch andere Gewohnheiten wie Meditation und Sport leichter. Willenskraft allein genügt nicht. Mehrere psychologische Studien zeigen, dass Willenskraft eine Ressource ist, die sich umso stärker erschöpft, je stärker man sie nutzt.[443]

Judson Brewer von der Yale University fasst die üblichen Symptome einer Ressourcenerschöpfung unter der Abkürzung HALT zusammen, die für »hungry, angry, lonely, tired« (»hungrig, wütend, einsam, müde«) steht.[444] Das ist zufällig auch eine gute Zusammenfassung des Zustands, in dem sich viele von uns in der gegenwärtigen Unternehmenskultur für gewöhnlich befinden – einer Kultur, die wie geschaffen für die Erschöpfung von Ressourcen scheint. Wir arbeiten in den Essenspausen, sehen unsere Kinder kaum, pflegen unsere Sozialkontakte meist nur noch elektronisch, und machen Überstunden – das berührt eigentlich alle Komponenten von HALT.

Wenn die Gewohnheiten, die die Ressourcen erschöpfen, dieselben sind, zu denen wir ermutigt werden, sind sie nur schwer zu ändern. »Wir bekommen ein Gefühl der Zugehörigkeit, das wichtig für uns ist«, sagt Cindy Jardine, Soziologieprofessorin an der University of Alberta. »Wir können uns selbst als Teil einer Sozialstruktur sehen; es ist sehr schwierig, ein Verhalten zu ändern, solange es gesellschaftlich akzeptiert wird. Stress zum Beispiel ist schlecht für uns, aber wir tragen ihn wie eine Auszeichnung vor uns her. Es gilt als gesellschaftlich erstrebenswert, überarbeitet zu sein. Wer die 40-Stunden-Woche einhält, wird einfach nicht so hoch geachtet.«[445] Diese Denkweise verstärkt sich durch sich selbst und schafft eine Abwärtsspirale schlechter Gewohnheit.

Das ist nur ein Grund mehr, warum es wichtig ist, eine positive Schlüsselgewohnheit zu entwickeln, um Hebelkraft zu gewinnen und unser Leben zurückzuerobern. Und da wir soziale Wesen sind und gesellschaftliche Unterstützung eine unserer wichtigsten Triebkräfte ist, ist es in einem sozialen Netzwerk viel einfacher, neue, positive Gewohnheiten anzunehmen und zu verstärken, zusammen mit einer Gruppe von Freunden oder Kollegen, die einander gegenseitig ermutigen.[446] Deshalb sind die Anonymen Alkoholiker so erfolgreich und haben bis heute schon geschätzten zehn Millionen Menschen geholfen.[447] Aber selbst wenn an Ihrem Arbeitsplatz noch die traditionelle Definition von Erfolg gilt, können Sie um sich herum eine Gruppe Gleichgesinnter bilden, die sich entfalten und nicht nur »erfolgreich« sein wollen.

Gleichzeitig können wir daran arbeiten, die Kultur und die Gewohnheiten unserer Gesellschaft im großen Maßstab zu ändern. Im Jahr 1984 trugen 86 Prozent der US-Bevölkerung keinen Sicherheitsgurt.[448] Im Jahr 2012 hatte diese Zahl sich umgekehrt, jetzt schnallten sich 86 Prozent der Amerikaner an.[449] Das ist ein Beispiel für eine Intervention »an der Quelle«. Man ändert die Politik von oben her – durch Gesetze, Steueranreize und Bereitstellung von Dienstleistungen –, um so allmählich die Gewohnheiten auf breiter

Front andere werden zu lassen.[450] Interventionen »flussabwärts« dagegen zielen direkt auf den Einzelnen und sind am effektivsten in einer Übergangsphase, wenn man gerade umzieht oder eine neue Arbeitsstelle antritt.

Aber wir müssen nicht auf den Umzug oder den neuen Arbeitsplatz warten, bis wir unser Leben ändern; und auch nicht auf die Veränderung im großen Maßstab von oben. Wir können den Wandel sofort einleiten. Es gibt endlos viele Punkte, an denen man beginnen kann. Für mich war einer davon die Lektüre der Stoiker.

Die Stoa ist eine philosophische Denkschule, die im 3. Jahrhundert v. Chr. in Athen entstand. Als ihr Gründer gilt Zenon der Jüngere aus Kition, am bekanntesten ist ihr Gedankengut aber heute durch den römischen Philosophen Seneca aus dem 1. Jahrhundert und durch Epiktet, einen Griechen des 2. Jahrhunderts. Die Stoiker lehrten, dass Unzufriedenheit, negative Gefühle und das, was wir heute »Stress« nennen würden, uns nicht von außen her aufgezwungen werden, sondern vielmehr das Ergebnis von Bewertungen sind, die wir selbst vornehmen und mit denen wir festlegen, was wichtig ist und was wir wertschätzen. Für die Stoiker lag daher das sicherste Glück in dem einzigen Bereich, den wir unter Kontrolle haben – unserer Innenwelt.[451] Alles außerhalb von uns kann uns genommen werden, wie also könnten wir der Außenwelt unser zukünftiges Glück und Wohlbefinden anvertrauen?

Die Lehren der Stoa sind für unsere Zeit sehr wichtig. »Die Stoa fand großen Anklang, weil sie in einer Zeit der Kriege und Krisen Sicherheit und Frieden bot«, schreiben Rob Goodman und Jimmy Soni, Autoren einer Biografie des Stoikers Cato des Jüngeren. »Die Lehren der Stoa versprachen weder materielle Sicherheit noch Frieden im Jenseits, sondern unerschütterliches Glück im Leben.«[452]

Etwa 200 Jahre nach Cato d. J. lebte einer der berühmtesten Anhänger – und Philosophen – der Stoa, Kaiser Mark Aurel, der als letzter der sogenannten Adoptivkaiser fast 20 Jahre lang bis zu seinem Tode im Jahr 180 regierte. Sein Leben war ein Paradoxon – als

Kaiser hatte er fast unbegrenzte Macht über seine Umwelt und Lebensumstände, war sich aber trotzdem nur allzu bewusst darüber, dass Frieden und Glück nicht in der Außenwelt zu finden sind.

Nach Mark Aurel hängt es von uns selbst ab, wie gut jeder Tag wird. Wir haben kaum Macht, die Ereignisse im Außen zu ändern, aber es liegt voll und ganz in unserer Hand, wie wir darauf reagieren. Alles beginnt damit, dass wir uns klarmachen, dass wir immer Frieden und Unerschütterlichkeit wählen können, egal wie viel Unangenehmes wir auch erleben – wie viel Schmerz und Verlust, Unehrlichkeit, Undankbarkeit, Ungerechtigkeit und Neid. Aus dieser Position der Unerschütterlichkeit heraus – der *ataraxía*, wie die Griechen sie nannten – können wir Veränderungen sehr viel besser angehen. In *Gib einem Trottel keine Chance,* einem Film von und mit W. C. Fields, will Fields' Nichte gerade einen Stein nach jemandem werfen, als er sie mahnt, erst bis zehn zu zählen. Beim Zählen entspannt sie sich zusehends. Bei zehn angelangt sagt er ihr, sie solle nun werfen, denn jetzt könne sie viel besser zielen![453]

Mark Aurel hat in seinen *Selbstbetrachtungen* das Leben nicht beschönigt: »Wenn du am Morgen aufwachst, sage dir selbst: Die Menschen, mit denen ich heute zu tun bekomme, werden streitsüchtig, undankbar, hochmütig, verschlagen, neidisch und mürrisch sein. Sie sind so, weil sie das Gute nicht vom Bösen unterscheiden können. Ich aber habe die Schönheit des Guten und die Hässlichkeit des Schlechten erkannt und weiß, dass auch das Wesen des Übeltäters dem meinen gleicht – nicht von Geburt oder Abstammung her, aber vom Geiste her, und auch er hat einen Anteil am Göttlichen. Und so kann keiner dieser Menschen mich treffen.«[454] Kein schlechtes Rezept gegen Jähzorn im Straßenverkehr. Oder Pöbeleien im Supermarkt. Oder die vielen Zumutungen des modernen Büroalltags.

Nur zu oft sind wir selbst es, die zwischen uns und unserer Zufriedenheit stehen. Das soll nicht heißen, dass wir Macht darüber haben, ob wir befördert werden, wie unsere Kinder sich verhalten oder ob eine Beziehung gelingt. Es bedeutet auch nicht, dass solche Dinge unwichtig wären. Es soll heißen, dass wir bestimmen können, wie weit uns die Außenwelt beherrscht. Am wichtigsten ist also, wie es Paconius Agrippinus, ein Stoiker aus dem 1. Jahrhunderts, formulierte, dass man »sich selbst nicht im Wege stehe«.[455] Der klassische Comicstrip »Pogo« drückt es so aus: »Wir sind dem Feind begegnet, und er ist wir selbst!«[456]

Die Stoa hilft nicht nur, Unzufriedenheit zu lindern, wenn wir eine lange ersehnte Beförderung nicht bekommen, sondern lehrt uns auch, diese Beförderung und unseren Erfolg insgesamt im richtigen Verhältnis zu sehen. Oft wird die Stoa mit Gleichgültigkeit verwechselt, aber sie bedeutet in Wirklichkeit Freiheit. Seneca sagt: »Hat man einmal alles ausgetrieben, was einen erregt oder ängstigt, dann folgen ungebrochene Ruhe und dauerhafte Freiheit.«[457]

> *Manchmal lassen sich Leute von ein und*
> *demselben Problem jahrelang das Leben vermiesen,*
> *dabei könnten sie einfach »Na und?« sagen.*
> *Das ist einer meiner Lieblingssätze.*[458]
> ANDY WARHOL

Manchen mag diese Haltung als Luxus erscheinen – schön und gut für Kaiser und reiche Leute, für Menschen, die sich um ihren Lebensunterhalt keine Sorgen machen müssen und nur noch sogenannte »Luxusprobleme« haben. Doch was ist mit den Arbeitslosen, die Mühe haben, etwas zu Essen auf den Tisch zu bringen? Gerade unter extremen Umständen aber hat die Stoa am meisten zu bieten. Wenn die Zeiten hart sind und wir zum Äußersten getrieben werden, sind ihre Prinzipien essentiell.

Viktor Frankl war ein Überlebender des Holocaust, der seine Eltern, seinen Bruder und seine schwangere Frau in den Lagern verloren hat. Was er aus diesem unvorstellbaren Grauen mitgenommen hat, ist zur Grundlage seines zeitlosen Buchs *Trotzdem Ja zum Leben sagen* geworden. »Wer von denen, die das Konzentrationslager erlebt haben«, schrieb er, »wüsste nicht von jenen Menschengestalten zu erzählen, die da über die Appellplätze oder durch die Baracken des Lagers gewandelt sind, hier ein gutes Wort, dort den letzten Bissen Brot spendend? Und mögen es auch nur wenige gewesen sein – sie haben Beweiskraft dafür, dass man dem Menschen im Konzentrationslager alles nehmen kann, nur nicht: die letzte menschliche Freiheit, sich zu den gegebenen Verhältnissen so oder so einzustellen. Und es gab ein ›So oder so‹!«[459] Für Frankl bot jeder Tag, jede Stunde die Möglichkeit einer Entscheidung – einer Entscheidung, die bestimmte, ob man sich den Kräften unterwarf, die einem das eigene Ich und die innere Freiheit rauben wollten.

Und was Frankl mit dieser Freiheit anfing, war, in seinem Leiden – und damit in jedem Leiden – einen Sinn zu finden. »Ich erzählte meinen Kameraden ... davon, dass menschliches Leben immer und unter allen Umständen Sinn habe und dass dieser unendliche Sinn des Daseins auch noch Leiden und Sterben, Not und Tod in sich mit einbegreife.«[460]

Einer der großen Texte über den Zusammenhang von Leiden, Akzeptanz, Weisheit und Wandlung ist das Buch Hiob, das die Frage aufwirft, wie man sich verhalten soll, wenn die Lebensumstände absolut ungerecht und unberechenbar sind. Mit anderen Worten: Was soll man tun, wenn guten Menschen Böses widerfährt? Hiob, ein reicher Bauer, wurde zum Gegenstand einer Wette zwischen Gott und dem Teufel. Der Teufel glaubte, dass Hiob nur wegen seines Wohlstands fromm sei; wenn er den verlöre, würde er auch Gott abschwören. Die beiden einigten sich auf eine Art Experiment.

Binnen Kurzem verlor Hiob sein Vieh, seine Söhne und seine Tochter kamen in einem einstürzenden Haus ums Leben, und Hiob selbst war am ganzen Körper von ekligen Schwären bedeckt. Er aber rief daraufhin aus: »Nackt bin ich aus meiner Mutter Leib gekommen, und nackt kehre ich dahin zurück. Der Herr hat gegeben, und der Herr hat genommen, der Name des Herrn sei gepriesen!«[461] Schließlich gab Gott dem Hiob nicht nur sein Vermögen zurück, sondern vermehrte es noch. Die Lehre dieses Gleichnisses ist, dass es einen verborgenen Sinn im Leiden gibt, das durch eine geheimnisvolle chemische Reaktion in Weisheit und Stärke verwandelt wird.

Francine und David Wheeler, die beim Massaker an der Sandy-Hook-Grundschule in Newtown, Connecticut, im Dezember 2012 ihren sechsjährigen Sohn Ben verloren, erzählten Oprah Winfrey: »Der Fehler liegt darin, sich das Leben anzusehen und zu denken: ›Ich habe nichts, das Leben hat mir nichts mehr zu geben wegen dieser Tragödie.‹ Und, wissen Sie, in unseren dunkelsten Momenten haben wir so gedacht. Ja, aber der Schlüssel ist, es kommt nicht darauf an, was man vom Leben erwartet. Und das sehen und akzeptieren zu können ist ein sehr wichtiger Schritt, um den Weg aus der Dunkelheit zu finden … Man muss sein Herz größer als das Loch machen. Man muss seine Entscheidungen aus Liebe treffen. Wenn wir Entscheidungen aus Angst treffen, dann haben wir Probleme.«[462]

Nelson Mandela faszinierte die ganze Welt, nicht, weil er nach 27 Jahren als politischer Gefangener Präsident seines Landes wurde, sondern wegen der überragenden Weisheit, die er nach seiner Entlassung offenbarte: »Als ich aus der Tür trat und auf das große Tor zuging, das mich in die Freiheit führen sollte, wusste ich, dass ich für immer gefangen bliebe, wenn ich Bitterkeit und Hass nicht hier zurückließ.«[463]

Solch ein Ausmaß an Gelassenheit und Edelmut angesichts echten Leidens stehen im scharfen Gegensatz dazu, wie wir selbst häufig auf die trivialen Probleme des Lebens reagieren. Doch in Wahrheit sind die Prinzipien auch im Alltag dieselben.

Wie wir mit Problemen umgehen, kann große Auswirkungen auf unsere Gesundheit und Lebensweise haben. Der Psychologe Salvatore Maddi und seine Kollegen an der University of Chicago untersuchten über 25 000 Angestellte des Telefonanbieters Illinois Bell Telephone, als das Unternehmen die Hälfte seiner Mitarbeiter innerhalb eines Jahres entließ (der größte Einschnitt in der Firmengeschichte). »Zwei Drittel unserer Teilnehmer brachen auf verschiedene Weise zusammen. Manche erlitten einen Herzinfarkt oder bekamen Depressionen und Angststörungen, andere begannen Alkohol und Drogen zu nehmen, ihre Beziehungen zerbrachen, sie wurden gewalttätig. Ein Drittel der Angestellten erwies sich hingegen als widerstandsfähig. Sie überstanden diese Erfahrung ohne negative Folgen, und es ging ihnen trotz der belastenden Veränderungen gut. Wenn sie zu denjenigen zählten, die im Unternehmen blieben, stiegen sie in der Folge bis an die Spitze auf. Wenn sie gehen mussten, gründeten sie entweder eigene Unternehmen oder suchten sich strategisch vielversprechende Stellen in anderen Firmen.«[464]

Die Forscher fanden heraus, dass diejenigen, denen es gelang, aus der Veränderung einen Erfolg zu machen, eine innere Einstellung hatten, die durch die »Drei C« gekennzeichnet wurde: erstens *commitment* (»Entschlossenheit«), dabei zu sein und ein Teil der Lösung zu werden, zweitens *control* (»Kontrolle«) des eigenen Engagements, um Resignation zu verhindern, und drittens *challenge* (»Herausforderung«) – die Interpretation der Krise als Gelegenheit, die eigene Kraft und Widerstandsfähigkeit auszubauen und daran zu wachsen.[465]

Laut Laurence Gonzales, dem Autor von *Deep Survival: Who Lives, Who Dies, and Why* (»Deep Survival: Wer überlebt, wer stirbt, und warum«) bleiben 10 Prozent aller Menschen angesichts einer lebensbedrohlichen Situation ruhig, konzentriert und am Leben, während die anderen 90 Prozent in Panik verfallen.[466] Was ist der Unterschied zwischen beiden Gruppen? Diejenigen mit der höchsten Überlebenswahrscheinlichkeit, so der Autor, nutzen die Gelegenheiten, die die Situation bietet. Sie sehen zum Beispiel eher die Schönheit um sich herum. »Überlebenstypen staunen über die Welt, die sie umgibt«, schreibt er. »Die Wahrnehmung der Schönheit, das Gefühl des Staunens, öffnet die Sinne.«[467]

Er führt als Beispiel Antoine de Saint-Exupéry an, den Piloten und Autor des *Kleinen Prinzen*. Nach einem Flugzeugabsturz in der

Libyschen Wüste, bewahrte Saint-Exupéry die Ruhe, indem er sich etwas suchte, worauf er seine positiven Energien konzentrieren konnte. »Hier sind wir, zum Tode verurteilt, und dennoch kann die Gewissheit des Sterbens sich nicht mit der Freude messen, die ich empfinde«, schrieb er. »Die Freude, die mir diese halbe Orange bereitet, die ich hier in der Hand halte, ist eine der größten, die ich je erlebt habe.«[468]

Indem wir uns etwas – irgendetwas – suchen, das die Wege zur Hoffnung offen und eine positive Einstellung lebendig erhält, können wir mit Verlust, Leid und Tragödien Stück für Stück fertigwerden. »Überlebenstypen ziehen aus den kleinsten Erfolgen große Freude«, so Gonzales. »Sehen Sie in allem das Gute. Seien Sie dankbar – Sie sind am Leben.«[469]

Also, jawohl, es ist ein Segen, gesund zu sein. Es ist Glück, wenn man in der Nähe eines Parks wohnt oder in die Natur hinauskommt. Aber in welcher Lage wir auch immer sind, das Leben hält unweigerlich Herausforderungen für uns bereit. Wichtig ist, sich bewusst zu machen, dass wir dazu in der Lage sind, diese Herausforderungen zu bewältigen.

Es gibt einen großen Unterschied zwischen stoischer Akzeptanz und Resignation. Die Fähigkeit zu kultivieren, sich von den Hindernissen, Enttäuschungen und Rückschlägen des Lebens nicht verrückt machen zu lassen, bedeutet nicht, dass man das, was man verändern kann, nicht zu verändern sucht. Das Gelassenheitsgebet, frei nach dem Theologen Reinhold Niebuhr, fasst diese stoische Weisheit zusammen: »Gott, gib mir die Gelassenheit, die Dinge zu akzeptieren, die ich nicht ändern kann, den Mut, diejenigen zu ändern, die ich ändern kann, und die Weisheit, beides voneinander zu unterscheiden.«[470]

Die Weisheit, beides voneinander zu unterscheiden, gewinnen wir aus der Fähigkeit, aus unserer engen, auf uns selbst fixierten Welt in eine Welt überzugehen, die eine größere Perspektive und eine übergeordnete Sicht bietet. Und das alles beginnt mit kleinen, ganz alltäglichen, positiven Veränderungen, die uns in die Richtung bewegen, die wir einschlagen möchten. Ich möchte Ihnen hier drei solcher Veränderungen empfehlen, die in meinem Leben viel bewirkt haben:

1. Hören Sie auf Ihre innere Weisheit und lassen Sie heute etwas los, das Sie nicht mehr brauchen – etwas, das Ihre Energie raubt, ohne dass Sie oder jemand, der Ihnen wichtig ist, etwas davon haben. Das kann eine ablehnende Haltung sein, negative Selbstgespräche oder ein Projekt, das Sie sowieso nicht mehr abschließen werden.
2. Legen Sie eine Dankbarkeitsliste an und tauschen Sie sie mit zwei oder drei Freunden gegen deren jeweilige Listen aus.
3. Schalten Sie jeden Abend zu einer festgelegten Zeit alle digitalen Geräte ab und entfernen Sie sie sanft aus dem Schlafzimmer. Die Trennung von der digitalen Welt hilft Ihnen, sich neu mit Ihrer Weisheit, Intuition und Kreativität zu verbinden. Und wenn Sie morgens aufwachen, sollten Sie den Tag nicht mit einem Blick aufs Smartphone beginnen. Nehmen Sie sich eine Minute Zeit – ich versichere Ihnen, so viel Zeit haben Sie – um tief durchzuatmen, dankbar zu sein, oder sich Ihr Ziel für diesen Tag zu überlegen.

Staunen

*Menschen aber machen sich auf den Weg,
um die Höhen der Berge zu bewundern,
die gewaltigen Fluten des Meeres, die Kreisbewegungen
der Gestirne, sich selbst aber lassen sie achtlos
beiseite und staunen nicht.*[471]

AUGUSTINUS

Abheben zum Flug
in den inneren Weltraum

Am Morgen nach der offiziellen Gründungsfeier von *Huffington Post Deutschland* im Oktober 2013 fuhr ich aus der Münchner Innenstadt hinaus zum Flughafen. Es regnete, und die Nässe gab allem einen wunderschönen, fast magischen Schimmer; Häuser und Bäume schienen in Staunen getaucht. Am Flughafen aber beklagte sich jeder, mit dem ich sprach, ständig über den Regen. Wir alle hatten genau dasselbe Wetter, erlebten es jedoch offenbar auf sehr verschiedene Weise.

Staunen ist nicht nur ein Ergebnis dessen, was wir sehen – wie schön, geheimnisvoll, einzigartig oder unverständlich etwas auch sein mag. Es ist vielmehr ebenso sehr ein Produkt unserer Geisteshaltung, unseres Wesens, unserer Sichtweise auf die Welt. Zu einer anderen Zeit und in einer anderen Stadt (vielleicht sogar zu fast jeder anderen Zeit und in fast jeder anderen Stadt) hätte mich der Regen vermutlich auch geärgert, aber genau zu diesem speziellen Zeitpunkt und in dieser Stadt fiel mir stattdessen ein Gedicht Albert Huffsticklers ein (ich weiß, der Name klingt deutsch, aber er kommt tatsächlich aus Texas):[472]

> *Wir vergessen, dass wir hauptsächlich Wasser sind,*
> *bis es zu regnen beginnt und jedes Atom*
> *unseres Körpers nach Hause will.*

Es gibt zahllose Anlässe im Alltag, die den Zustand des Staunens, in dem man sich als Kind nahezu permanent befindet, wieder hervorrufen können. Manchmal muss man dafür die Dinge aber mit anderen Augen sehen. Die Auslöser dafür sind vorhanden, die Frage ist nur, ob wir genug im gegenwärtigen Moment leben, um sie auch wahrzunehmen?

Als meine Töchter noch klein waren, gab es einen jener klaren kalifornischen Abende, an denen die Sterne so nahe scheinen, dass man glaubt, sie berühren zu können. Ich hielt Christina und Isabella in den Armen, während wir alle drei auf dem Rasen hinter dem Haus lagen und zuschauten, wie das Weltall über uns vorbeizog. Isabella streckte ihre Händchen aus, um sich einen Stern von der Himmelsschale zu pflücken, während Christina wie üblich unermüdlich Fragen stellte: »Mommy, wieso dreht sich das?«

Ihre Frage war so alt wie die Zeit selbst. Der Augenblick, als die Menschheit anfing, sich über die verborgenen Ursachen der Dinge Gedanken zu machen, war die Geburtsstunde der Wissenschaft. Unsere stolze naturwissenschaftliche Zeit wurzelt im Staunen. »Staunen«, schreibt Aristoteles, »veranlasste zuerst – wie noch heute – die Menschen zum Philosophieren.«[473] Die früheste Erinnerung des Physikers James Clerk Maxwell war, dass er im Gras lag, zur Sonne hinaufblickte und staunte.[474]

Dieses Gefühl des Staunens ist oft besonders stark, wenn es von gewöhnlichen und harmlosen Dingen ausgelöst wird – den Gesichtern unserer Kinder, dem Regen, einer Blume, einer Muschel am Strand. Wie Walt Whitman sagt: »Schließlich ist die große Lehre die, dass kein Naturwunder – die Alpen, der Yosemite-Nationalpark oder sonst etwas – großartiger oder schöner ist als der alltägliche Auf- und Untergang der Sonne, als die Erde und der Himmel, als gewöhnliche Bäume und Grashalme.«[475]

Zehntausend Blumen im Frühling, der Mond im Herbst,
Eine kühle Brise im Sommer, der Schnee im Winter.
Wenn dein Geist nicht von Unnötigem belastet wird,
Ist dies die beste Jahreszeit deines Lebens.[476]

WU MEN

Unserem säkularen Zeitalter liegt ein fataler Fehler zugrunde, der uns dazu gebracht hat, die organisierte Religion und die spirituelle Wahrheit, die der Mensch verkörpert, als ein und dasselbe zu betrachten. Dadurch verleugnen Millionen mit Ersterer auch die Realität der Letzteren. Der Drang nach Selbsterkenntnis – im Grunde genommen die Schlüsselkomponente des spirituellen Suchens – ist uns genauso tief eingeprägt wie unser Drang nach Selbsterhaltung, Fortpflanzung und Macht.

Goethe schrieb: »Dieses Leben, meine Herren, ist für unsre Seele viel zu kurz.«[477] Die Alltagsgeschäfte können unsere tiefsten Bedürfnisse nie befriedigen. Der Philosophieprofessor Jesse Prinz schrieb: »Als Atheist brauchte ich eine Weile, um zu bemerken, dass ich ein spiritueller Mensch bin.«[478] Und eine wachsende Anzahl an Menschen, die sich Atheisten nennen, weil sie die organisierte Religion und ihre Gottesbilder nicht mögen (besonders die Vorstellung vom bärtigen Mann am Himmel), geben zu, dass sie in ihrem Leben Staunen und Ehrfurcht empfinden – Gefühle, die sie innehalten lassen, in verborgene Welten versetzen und ihnen einen Blick in das unergründliche Geheimnis des Lebens gewähren.

Einstein definierte das Staunen als eine Voraussetzung des Lebens. Er schrieb, dass jemand, der nicht staunen kann, »wer unbewegt bleibt, wer nicht in sich gehen kann oder den tiefer Schauer der entrückten Seele kennt, ist genauso tot, als habe er schon für immer die Augen geschlossen«.[479] Im Laufe der Geschichte gab es immer wieder große Wissenschaftler – die Arthur Koestler als »Neugierige am

Schlüsselloch der Ewigkeit« beschrieb –, die dieses Gefühl kindlichen Staunens teilten.[480]

Ich verstehe das Gefühl des Staunens sehr gut, das Männer und Frauen in allen Zeiten getrieben hat, den Weltraum zu erkunden, aber ich persönlich habe mich schon immer mehr für den Raum meiner Innenwelt interessiert. Zwischen beiden gibt es natürlich eine Verbindung. Astronauten berichten oft von einschneidenden Empfindungen beim Blick zurück auf die Erde, ein Phänomen, das als »Overview-Effekt« bekannt ist. Edgar Mitchell, der sechste Mensch auf dem Mond, beschrieb es so: »Ich hatte die aufwühlende Erkenntnis, dass das Wesen des Universums etwas anderes war, als ich gelernt hatte ... Ich sah die Verbundenheit nicht nur, sondern spürte sie auch ... Die Empfindung, mich physisch und geistig in den Kosmos auszudehnen, überwältigte mich. Ich wusste, dass dies eine biologische Reaktion meines Gehirns war, das versuchte, die Informationen über die wunderbaren und staunenswerten Prozesse, die ich das Privileg hatte zu sehen, zu ordnen und mit Sinn zu erfüllen.«[481]

> *Was gewinnen wir, wenn wir zum Mond segeln,*
> *solange wir den Abgrund nicht überwinden können,*
> *der uns von uns selbst trennt? Das ist die wichtigste*
> *aller Entdeckungsreisen, und ohne sie sind alle anderen*
> *nicht nur nutzlos, sondern katastrophal.*[482]
>
> THOMAS MERTON

Elon Musk, Gründer von Tesla und SpaceX, der für eine Besiedelung des Mars eintritt, hat auch dem anderen ewigen Sehnen des Menschen Ausdruck verliehen: »Ich bin zu dem Schluss gekommen, dass wir danach streben sollten, Umfang und Maßstab des menschlichen Bewusstseins zu erweitern, um besser verstehen zu können, welche

Fragen wir stellen sollen. Das Einzige, was sinnvoll ist, ist das Streben nach größerer kollektiver Erleuchtung.«[483] Aber es gibt keine kollektive Erleuchtung ohne persönliche Erleuchtung, und spirituelle Lehrer, Dichter und Liedtexter erzählen uns durch so viele Jahrhunderte auf die unterschiedlichste Weise, dass bedingungslose Liebe sowohl des Innersten des menschlichen Mysteriums als auch die einzige Brücke von unserer heiligen Innenwelt in die hektische Außenwelt ist. Oder, wie es Kurt Vonnegut in seinem Buch *The Sirens of Titan* ausgedrückt hat: »Ein Sinn des menschlichen Lebens, wer auch immer es lenkt, ist zu lieben, wer auch immer gerade da ist, um geliebt zu werden.«[484]

Und jetzt haben wir auch die empirischen Daten, um zu untermauern, was die Lieder und heiligen Texte uns sagen. Professor George Vaillant, der die Harvard Grant Study leitete, mit der die Lebenswege von 268 männlichen Absolventen der Harvard University seit 1938 überwacht wurden, sagte: »Die 75 Jahre und 20 Millionen Dollar, die für diese Studie aufgewendet wurden, weisen, zumindest für mich, auf eine einfache Schlussfolgerung aus vier Wörtern hin: ›Glück ist Liebe. Punkt.‹«[485] Das ist dieselbe Schlussfolgerung, zu der der englische Dichter Ted Hughes kam, ohne 75 Jahre und 20 Millionen Dollar dafür aufzuwenden: »Das Einzige, was Menschen bedauern, ist, wenn sie nicht mutig genug gelebt haben, wenn sie nicht genug Herz investiert haben, nicht genug geliebt haben. Nichts anderes zählt eigentlich.«[486]

Natur und Kunst und sind zwei der fruchtbarsten Gebiete, wenn es ums Staunen geht. Der Essayist und Philosoph Alain de Botton beschreibt die Kunst als »Apotheke der Seele«. »Kunst«, schreibt, er, »genießt ein so hohes finanzielles und kulturelles Ansehen, dass man leicht vergisst, wie unklar es ist, wofür sie eigentlich gut ist.« Über Claude Monets *Seerosenteich*, eines der beliebtesten Werke in der Londoner National Gallery, schreibt er, einige sorgten sich, »die Freude an dieser Art Kunst sei eine Verführung: Wer schöne Gärten mag, ist in Gefahr, die wirklichen Umstände des Lebens zu vergessen – Krieg, Krankheit, fehlgeleitete Politik, Unmoral«. Das wirkliche Problem in unserem Leben, so fährt er fort, liege aber anderswo: »Die wirkliche Gefahr ist, dass wir in Depression und Hoffnungslosigkeit verfallen; die Gefahr ist, dass wir die Hoffnung in das Projekt Mensch verlieren. Solche Verzweiflung kann Kunst besonders gut kurieren. Frühlingsblumen, blauer Himmel, Kinder am Strand ... das sind die sichtbaren Zeichen der Hoffnung.«[487]

Museen und Galerien gehören zu den wenigen Oasen, die uns noch etwas bieten, das immer seltener wird: die Möglichkeit, sich aus der Dauererreichbarkeit auszuklinken und das Gefühl reinen Staunens zu erleben. Museen suchen wir auf, um mit dem in Verbindung zu treten, was von Dauer, nicht materiell und nicht quantifizierbar ist. Das ist in unserem von Technik beherrschten Leben eine besonders seltene und damit kostbare Erfahrung. Maxwell Anderson, Leiter des Indianapolis Museum of Art, sagt, der Auftrag seines Museums sei, den Besuchern »Resonanz und Staunen zu bieten ... ein körperloses Gefühl der Erbauung – das Gefühl, ein Gewicht fällt einem von den Schultern.«[488] Oder, wie es mein Landsmann Aristoteles gesagt hat: »Katharsis«.

»Jedes Zeitalter muss das Projekt ›Spiritualität‹ für sich selbst erfinden«, schreibt Susan Sontag in »The Aesthetics of Silence«.[489] Museen bieten einen Weg für diese Neuerfindung. Manchmal heißt Neuerfindung natürlich auch, zu etwas zurückzukehren, das es schon immer gab. Erschwert wird uns das heute allerdings durch unseren Wahn, alles sofort fotografieren zu müssen, bevor wir es noch richtig gesehen haben – wir machen Bilder von Bildern oder von anderen Leuten, die sich Bilder anschauen.[490]

Sherry Turkle, Professorin am MIT und Autorin von *Alone Together* (dt.: *Verloren unter 100 Freunden. Wie wir in der digitalen Welt seelisch verkümmern*), schreibt über den Preis der ständigen Dokumentation unseres Lebens, des unablässigen Fotografierens. »Diese Unterbrechungen lassen kaum noch eine ernsthafte Unterhaltung mit einem selbst und mit anderen Menschen zu, da wir uns emotional immer so verhalten, als müssten wir von allem sofort wieder Abschied nehmen.« Und indem wir unsere Erlebnisse wie besessen dokumentieren, kommen wir gar nicht mehr dazu, sie überhaupt zu erfahren. Turkle ist allerdings optimistisch, dass die Generation, die davon am stärksten betroffen ist, auch die erste sein wird, die dagegen aufbegehrt. Sie erzählt, wie ein Vierzehnjähriger zu ihr sagte: »Wissen die Leute denn gar nicht, dass man manchmal einfach aus dem Autofenster gucken und zusehen kann, wie draußen die Welt vorbeizieht, und dass das toll ist? Man kann nachdenken dabei. Die Leute wissen das gar nicht.«[491]

Meine jüngste Tochter Isabella kam zu der gleichen Erkenntnis, als sie in ihrem Kunstgeschichtsstudium die Aufgabe bekam, sich in einem Museum zwei Stunden lang ein Gemälde anzuschauen und ihre Erfahrungen aufzuschreiben. Sie schilderte die Aufgabe als »aufregend und verwirrend: verwirrend, weil mir aufging, dass ich noch nie vorher ein Gemälde wirklich gesehen hatte, und aufregend, weil ich das jetzt nachholte«. Sie hatte sich J. M. W. Turners *The Fighting Téméraire* in der Londoner National Gallery ausgesucht, und sie beschreibt die zweistündige Betrachtung des Bildes als »so ähnlich wie einen Langstreckenlauf. Es klingt komisch, aber man muss sich wirklich zwingen und über den Punkt hinausgehen, bis zu dem es noch Spaß macht, um sich ein Gemälde lange anzusehen. Das Interessante war, dass ich ein regelrechtes Runner's High hatte, als ich schließlich fertig war. Ich spürte, dass ich gerade etwas Magisches erlebt hatte, als ob ich eine Bindung zwischen dem Kunstwerk und mir hergestellt hätte.« Ein solches Erlebnis kann man mit Instagram oder Twitter nicht einfangen.

Nachdem sie sich *The Fighting Téméraire* etwa eine Stunde lang angeschaut hatte, kam ein Wärter zu ihr und fragte sie, was sie da eigentlich tue. »Das fand ich komisch, weil ich mir ja bloß ein Gemälde anschaute. Aber wir sind inzwischen so weit, dass jemand, der sich vor ein Bild stellt, um es einfach nur ausführlich zu betrachten, schon verdächtig wirkt.«

Einer Sache – oder einem Menschen – seine volle Aufmerksamkeit zu schenken, ist etwas, das in unserer Welt der ständigen Vernetzung und Dauererreichbarkeit immer seltener wird, weil so viele Reize gleichzeitig um unsere Zeit und Aufmerksamkeit buhlen und der Geist des Multitasking herrscht.

Ein Museumserlebnis schenkt uns Geheimnis, Staunen, Überraschung, Selbstvergessenheit – entscheidende Emotionen, die von unserer dauervernetzten 24-Stunden-Digitalkultur, die es einem nur allzu leicht macht, der Innenschau und Reflexion aus dem Weg zu gehen, häufig untergraben werden. Die Welt um uns herum, zumindest die Welt, die uns die Geräte präsentieren, mit denen wir uns umgeben, ist darauf ausgerichtet, das Element der Überraschung aus unserem Dasein verschwinden zu lassen. Die immer ausgefeilteren Algorithmen der sozialen Netzwerke, in denen unser Leben stattfindet, wissen, was wir mögen, also setzen sie uns dies pausenlos vor. Das wird als »Personalisierung« gefeiert, bedient aber oft nur einen sehr zusammengeschrumpften Teil unserer Persönlichkeit. Sie wissen, was wir mögen, aber nicht, was wir mögen, ohne es zu wissen – oder was wir brauchen. Sie kennen unsere Möglichkeiten nicht, geschweige denn, wie unendlich ausgedehnt diese sind.

Nicholas Carr schreibt in *The Shallows,* dass »es eine Zeit für effizientes Datensammeln und eine andere für ineffiziente Betrachtung geben muss, eine Zeit, in der man die Maschine bedient, und eine andere, in der man müßig im Garten sitzt«.[492] Es gibt nicht mehr viele Gärten auf der Welt. Deshalb müssen die Museen aufpassen, die sozialen Medien nicht so einzusetzen, dass sie die grundlegende Kunsterfahrung auf noch mehr Apps reduzieren, die nur noch mehr Daten liefern. Das ist letztlich genauso lächerlich, wie es Gottesdienstbesucher wären, die während der Predigt twittern: »Pfarrer spricht gerade von Brot und Fischen. Hat jemand ein gutes Sushi-Rezept für nachher?« Oder die ihre iPads hervorziehen, um herauszufinden, dass die Bergpredigt am See Genezareth stattfand, der, wie ihnen der angegebene Link sagt, der tiefstgelegene Süßwassersee der

Welt ist ... Das muss ich sofort twittern! Oder, noch besser, man stelle sich vor, die sozialen Netzwerke wären vor 2000 Jahren erfunden worden. (Das könnte ich eigentlich wirklich twittern!) »Bin gerade in Gethsemane. Toller Garten. Wollen wir uns hier treffen?«

Natürlich haben die sozialen Medien ihren Platz im Museum und im Leben. Sie erschließen dem Museum ein größeres Publikum, informieren potenzielle Besucher über besondere Ereignisse und erweitern den Museumsbesuch, indem die Besucher das ästhetische Erlebnis auch nach dem Verlassen des Gebäudes fortsetzen und mit ihren Freunden und ihrer Community teilen können. Das Kunsterlebnis wird dann untergraben, wenn die sozialen Medien aus dem Hintergrund in den Vordergrund treten.

Museen auf der ganzen Welt nutzen die neuen Medien inzwischen sinnvoll. Das Los Angeles County Museum of Art betreibt einen Blog namens *Unframed* (»Ungerahmt«), der sowohl Kuratoren wie Besucher zu Wort kommen lässt.[493] Außerdem kann man im ersten digitalen Lesesaal wichtige vergriffene Publikationen nachschlagen.[494] Das Museum of Modern Art (MoMA) in New York bietet einen Onlinekursus für Kunstlehrer unter dem Titel »Museum Teaching Strategies for Your Classroom« (»Lernmethoden aus dem Museum für Ihren Unterricht«), der bis jetzt über 17 000 Teilnehmer verzeichnet.[495] Das Indianapolis Museum of Art hat eine Internet-Community namens ArtBabble.org gegründet, die künstlerische Videoarbeiten zeigt.[496] Das Walker Art Center in Minneapolis zeigt auf seiner Website den Walker Channel mit Livestream-Übertragungen von Veranstaltungen des Museums.[497] Die Tate Modern in London bietet iPhone-Apps vom »Tate Guide to Modern Art Terms« (»Tate-Führer zu Begriffen der Modernen Kunst«) bis zur »Pocket Art Gallery« (»Galerie in Taschenformat«), mit der man seine eigene virtuelle Galerie einrichten und kuratieren kann.[498] Das Rijksmuseum in Amsterdam hat das Rijksstudio, wo sich Kunstbegeisterte mit über 125 000 Werken aus der Sammlung des Museums beschäftigen können – sie können die Bilder weiterleiten, sich Drucke auf allen möglichen Materialien von Aluminium bis Plexiglas bestellen oder auch hochaufgelöste Versionen herunterladen, die für alles Mögliche verwendbar sind – vom Tattoo bis zum Möbelstoffmuster. Das Museum hat sogar einen Wettbewerb, bei dem die Teilnehmer »die Meisterwerke neu mischen, neu verwenden und neu erfinden« sollen. Es gibt Preise für die besten Entwürfe und die Möglichkeit, sie im Museumsshop anzubieten.[499]

Wenn aber ein Museum sein eigentliches Wesen vergisst und sich von den Attraktionen jeder neuen Technologie verführen lässt, die gerade vorbeiflattert, untergräbt es den Sinn seiner eigenen Existenz. Zu viele Verbindungen der falschen Art trennen den Besucher eher vom Kunsterlebnis.

Die entscheidende Frage lautet meiner Ansicht nach: Vertieft die Technik das Erlebnis oder mindert sie es? Beides ist möglich. Es ist eine gute Sache, sich mithilfe der neuen Medien neue Nutzergruppen zu erobern und ihnen Plattformen für eine engere Beziehung zur Kunst zu bieten, aber wir sollten bedenken, dass sich zwar die Technik ständig verändert, nicht aber das Bedürfnis, durch große Kunst über uns selbst hinauszugehen.

Aus einem zentrierten Zustand heraus kann jede Begegnung mit einem noch so alltäglichen Gegenstand eine Gelegenheit zur Transzendenz bieten. Wenn wir aber schon in einem Museum oder bei einer Ausstellung kein tieferes Erleben ermöglichen, weil wir dem Ausgestellten nicht unsere volle Aufmerksamkeit widmen, wie sollen wir dies dann bei einer vorüberziehenden Wolke, einem Baum oder einem Tonkrug hinbekommen?

Natürlich ist die Malerei nur eine der Stimmen der Kunst. Musik, Bildhauerei, Fotografie, Film, Architektur, Literatur, Theater, Poesie, Tanz – sie alle können die tiefere Wahrheit entzünden und das Gefühl des Staunens erwecken, das in uns schlummert. Selbst die antike Kunstform der Rhetorik kann die Verkrustungen unseres Alltags durchdringen und den Funken schlagen, der uns daran erinnert, wer wir sind. Als Sokrates sich in Platos *Apologie* zum letzten Mal an seine Ankläger wendet – »Jedoch – es ist Zeit, daß wir gehen: ich, um zu sterben, und ihr, um zu leben. Wer aber von uns beiden zu dem besseren Geschäft hingehe, das ist allen verborgen außer nur Gott«;⁵⁰⁰ als John F. Kennedy vor dem Schöneberger Rathaus im Namen aller freiheitsliebenden Menschen: »Ich bin ein Berliner« ausrief, oder als Martin Luther King Jr., auf den Stufen des Lincoln Memorial erklärte: »I have dream«, wurde etwas in unseren Seelen angerührt, das Worte und Zeit transzendiert.

> *In diesem Tonkrug sind Schluchten und Kiefernwälder,*
> *und der Schöpfer von Schluchten und Kiefernwäldern!*
> *Alle sieben Weltmeere sind darin, und*
> *Hunderte Millionen Sterne.*⁵⁰¹
>
> KABIR

Musik war schon immer ein wichtiger Teil meines Lebens. Als ich in meinen Zwanzigern in London lebte, besprach ich für die *Cosmopolitan* klassische Musikaufnahmen, um die kostenlosen Rezensions-Schallplatten zu bekommen (ja, richtige Vinyl-Schallplatten – ich weiß, dass ich damit verrate, wie alt ich bin). Ich hörte sie stundenlang. Mein zweites Buch schrieb ich zum Klang von Haydns 108 Symphonien. Und dann verliebte ich mich in einen Mann, dessen Vorstellung von ewiger Seligkeit es war, in Europa von einem Klassikfestival zum anderen zu gondeln.

Nachdem ich also zahllose Stunden in verdunkelten Zuschauerräumen verbracht und oft mit geschlossenen Augen meditiert habe, weiß ich, dass Musik mich entrückt, wie mäßig auch immer die Qualität der Aufführung sein mag. Ich erinnere mich an eine *Hochzeit des Figaro* in der Londoner Royal Opera in Covent Garden unter einem bestimmten Gastdirigenten. Ich war mit ein paar Freunden da, zu denen auch ein ausgezeichneter britischer Dirigent gehörte. Schnell wurde uns klar, dass diese Aufführung viel Durchhaltevermögen erfordern würde – besonders von ihm. Während sich die Streicher an den unvertrauten Rhythmus des Gastdirigenten hielten, gelang den Bläser dies nicht. Die Solisten brachen nach allen Richtungen aus und nahmen oft ein Gutteil des Chors – aber leider nie den ganzen – mit. Irgendwann war es überstanden. Unser Freund, der Dirigent, war der Erste, der aufsprang und laut und anhaltend applaudierte, offensichtlich von ehrlicher Bewunderung erfüllt. Einer der regelmäßigen Opernbesucher beugte sich vor und rief: »Was für eine schreckliche Aufführung!« Unser Dirigent klatschte nur noch lauter und rief über die Schulter zurück: »Was für ein großartiges Stück!«

Opern und Symphonien sind treffende Metaphern für das Leben. Wie es der Philosoph Alan Watts ausgedrückt hat: »Niemand glaubt, dass eine Symphonie im Laufe der Zeit besser werden sollte oder dass es der Sinn der Aufführung sei, ihr Ende zu erreichen. Der Sinn der Musik erschließt sich vielmehr in jedem einzelnen Moment des Spielens und Zuhörens. Mit dem größten Teil unseres Lebens verhält es sich, so denke ich, genauso, und wenn wir uns übermäßig damit befassen, es zu verbessern, vergessen wir womöglich, es zu leben.«[502]

Manchmal gibt es auch im einfachsten Popsong große philosophische Lehren. Als ich in Cambridge war, verliebte ich mich in den Text des klassischen Beatles-Songs *Let It Be* – eine Ode an die Akzeptanz, geschrieben von Paul McCartney und John Lennon, die auch von Mark Aurel stammen könnte:

When I find myself in times of trouble
Mother Mary comes to me
Speaking words of wisdom, let it be[503]

Viele Popsongs strahlen Traurigkeit aus, und auch die große Kunst ist voller Düsternis, ob in Shakespeares *Sturm* oder Mozarts *Zauberflöte*, am Ende aber wird sie durch die Liebe überwunden. Es gibt Chaos und Hässlichkeit, doch durch sie entsteht eine neue Ordnung aus Harmonie und Schönheit; es gibt das Böse, aber es wird vom Guten überwunden.

Und auch in den Bildern von Kindern, die in der Gewalt und Armut mancher Innenstadtbezirke gefangen sind, gibt es große Düsternis. Ich erinnere mich an die Zeichnung eines Kindes aus South Central Los Angeles, einem sozialen Brennpunkt. Sie war genauso düster wie all die anderen Bilder, aber durch die Düsternis hindurch schimmerte etwas, das zeigte, dass dieses Kind etwas jenseits der Dunkelheit gesehen hatte und uns auf diese Weise an seiner Vision teilhaben ließ. Genauso verstärkt auch eine Sammlung von Gedichten und verspielten Schmetterlingszeichnungen, die Kinder im Konzentrationslager Theresienstadt angefertigt haben, den Schrecken, anstatt ihn zu verharmlosen, wenn in ihnen ein Ausblick auf jene andere Realität aufschimmerte.[504]

Außer Musik und bildender Kunst ist auch das Geschichtenerzählen eine Kunstform, die einen direkten Wegweiser zu unserem inneren Leben bieten kann. Der Mensch ist ein geborener Geschichtenerzähler; wir sind vielleicht die einzigen Wesen, die ihr Leben als Teil einer größeren Geschichte sehen. Obwohl uns die Physiker sagen, dass die Zeit, so wie wir sie uns vorstellen, gar nicht existiert, sind wir doch sehr vom Ablauf der Zeit geprägte Wesen, und Zeit bildet schon von sich aus eine Geschichte. Dinge beginnen und enden. Wie sie enden, das ist die Geschichte, oder vielleicht auch das, was zwischen Anfang und Ende geschieht.

C. G. Jung bezeichnete die universelle Sprache der Geschichten als »Archetypen«. Er beschrieb sie einmal als alte Flussbetten, entlang derer unser Gedankenstrom natürlich fließt.[505] Unser Bewusstsein wird durch Geschichten mit diesen Archetypen verbunden. Geschichten dienen bei Weitem nicht nur als Unterhaltung oder Zerstreuung, sondern als universelle Sprache über den Sinn des Lebens selbst. Und dieser Sinn ist Selbstverwirklichung – die Integration der Dritten Größe in unser Leben. Christopher Booker zählt sieben Typen von Geschichten auf: Sieg über das Monstrum, Aufstieg aus der

Armut zum Reichtum, Die Suche, Reise und Rückkehr, die Komödie, Tragödie und Wiedergeburt.[506] Aber obwohl es sieben verschiedene Handlungen gibt, geht es auf die eine oder andere Weise immer um dasselbe: die persönliche Entwicklung der Hauptfigur und ihre Reise durch Herausforderungen, Niederlagen und Irrtümer bis zu einem Ort der Weisheit. Wie in unserem eigenen Leben muss die äußere Form der Geschichte die innere Reise des Helden nachzeichnen. Wenn wir uns von unserem inneren Selbst distanzieren und ausschließlich mit unserem Ich identifizieren, verlieren wir die Verbindung zum Sinn des Lebens und stehen einer Leere gegenüber, die wir mit Geld, Sex, Macht und Ruhm zu füllen versuchen. Und wie wir in der gesamten modernen Literatur sehen können, endet es immer in Frustration und Zerstörung, wenn sich das Ich vom Selbst trennt – ob in Herman Melvilles *Moby Dick* oder Stendhals *Rot und Schwarz*.

Wir können die Macht der Geschichten und unser Urbedürfnis danach nutzen, um unsere eigene Geschichte neu zu definieren. Wir alle sind auf einer Reise, einer Fahrt, einer Suche, um das Ungeheuer zu besiegen, die Prinzessin zu befreien und nach Hause zurückzukehren. Aber oft führen uns die Ziele, die wir anstreben – jene, die wir nach den konventionellen Erfolgsbegriffen verfolgen sollen –, in Sackgassen, und wir suchen den Sinn des Lebens am völlig falschen Ort. Achtsamkeit hilft uns dabei, uns unserer eigenen Geschichte bewusst zu werden.

Hallo, Stille, mein alter Freund

Die Stille in unserem Leben ist an allen Fronten unter Beschuss: lärmende Nachrichtensender, blökende Autoalarmanlagen, summende und piepsende Smartphones, heulende Sirenen (besonders, wenn man wie ich in New York wohnt), betäubende Fahrstuhlmusik und Bildschirme, wo man nur hinschaut. Wir sind vernetzt, verkabelt, permanent versorgt und immer weniger in der Lage, Stille auszuhalten – sind wir uns doch nicht bewusst, was sie uns zu bieten hat. Wir übertönen die großen, aber einfachen Fragen des Lebens mit den simplifizierenden Soundbytes unseres 500-Programme-doch-es-läuft-nichts-Universums.

Früher schaltete ich, wenn ich nach Hause in meine Wohnung oder in ein Hotelzimmer kam, immer als Erstes die Nachrichten ein. Und dann eines Tages, es ist noch gar nicht lange her, hörte ich damit auf, weil mir zwei Dinge klar wurden: Erstens verpasste ich nichts – nicht einmal etwas, das ich beruflich für eine rund um die Uhr arbeitende Internet-Nachrichtenplattform gebrauchen konnte – außer immer denselben Diskussionen und Ansichten, die von unterschiedlichen Leuten endlos wiederholt wurden. Zweitens, und das war wichtiger, ließ ich dadurch eine Stille in meinem Tagesablauf zu, in der ich jene kleine, leise Stimme hören konnte, der wir nur selten Zeit und Aufmerksamkeit schenken. Ich verlor nichts und gewann viel. Und ich konnte auch besser zuhören – meinen Kindern, Kollegen und Freunden.

»Frage deine Seele!«, fordert der Dichter Hermann Hesse in *Mein Glaube*:

Frage sie, die Zukunft bedeutet, die Liebe heißt. Frage nicht deinen Verstand, suche nicht die Weltgeschichte nach rückwärts durch! Deine Seele wird dich nicht anklagen, du habest dich zu wenig um Politik gekümmert, habest zu wenig gearbeitet, die Feinde zu wenig gehasst, die Grenzen zu wenig befestigt. Aber sie wird vielleicht klagen, du habest allzu oft vor ihren Forderungen Angst gehabt und dich geflüchtet, du habest nie Zeit gehabt, dich mit ihr, deinem jüngsten und hübschesten Kinde, abzugeben, mit ihr zu spielen, ihrem Gesang zuzuhören, du habest sie oft um Geld verkauft, um Vorteile verraten ... Nervös und lebensfeindlich – so sagt deine Seele – wirst du, wenn du mich vernachlässigst, und wirst es bleiben und wirst daran untergehen, wenn du dich mir nicht mit ganz neuer Liebe und Sorgfalt zuwendest.[507]

Viele postmoderne Pilger wählen den Weg über Retreats, Klöster, Tempel und die »Kathedrale der freien Natur«, um Ruhe zu finden, der Stille zuhören zu lernen und der Seele Raum zum Erwachen zu geben.

Einst waren die Feiertage als Gelegenheit gedacht, uns spirituell und physisch neu aufzuladen – langsamer zu werden, unsere angeborene, aber unterdrückte Fähigkeit zu staunen aufscheinen zu lassen und die Breite und Fülle in unserem Leben zu entdecken. Ich erinnere mich an einen solchen Feiertag in einem kleinen Dorf auf Rhodos, als meine Töchter noch klein waren. In derselben Woche brachte das *Time Magazine* zufällig eine Titelgeschichte über die heilende Kraft des Glaubens. Die Leute im Dorf, wo wir die Ferien verbrachten, hätten bei dem Gedanken, dass man wissenschaftliche Studien mit Kontrollgruppen braucht, um die Kraft von Stille, Kontemplation, Gebet und sogar Gott zu beweisen, nur gekichert. Frauen aus ganz Griechenland kamen angereist, um den nahegelegenen Berg zum kleinen Kloster Tsambika hinaufzusteigen, wo sie zur Jungfrau Maria beteten – um ein Kind, um Heilung, um einen Arbeitsplatz. Die Dorfbewohner waren voller Geschichten über die Wunder der Jungfrau. Die Selbstverständlichkeit, mit der sie dort alle von Wundern sprachen, war schon für sich genommen ein Grund zum Staunen – sie spülte den Missmut unseres Alltags hinweg.

Ich konnte mich vollständig damit identifizieren. Ich glaube, ich war drei, als ich mich ohne elterliches Drängen vor mein Bett kniete und zur Jungfrau Maria betete. Immer, wenn ich mich einsam fühlte und Angst hatte, betete ich zu ihr. Bei Streitereien auf dem Schulhof, als meine Schwester krank wurde, als mein Vater auszog und eines Abends nicht mehr nach Hause kam, betete ich zu ihr. Als ich mit 13 zu meditieren begann, betete ich weiter zu ihr. Ob ich in Indien Vergleichende Religionswissenschaft studierte, buddhistische Meditationspraktiken erlernte oder die Kabbala entdeckte – ich fand immer wieder zu ihr zurück. Meine ganze Kindheit hindurch waren meine zwei Lieblingstage der 15. Juli, mein Geburtstag, und der 15. August, an dem ganz Griechenland der Jungfrau Maria huldigte. An ihrem Gedenktag fastete ich, auch wenn ich die Einzige in unserer Familie war. Und auch wenn ich sonst das ganze Jahr nicht in die Kirche ging, an Mariä Himmelfahrt setzte ich mich still zwischen die Witwen mit den schwarzen Kopftüchern und die jüngeren Frauen, die nach Sommerwolle und Kerzenrauch rochen – die Köpfe gebeugt im Gebet, in Kommunion mit der Jungfrau.

> *Was ist Erfolg?*
> *Wenn man jeden Abend beim Einschlafen*
> *mit sich im Reinen ist – das ist Erfolg.*[508]
>
> PAOLO COELHO

Einmal, als wir auf Rhodos waren, besuchten wir das nahegelegene Kloster Tharri, einen mit Weinlaub überwucherten Bau aus dem 10. Jahrhundert, den sein Abt, Pater Amfilochios, wieder zum Leben erweckt hatte. Tief versunken in orthodoxer Theologie, strahlte dieser Abt (inzwischen ist er griechisch-orthodoxer Erzbischof von Neuseeland) dennoch eine spitzbübische Lebensfreude aus, die absolut nichts mit seinem akademischen Grad zu tun hatte. Mönche und Kinder gleichermaßen nannten ihn Geronda, den »Alten«. Diese Verbindung, die in Griechenland zwischen dem Lebensalter, Weisheit und der Nähe zu Gott gezogen wird, steht in einem erstaunlicher Kontrast zu dem, wie wir heutzutage ansonsten oft mit dem Alter umgehen: Wir sehen es als Krankheit und stecken die, die an ihr leiden, in Quarantäne und vergessen sie.

Dabei war Geronda nicht einmal besonders alt – damals wahrscheinlich erst Ende 50. Den Titel »Alter« trug er wegen der Liebe und des Respekts, die er genoss. Seine Augen sprühten, aber seine Begeisterung war von Demut gemildert: »Dank sei Gott«, sagte er, wenn er etwas geschafft hatte, und »So Gott will«, wenn er etwas vorhatte. Seine Spiritualität war erfüllt von der Achtung vor der Natur. »Auch andere Länder sind so schön wie unsere Heimat«, sagte er bei einem Morgenspaziergang in den Hügeln zu mir. »Aber kein Land hat Düfte, die denen Griechenlands gleichkommen.«[509] Alle paar Schritte blieb er stehen, um einen Spross Thymian oder Rosmarin mitzunehmen, einen Kiefernzweig oder eine Wildblume – er kannte sie, anders als ich, alle beim Namen.

Der Aufenthalt bei den Mönchen auf Rhodos war Nahrung für die Seele. Als ich Pater Chrostodoulos, einem weiteren Mönch in Tharri, zuhörte, wie er über seinen Glauben sprach, wurde auch mein eigener gestärkt. Der Pater hatte griechische Eltern, war aber in Denver geboren und nach Los Angeles gegangen, um sein komödiantisches Talent zu einer Karriere in Hollywood umzumünzen. Stattdessen kellnerte er dann in der Old Spaghetti Factory und langweilte sich auf Prominentenpartys, wo das Kokain herumging wie griechische Oliven. Durch eine Reihe von Zufällen – im Kloster nannte man sie Gottes anonyme Wunder – landete er schließlich im Kloster Tharri. Sein Tag begann um vier Uhr früh mit der Morgenandacht. Er arbeitete in der Armenfürsorge und malte in seiner Freizeit Ikonen – wunderbare byzantinische Bildtafeln, in die er all seine Frömmigkeit legte. Meinen Kindern schenkte er ein kleines Exemplar, und Isabella, damals fünf, malte ihm als Gegengeschenk ein Bild von ihm: lang und dünn, mit Bart bis zum Gürtel – das war künstlerische Freiheit – und einem Grinsen von Ohr zu Ohr. Sie schenkte es ihm am Strand, während sie auf seinem Schoß saß – sie in ihrem rosa Bikini, er in seinem grauen Mönchshabit. Er fragte sie, ob sie denn in der Nacht gut geschlafen habe. »Nein, ich hatte einen Alpentraum«, erwiderte sie, des langen Wortes noch nicht ganz sicher, »eine riesige Mücke in Turnschuhen ist auf mir rumgelaufen.«

Diese war genau die Art von Woche, die Feiertagen ihre Heiligkeit zurückgibt. Für viel zu viele von uns sind Ferien aber nur eine weitere Möglichkeit, sich Stress und Geschäftigkeit zu ergeben und uns selbst in der Freizeit unter Leistungsdruck zu setzen – während uns unsere Smartphones selbstverständlich weiterhin mit der Welt verbinden, die wir doch hinter uns lassen wollten. Wir alle wissen, wie es ist, wenn man aus dem Urlaub zurückkommt und sich erschöpfter fühlt als vorher. Laut einer Studie von Fierce, Inc. – einer Firma, die Fortbildung und Training für Führungskräfte anbietet –, erleben 58 Prozent aller Beschäftigten nach dem Urlaub überhaupt keine Stressreduktion, während sich 28 Prozent nach dem Urlaub noch gestresster als vorher fühlen.[510]

*Wo auch immer du hingehst,
dort bist du dann.*[511]

BUCKAROO BANZAI

Für mich kommt es immer darauf an, das Staunen zurückzugewinnen, ob ich nun ein griechisches Kloster besuche oder eine aufwändig geplante *staycation* genieße. (Das ist eine Kombination aus *stay* und *vacation*, also etwa »Ferienaufenthalt«. Ich trenne mich dann von allen digitalen Geräten, unternehme lange Wanderungen, mache Yogaübungen und ausführliche Meditationen, schlafe ohne Wecker aus und lese echte Bücher, in denen man Unterstreichungen machen kann, und zwar Bücher, die nichts mit Arbeit zu tun haben.) Das bedeutet, dass ich mich von der Außenwelt trenne und mich auf eine Reise in mein Inneres begebe, wie kurz sie auch sein möge.

Ohne solche geistigen Erneuerungen haben wir womöglich irgendwann nur noch unsere negativen Erfahrungen, auf die wir zurückgreifen können. Denn wie Rick Hanson, Neuropsychologe an der Universität Berkeley und Autor von *Hardwiring Happiness*, schreibt: »Das Gehirn ist sehr gut darin, negative Erfahrungen in feste Strukturen umzuwandeln.«[512] Aber unser Gehirn ist längst nicht so gut darin, dasselbe für positive Erfahrungen zu leisten. Um das auszugleichen, so Hanson, müssen wir die positiven Erfahrungen eigens »installieren«, indem wir uns »10 oder 20 Sekunden Zeit nehmen, die Installation als neuronale Struktur zu fördern«. Mit anderen Worten, wir müssen uns die Zeit nehmen, um die Welt um uns herum zu bestaunen, dankbar zu sein für das Gute im Leben und unsere unwillkürliche Neigung, uns auf das Negative zu konzentrieren, überwinden. Damit es »hängenbleibt« und ein Teil von uns wird, müssen wir uns entschleunigen und das Staunen seine Wirkung tun lassen, in seiner eigenen Geschwindigkeit.

Zufällige Zusammentreffen: Die Geheimtür des Lebens zum Staunen

Ein Weg, um das Staunen in unserem Leben zu erwecken, ist, dem Zufall zu vertrauen. Wenn wir uns ihm öffnen, ist das, um genau zu sein, nicht nur ein Weg, sondern eine Schnellstraße. Zufälle, wie prosaisch auch immer, wecken unsere Neugierde auf das Wesen des Universums und alles, was wir noch nicht wissen und verstehen.

Der Zufall hat etwas an sich, das uns beglückt. Es gibt Tausende und Abertausende Beispiele – aber nicht so viele, dass sie ihre seltsame Macht über uns verlieren würden. Und das ist es, worauf es ankommt: Die Kombination aus Unwahrscheinlichkeit, zeitlichem Zusammentreffen und Glück hat eine Art magischer Kraft. Für den Philosophen Gottfried Wilhelm Leibniz waren Zufälle die »wunderbare prästabilierte Harmonie« des Universums,[513] für C. G. Jung »Schöpfungsakte in der Zeit«,[514] für den Autor und Journalisten Arthur Koestler Scherze des Schicksals.[515]

Hier also ein paar Schicksalsscherze: Eine Dame namens Mrs Willard Lowell sperrt sich versehentlich aus ihrem Haus in Berkeley, Kalifornien, aus. Während sie noch überlegt, was sie jetzt tun soll, kommt der Postbote und bringt ihr einen Brief ihres Bruders. Der war kürzlich zu Besuch gewesen, hatte aus Versehen einen Reserveschlüssel mitgenommen und schickt ihn mit diesem Brief zurück.[516]

Dann ist da der Mann, der in einem Einkaufszentrum im Rahmen einer Umfrage die Telefonnummern der befragten Kunden erheben soll. Einer der Befragten erfindet lieber eine Nummer, als seine richtige anzugeben. »Nein, Sir, entschuldigen Sie, aber das ist nicht Ihre Nummer«, erwidert der Marktforscher. »Und warum nicht?«, fragt der Mann. »Weil«, erklärt der Marktforscher, »die Telefonnummer, die Sie sich gerade ausgedacht haben, zufällig meine ist.«[517]

Wir müssen nicht wissen, was Zufälle bedeuten oder einen großartigen Schluss daraus ziehen, wenn uns zufällig einer passiert. Aber sie erinnern uns daran, unsere Fähigkeit zu staunen wachzuhalten, helfen uns, hin und wieder innezuhalten und uns zu gestatten, völlig im gegenwärtigen Moment aufzugehen und uns dem Geheimnis des Lebens zu öffnen. Sie sind eine Art forcierter Neustart.

Meiner Erfahrung nach begeistern Zufälle alle Menschen, egal, welcher Religion man anhängt oder ob man an etwas Größeres als sich selbst im Universum glaubt. (Vielleicht gibt es ein paar Dummköpfe, die das nicht tun, aber ich bin ihnen noch nicht begegnet.) »Zufälle sind eine Art Abkürzungen zu sehr großen Fragen des Schicksals, zu Gott, selbst für Menschen, die weder an das eine noch das andere glauben«, sagt Sarah Koenig, Produzentin der Radiosendung *This American Life*. »Die Vorstellung, dass irgendwo da draußen jemand oder etwas auf dein Leben achtet, dass es einen Plan geben könnte, der durch Zufälle umgesetzt wird.«[518]

In einer Folge, in der es um Zufälle ging, baten die Produzenten der Sendung die Hörer, ihre Geschichten einzusenden. Das taten diese, und die Produzenten arbeiteten sich durch 1 300 Beiträge. Einer stammte von einem Mann namens Blake Oliver. Er hatte seiner Freundin Camille gesagt, er suche ein neues Hintergrundbild für sein Smartphone, und sie schickte ihm ein Kinderbild von sich selbst. Auf dem Bild war allerdings auch noch Olivers Großmutter zu sehen, obwohl er in Michigan aufgewachsen war und sie in Utah. Als das Bild aufgenommen wurde, hatte Camille Ferien in Vancouver gemacht, und Olivers Großmutter hatte dort zufällig gerade Verwandte besucht und war durch das Foto gelaufen, das Oliver viele Jahre später zugeschickt bekam. Eine kosmische Fotobombe. »Verrückt«, sagte Oliver, »sie ist nicht nur mit im Bild, sondern genau hinter ihr.«[519]

Auch ein Hörer namens Stephen Lee schickte seine Geschichte ein. Er hatte die Eltern seiner Freundin Helen eingeladen, um sie mit seinen Eltern bekanntzumachen, kurz nachdem die beiden sich verlobt hatten. Es stellte sich heraus, dass Stephens – inzwischen verstorbener – Vater und Helens Mutter in den 1960er Jahren in Korea ein Paar gewesen waren; er hatte ihr sogar einen Antrag gemacht. Dieser Zufall hatte für Stephen echte Bedeutung: »Ich habe nicht so viel Zeit mit meinem Vater verbringen können, wie ich mir gewünscht hätte, und jetzt ist er plötzlich sozusagen wieder ein aktiver Teil meines Lebens. Ich kann mit meiner Schwiegermutter darüber sprechen, wie er in seinen Zwanzigern war, Sachen, die nicht mal meine Mutter weiß.«[520]

Ein weiteres Beispiel kam von Paul Grachan, der erzählte, dass er eines Tages darüber nachgrübelte, wie ernst es ihm mit seiner Freundin Esther eigentlich sei. Er kaufte gerade ein Sandwich in einem Imbissladen, und als er Geld hervorzog, um zu bezahlen, fiel ihm auf, dass auf einem Dollarschein handschriftlich der Name »Esther« stand. Er behielt den Schein, rahmte ihn und schenkte ihn seiner Freundin. Sie war einigermaßen betroffen, sagte aber nicht viel dazu. Jahre später, sie waren längst verheiratet, erzählte sie ihm schließlich, als sie bei einem Umzug den gerahmten Schein aus einem Karton zog, warum sie damals so reagiert hatte. Als Neunzehnjährige war sie in einer unglücklichen Beziehung gewesen und hatte sich gefragt, wie man überhaupt erkennen könne, ob jemand der richtige Lebensparter sei. »Ich sagte mir, was soll's, ich lasse es einfach drauf ankommen. Ich schreibe meinen Namen auf einen Dollarschein, und wer ihn mir eines Tages wiedergibt, ist der Richtige für mich. Als du mir dann diesen Geldschein gegeben hast, wusste ich, dass wir heiraten würden.« Sie hatte ihm damals nichts davon gesagt, weil sie ihn nicht »panisch machen« wollte, indem sie zu früh von Heirat sprach.

Als er das endlich erfahren hatte, war er angemessen erstaunt: »Ich dachte, was bedeutet das für uns? Werden wir eine Zeitmaschine erfinden? Oder sind unsere Kinder dazu bestimmt, den Weltfrieden zu bringen? Also, worin liegt hier der Sinn des Ganzen? Denn da steckt etwas Größeres dahinter, das wir nicht sehen können.«[521]

Und das ist natürlich der Punkt. Es gibt hier tatsächlich etwas Größeres, das wir nicht sehen! Ich habe schon immer eine tiefe Liebe für die Mysterien des Zufalls gehegt und wie sie uns winzige Einblicke in die Struktur des Universums gewähren – oder zumindest einen Einblick in die Tatsache, dass es überhaupt eine Struktur hat. Eines meiner Lieblings-Bibelzitate ist aus dem Matthäus-Evangelium und lautet: »Werden nicht zwei Sperlinge um eine Münze verkauft? Und nicht einer von ihnen wird auf die Erde fallen ohne euren Vater.« Das ist eine großartige Widerrede gegen den existentialistischen Glauben, wir lebten isoliert und entfremdet in einem gleichgültigen Universum.

Meine Schwester Agapi erzählt in ihrem Buch *Unbinding the Heart* (»Das Herz entfesseln«), wie unser ganzes Erwachsenwerden von Zufällen erfüllt war. »Ich wuchs in Griechenland mit einer Diät aus Olivenöl, Schafskäse und dem Prinzip der Synchronizität auf«, schreibt sie. »Ich hatte eine Mutter, die es lebte, atmete und täglich bestätigte. Und mein eigenes Leben war von Anfang an gelebte Synchronizität.«

Dann erzählt sie eine Geschichte über diesen Anfang. Fünf Monate nach meiner Geburt wurde meine Mutter wieder schwanger. Die Ehe meiner Eltern war aber nicht glücklich (sie ließen sich später scheiden), und so entschlossen sie sich, das Kind abtreiben zu lassen. »Am Morgen des Arzttermins«, schreibt Agapi, »hatte mein Vater allerdings etwas anderes im Sinn (eine andere Art Transzendenz). Durch die Intimitäten an diesem Morgen verpasste meine Mutter ihren Termin und machte keinen neuen aus. Sie bekam das Baby also doch – mich. Die Synchronizität war zu meinen Gunsten am Werk!«[522]

Und zu meinen – denn so bekam ich eine Schwester, die seit jeher auch meine engste Freundin ist. Und seit damals taucht die Synchronizität ständig in meinem Leben auf. Viele Jahre später, als ich in meinem letzten Studienjahr in Cambridge war, sah mich zufällig der britische Verleger von Germaine Greers *The Female Eunuch* (dt.: *Der weibliche Eunuch. Aufruf zur Befreiung der Frau*) in einer Fernsehdiskussion und schickte mir eine Anfrage, ob ich vielleicht interessiert sei, ein Buch zu schreiben. Damals wollte ich eigentlich nach der Uni eine Doktorandenstelle an der Kennedy School of Government annehmen, also lehnte ich höflich ab. Er schrieb zurück und fragte, ob er mich wenigstens zum Essen einladen dürfe. Ich dachte, warum nicht, und sagte zu. Nun ja, bis wir mit dem Mittagessen fertig waren, hatte er mir bereits einen Vertrag und einen kleinen Vorschuss (wahrscheinlich weniger als die Restaurantrechnung) angeboten, und ich hatte angenommen – was mir eine völlig andere berufliche Laufbahn bescherte. Und all das, weil der Verleger beim Fernsehen nicht auf ein unterhaltsameres Programm umgeschaltet hatte!

Auch in der Geschichte gibt es viele seltsame Zufälle. Thomas Jefferson und John Adams starben 1826 am selben Tag, nicht nur zufällig am 4. Juli, dem amerikanischen Unabhängigkeitstag, sondern auch genau 50 Jahre nach der Unterzeichnung der Unabhängigkeitserklärung. John Quincy Adams, der Sohn von John Adams und damalige US-Präsident, schrieb in sein Tagebuch, der Zufall sei ein »sicht- und fühlbares Zeichen göttlicher Gnade«. Ein Mitunterzeichner der Unabhängigkeitserklärung, Samuel Smith, sagte in seiner Trauerrede, der Zufall gehe auf »die allsehende Vorsehung« zurück, als »Zeichen der Segnung für beider wohlgeführtes Leben.«

Margaret Battin, Philosophieprofessorin an der University of Utah, schreibt in ihrer Untersuchung möglicher Erklärungen für diesen Zufall, »Was wir über Adams und Jefferson sagen, reflektiert angesichts fehlender zwingender historischer Belege eher, was wir über uns selbst sagen wollen«.[523]

Forschungen haben gezeigt, dass unsere Bereitschaft, über das Wunder des Zufalls zu staunen, tatsächlich etwas über uns selbst aussagt. Laut Martin Plimmer und Brian King, Autoren von *Beyond Coincidence*, haben Menschen, denen Zufälle auffallen, gewöhnlich mehr Selbstvertrauen und fühlen sich in ihrem Leben wohler. »Jeder Zufall, der ihnen begegnet – selbst ein kleiner – bestätigt ihren Optimismus«, schreiben sie.[524] Und laut Ruma Falk, Professorin an der Hebrew University in Jerusalem, erinnert man sich an Ereignisse, die mit einem Zufall in Verbindung stehen, besser als an andere.[525]

Plimmer und King weisen auf die wichtige Rolle hin, die der Zufall in Erzählungen spielt. »Allegorien und Metaphern verbinden zwei normalerweise unverbundene Vorstellungen, um den Leser dazu zu bringen, etwas Bekanntes in neuem Licht zu sehen«, schreiben sie. »Im strengen Sinne sind Metaphern keine Zufälle, da sie bewusst konstruiert sind, aber sie funktionieren genauso: Sie verschmelzen getrennte Dinge, um eine Enthüllung zu bewerkstelligen.«[526] Ein altes chinesisches Sprichwort sagt: »Kein Zufall, keine Geschichte.«[527]

C. G. Jung beschrieb mit dem Begriff »Synchronizität« Ereignisse »anderer als kausaler Natur« – das Ergebnis »eines zeitlichen Zusammentreffens, einer Art Simultaneität«. Jung begann sich dafür zu interessieren, als ihm seine Patienten Geschichten erzählten, die er »nicht als Zufallsbegegnungen erklären konnte« und »die so bedeutungsvoll miteinander in Beziehung standen, dass ihr ›zufälliges‹ Zusammentreffen einen Grad von Unwahrscheinlichkeit erreichte, der astronomisch gering war«.

Für Jung bezog sich Synchronizität nicht nur auf zufällige Zusammentreffen, sondern auch auf den Zusammenhang zwischen einem zufälligen Ereignis und dem jeweiligen Geisteszustand eines Menschen. Er schrieb: »So bedeutet denn Synchronizität zunächst die Gleichzeitigkeit eines gewissen psychischen Zustandes mit einem oder mehreren äußeren Ereignissen, welche als sinngemäße Parallelen zu dem momentanen subjektiven Zustand erscheinen und – gegebenenfalls – auch vice versa«, und schloss, dass »wir sie als Schöpfungsakte ansprechen [müssen] im Sinne einer creatio continua, eines teils von jeher, teils sporadisch sich wiederholenden Angeordnetseins, das aus keinerlei feststellbaren Antezedenzien abgeleitet werden kann.«[528]

Das Konzept der Gleichzeitigkeit ist besonders interessant. Indem es uns dazu veranlasst, über das lineare Wesen der Zeit neu nachzudenken, bringt es uns auch die heutige physikalische Vorstellung von Zeit näher – eine, in der Vergangenheit, Gegenwart und Zukunft gemeinsam vorhanden sind. Zufälle kann man sich als Momente vorstellen, in denen die unsichtbaren Fäden, die diese Zeitlandschaft verbinden und zusammenhalten, kurz sichtbar werden.

Einer dieser Fäden löste sich, derweil ich gerade am vorliegenden Abschnitt über Zufälle schrieb. Als ich nach Weihnachten auf dem Weg zum Flughafen war, um wieder nach New York zurückzukehren, las ich den Abschnitt noch einmal durch, bevor er in Druck ging. Während ich durch die Sicherheitskontrolle ging, erzählte mir der TSA-Beamte Jay Judson, seine Frau sei Griechin, und wir unterhielten uns darüber, wie gut ihr Spanakopita sei. Dann sagte er plötzlich: »Haben Sie einen Moment Zeit? Ich habe eine Geschichte für Sie.« Und es war die Geschichte eines Zufalls!

»Mark, der Cousin meiner Frau, arbeitet in einem griechischen Imbiss gegenüber der St. Sophien Kirche«, sagte er. »Er wurde auf der Insel Zakynthos geboren und war sechs Monate alt, als 1953 das furchtbare Erdbeben passierte. Durch die Katastrophe wurde er von seiner Familie getrennt, kam in eine Pflegefamilie und wurde schließlich von einem Ehepaar in den USA adoptiert. Über 50 Jahre später deckte er in besagtem Imbiss gemeinsam mit einem Teilzeitkellner, der gerade angefangen hatte, die Tische, und es stellte sich heraus, dass der Kellner sein Cousin war. Er brachte Mark augenblicklich wieder in Kontakt mit seinem Bruder auf Zakynthos. ›Weißt du, du hast eine große griechische Familie hier drüben, die es nicht erwarten kann, dich wiederzusehen!‹, sagte sein Bruder. Jedes Mal, wenn ich diese Geschichte erzähle, bekomme ich eine Gänsehaut.«

Und er rollte seinen Ärmel hoch, um mir die Gänsehaut auf seinem Arm zu zeigen. Dieser große, breitschultrige Mann war sichtlich bewegt von einem Zufall, der nicht einmal ihm selbst passiert war, sondern dem Cousin seiner Frau – und das genau in dem Moment, als ich diesen Abschnitt über Zufälle abschloss (Einsatz für die Titelmusik aus *Twilight Zone*).

Vielleicht sind deshalb die meisten Beispiele in *Beyond Coincidence*, die Befragte erzählen, wenn es um religiöse oder spirituelle Momente in ihrem Leben geht, solche Geschichten von Zufällen.[529] Aber wenn Zufälle ein Zeichen dafür sind, dass es im Universum einen Sinn und einen Plan gibt, dann hat das Konsequenzen für unsere Lebensweise. Denn wenn es einen Sinn im Universum gibt, dann gibt es auch einen Sinn in unserem Alltag und den Entscheidungen, die wir treffen. Und so können wir uns dafür entscheiden, so zu leben, dass unser Leben erfüllter und vollständiger wird und im Einklang mit dem steht, worauf es ankommt: ein Leben, das nicht von Einkommen und Lebenslauf definiert wird, ein Leben, das alles umfasst, was wir sind und werden können.

Natürlich kann die Statistik alle Zufälle problemlos als »eine Wechselwirkung von Mathematik und menschlicher Psychologie« wegerklären, wie es Pradeep Mutalik von der Yale University ausdrückt. »Möge Ihre Woche«, so schreibt er, »mit vielen interessanten Zufällen gesegnet sein. Und mögen Sie ihnen keine kosmische Bedeutung zumessen.«[530] Ich sage dazu: Messen Sie dem Zufall so viel Bedeutung bei, wie Sie nur wollen! Und nutzen Sie diese Bedeutung als Ansatzpunkt für ein Leben im Sinne der Dritten Größe.

Was für einen Nachteil sollte das haben, solange Sie keine Verhaltensregel daraus ableiten (wenn x geschieht, muss das y bedeuten, und ich muss daher z tun)? Der Vorteil dagegen ist unübersehbar: Einen kindlichen Sinn für das Wunderbare und Staunenswerte zu bewahren, gehört zum Spaß und dem großen Mysterium des Lebendigseins. Zufälle verbinden uns über die Zeit hinweg – miteinander, mit uns selbst und mit einer unsichtbaren Ordnung im Universum. Wir können uns nicht aussuchen, wo und wann sie uns mit ihrem Auftreten beschenken, aber wir können uns entscheiden, ob wir uns ihrer Kraft öffnen.

Memento mori

In der Mythologie wird der Tod immer als Verwandlung und Erneuerung beschrieben.

Wie gut und erfüllend unser Leben auch ist, wie erfolgreich wir auch darin sein mögen, es mit Wohlbefinden, Weisheit, Staunen und Schenken zu füllen, irgendwann wird es aufhören. Und egal, was wir glauben, was nach dem Tod passiert – dass unsere Seele weiterlebt, dass wir in den Himmel oder die Hölle kommen, dass wir wiedergeboren werden oder in die Energie des Universums zurückkehren, oder dass wir ganz einfach zu existieren aufhören –, auf jeden Fall wird unsere körperliche Existenz und das Leben, wie wir es kennen, enden. Vielleicht ist der Tod nicht das Ende der Geschichte, aber ganz sicher ein Kapitelende. Und wie eine Schlagzeile im Satiremagazin *The Onion* richtig feststellt, liegt die »Weltweite Sterberate weiter stabil bei 100 Prozent«.[531]

In unseren hochpolarisierten Zeiten, wo in den Medien so viel Druckerschwärze (oder Pixel) dafür aufgewandt wird, um festzustellen, wie uneinig und gegensätzlich wir sind, ist der Tod das eine Universelle, das wir alle gemeinsam haben. Er ist der absolute Gleichmacher. Und dennoch sprechen wir kaum darüber. Wir können in einem seelenlosen Flughafenwartebereich ein Gefühl der Gemeinsamkeit mit jemandem allein aufgrund der Tatsache aufbauen, dass unsere Maschine 10 Minuten Verspätung hat, und wir können eine ganze Beziehung auf einer gemeinsamen Neigung zur Fernsehserie *Mad Men* begründen, aber es kommt uns kaum je in den Sinn, uns wegen unserer gemeinsamen Sterblichkeit miteinander zu verbinden – diesem massiven sterbenden Elefanten, der da mit uns im Zimmer sitzt.

Vor allem im Westen kehren wir die Sterblichkeit unter den Teppich, und je näher der Tod kommt, desto weiter schieben wir ihn von uns weg, indem wir verzweifelt immer mehr Apparate, Schläuche, Alarmpiepser und Bettgeländer zwischen uns und denjenigen legen, der gerade über die Sterblichkeitsschwelle tritt. Die Apparatemedizin lässt den Menschen – den Patienten – weniger menschlich erscheinen, womit sein Schicksal für uns, die glücklichen Lebendigen, weniger relevant ist. So müssen wir nicht darüber nachdenken und können es endlos vor uns herschieben, wie einen Posten auf einer unserer To-do-Listen, den wir nie abarbeiten, den lange geplanten Tarifwechsel für unser Mobiltelefon etwa oder das Ausmisten im Kleiderschrank. Auf rationaler Ebene ist uns klar, dass wir irgendwann schon dazu kommen werden – beziehungsweise müssen. Aber wir sagen uns, dass man sich ja auch nicht unnötig früh darum kümmern muss. Über den Tod nachzudenken ist so, als kaufe man einen neuen Boiler, bevor der alte kaputtgeht. Warum jetzt schon? Was würde das helfen? Was würde es nützen?

Ziemlich viel. Es gibt sogar kaum etwas, das uns mehr über das Leben lehren kann, als der Tod. Wenn wir neu definieren wollen, was es heißt, ein erfolgreiches Leben zu führen, müssen wir auch die Gewissheit des Todes in den Alltag einbauen. Ohne »tot« gibt es kein »lebendig«. Der Tod ist die Vorbedingung des Lebens. Sowie wir geboren werden, sterben wir auch schon. Die Tatsache, dass unsere Zeit begrenzt ist, macht sie so kostbar. Wir können unser Leben damit zubringen, wie besessen Geld und Macht gewissermaßen als irrationale, unbewusste Abwehr des Unvermeidlichen anzuhäufen, aber Geld und Macht sind nicht dauerhafter als wir selbst. Wir können sie zwar unseren Kindern vererben, aber das gilt ebenso für die gemeinsame Erfahrung eines erfüllten Lebens, das reich an Weisheit und Staunen ist. Um den Erfolg wirklich neu zu definieren, müssen wir auch unser Verhältnis zum Tod neu definieren.

Ich erinnere mich lebhaft an die Geburtsvorbereitungen während meiner Schwangerschaften: die Lamaze-Kurse, die Atemübungen, die endlose Lektüre zu diesem Thema. Wie seltsam, dachte ich mir eines Tages, Stunde um Stunde damit zu verbringen, sich auf das Schaffen eines Lebens vorzubereiten, aber kaum eine Minute mit dem Gedanken an seine Beendigung. Wo finden sich Vorkehrungen in unserer Kultur, um das Leben mit Dankbarkeit und Würde zu verlassen?

Wir scheinen wie besessen davon, mithilfe der sozialen Medien unsere Erlebnisse zu verewigen, als ob unser Leben weniger vergänglich werde, wenn man nur möglichst viele Fotos hinterlässt. Vielleicht bleiben die Überreste unseres virtuellen Ich über unser physisches Ich hinaus erhalten, aber sie sind genauso vergänglich.

Ich war einmal in New York zum Dinner eingeladen, als es gerade in Mode war, im Urlaub die ägyptischen Tempel am Nil zu besuchen. Mein Tischnachbar war soeben von einer solchen Reise zurückkehrt. »Ramses«, so erzählte er ungläubig, »verbrachte sein ganzes Leben mit der Vorbereitung auf den Tod.« Ich blickte mich im Saal um und dachte im Stillen, dass das sicherlich klüger war als das, was wir hier taten: unser Leben mit der verzweifelten Illusion hinzubringen, der Tod werde schon nicht kommen. »Vielleicht waren die alten Ägypter gar nicht so dumm«, erwiderte ich. »Zu leben, ohne auch den Tod im Blick zu haben, geht doch ziemlich am Sinn des Ganzen vorbei, oder?« »Ich finde den Tod langweilig«, sagte er verächtlich und erntete zustimmendes Murmeln. »In Mitteleuropa gibt es Kaffeehäuser für so etwas – Kaffee mit Schlag und Seelenentblößungen über den Tod und das Jenseits. Solche Bekenntnisse haben etwas entschieden Würdeloses. Ich will gar nicht mehr über mich selbst erfahren.« Allseitiges erleichtertes Gelächter, und unsere erfahrene Gastgeberin wechselte geschickt das Thema.

Aber dieser Themenwechsel wird immer schwieriger, und der Glaube an des Kaisers neue Kleider immer verzweifelter, denn der Preis für das, was wir als erfolgreiches Leben definieren, steigt permanent; und er wird immer schmerzlicher.

In den 1980er Jahren schrieb ich eine Biografie über Pablo Picasso. Als er älter wurde und das Ende allmählich in Sicht kam, war den Tod zu meiden eine wichtige Triebkraft für Picasso. Während meiner Recherchen für diese Biografie versuchte ich lange, seinen Impuls zu verstehen und den Tod aus meinem Gesichtsfeld zu verbannen. Wie für alle Menschen, so wurde es auch für ihn besonders schwierig, wenn wichtige Menschen in seinem Umfeld starben. Zwei entscheidende Freunde in seinem langen Leben starben 1963: im August der Maler Georges Braque und im Oktober der Dichter Jean Cocteau.[532] Er begrub die Toten und arbeitete weiter. Wenn er mit der Arbeit den Tod nicht besiegen konnte, womit dann? Seine Kinder gaben ihm keineswegs das Gefühl, sein Leben gehe in ihnen weiter, sondern waren für ihn nur eine düstere Mahnung, dass sein Leben sich dem Ende näherte. Während der Weihnachtsfeiertage jenes Jahres sagte er zu seinem Sohn Claude, er solle ihn nicht mehr besuchen: »Ich bin alt, und du bist jung. Ich wünschte, du wärest tot.«[533] In seinem Werk hat er das strahlende Licht seines Genies in die Dunkelheit und auf das Böse im Menschen geworfen, aber in seinem eigenen Leben wurde er von dieser Dunkelheit überwältigt.

Das Thema Tod steht mit gutem Grund im Mittelpunkt jeder Religion und Philosophie. »Das wichtigste Streben jener, die auf rechte Weise Philosophie treiben«, sagt Sokrates im *Phaidon* des Platon, »ist es, sich auf das Sterben und den Tod vorzubereiten.« Weil der Körper uns »mit Bedürfnissen, Wünschen, Ängsten, Täuschungen und Unsinn erfüllt«, können wir wahre Weisheit nur erreichen, wenn unsere Seele im Tod vom Körper befreit wird. Und deshalb sei Philosophie, »zu lernen, wie man stirbt«.[534]

Im Lateinischen gibt es das Sprichwort *Memento mori*, »Gedenke des Todes«, das im antiken Rom oft abgekürzt als MM in Statuen und Bäume geritzt wurde. Angeblich soll in römischen Triumphzügen ein Sklave hinter dem Triumphator auf dem Streitwagen gestanden haben, der ihm immer wieder zurufen musste: »Auch du bist sterblich.«[535] Ein anderer Italiener, Michelangelo, sagte einmal: »In mir existiert kein Gedanke, den nicht der Tod mit seinem Stichel dort eingegraben hat.«[536]

Im Judentum ist die Trauer in vier Phasen eingeteilt: drei Tage tiefer Trauer, sieben Tage *Schiwa*, während derer die Trauergäste kommen, 30 Tage *Schloschim*, während derer sich der Trauernde allmählich wieder in die Gemeinde integriert, und ein Jahr, in dem bestimmte Rituale noch fortgesetzt werden, falls es sich bei dem Toten um einen engen Angehörigen handelt.[537] Das Christentum wiederum beruht darauf, dass Jesus den für das Menschsein bestimmendsten Ritus – den Tod – durchlebt und ihn durch seine Auferstehung überwindet.

Im Buddhismus gibt es kein vom übrigen Sein getrenntes Ich, also ist der Tod einfach eine Wiedergeburt in eine andere Manifestation von Leben und Energie im Universum.[538] Indem wir nicht über ihn sprechen und ihn fast zum Tabu machen, haben wir im Westen uns selbst von dem abgeschnitten, was der Tod uns lehren kann. Ira Byock schreibt in *Sterben:* »Die höchste Anerkennung genießt in unserer Gesellschaft der junge, dynamische, selbstbestimmte Mensch; fehlen diese Attribute, ist er sozusagen weniger wert. Die physischen Merkmale von Krankheit oder fortgeschrittenem Alter werden als persönliche Demütigung angesehen, der allmähliche körperliche Verfall wird als beschämend und nicht als unvermeidbarer natürlicher Vorgang empfunden.«[539]

Da wir den Tod – und die Sterbenden – sehr erfolgreich aus unserer Umgebung und unserem Alltag entfernt haben, sind jene, die deren Lehren am ehesten mitbekommen, die Sterbebegleiter. Wenn man ihre Berichte liest, fällt auf, wie übereinstimmend sie sagen, dass es sehr lehrreich für ihr Leben war, so viel mit dem Tod zu tun zu haben.

Joan Halifax ist Zen-Meisterin, Anthropologin und Pflegerin in einem Hospiz. In ihrem Buch *Being with Dying* schreibt sie, dass die sehr amerikanische Auffassung eines »guten Todes«, was oft »lebensverleugnend, antiseptisch, mit Medikamenten abgefüllt, an Schläuche gehängt und auf der Intensivstation« bedeute, uns wertvolle Lektionen über das Leben vorenthalte. Sie fand, dass einen die Nähe des Todes und die Versorgung Sterbender dazu bringe, »ruhig zu werden, loszulassen, zuzuhören und sich dem Unbekannten zu öffnen«.[540]

Das heißt nicht, dass es einfach wäre, dauernd mit dem Tod konfrontiert zu sein. »So eng am Tod zu arbeiten, hat mir oft Angst gemacht«, schreibt sie. »Ich hatte Angst, mich bei den Sterbenden anzustecken. Als ich aber erkannte, dass ich längst mit Sterblichkeit infiziert war, verlor ich die Angst davor. Diese Verbundenheit zu begreifen, ist der Anfang des Mitgefühls.«[541]

Eine Lektion, die sie besonders intensiv lernte, war, dass man sich auch um sich selbst kümmern muss, wenn man sich um andere kümmert. Sie schreibt, sie habe oft erlebt, dass Pflegekräfte ihren Beruf wegen Überarbeitung und Burnout aufgaben. »Sein Privatleben zusammenzuhalten ist keine Luxusoption, sondern eine absolute Notwendigkeit, wenn man anderen auf der Welt von Nutzen sein möchte«, schreibt sie. »Wir sind nicht von allem anderen getrennt; wenn wir leiden, leiden auch andere. Unser Wohlbefinden ist das Wohlbefinden anderer. Nehmen Sie sich also Zeit, um sich mit Ihrem Herzen zu verbinden, denn, wie es im Zen heißt, ›Wenn Sie sich um Ihren Geist kümmern, kümmern Sie sich um die Welt.‹«[542]

Für Halifax bedeutet das Meditation und spirituelle Achtsamkeit. Sie beschreibt sie als »unverzichtbar für die Durchführung der transzendentalen Entwicklung, die bei Eintritt des Todes möglich wird«. Früher hatte sie den Tod als Feind gesehen, jetzt lernte sie, ihn als Lehrer und Führer zu betrachten.[543]

Elisabeth Kübler-Ross schreibt in ihrem Buch *Death: The Final Stage of Growth*, dass die große Nähe zum Tod ihr Leben bereichert habe. »Mit Sterbenden zu arbeiten ist nicht morbide und deprimierend, sondern eine der dankbarsten Erfahrungen überhaupt, und ich fühle, dass ich in den letzten Jahren intensiver gelebt habe als manche Menschen in einem ganzen Leben.« Sie bezeichnet den Tod als »sehr kreative Kraft ... Dem Tod gegenüberzutreten bedeutet der endgültigen Frage nach dem Sinn des Lebens gegenüberzutreten. Wenn wir wirklich leben wollen, müssen wir den Mut haben anzuerkennen, dass das Leben sehr kurz ist und alles, was wir tun, auch zählt.«[544]

Am berühmtesten im Zusammenhang mit Elisabeth Kübler-Ross sind natürlich die von ihr definierten fünf Stufen des Schmerzes eines Sterbenden: Verleugnen, Zorn, Verhandeln, vorbereitende Depression und Einwilligung. Letztere ist, so schreibt sie, »keine glückliche Phase, aber auch keine unglückliche ... keine Resignation, sondern vielmehr ein Sieg.«[545]

Selbst wenn wir dem Tod stur jeden Einfluss auf unser Leben verweigern, wird unser Leben auf jeden Fall unseren Tod beeinflussen. Stan Goldberg, Autor von *Lessons for the Living: Stories of Forgiveness, Gratitude, and Courage at the End of Life* (»Lektionen für die Lebenden: Geschichten von Verzeihen, Dankbarkeit und Mut am Ende des Lebens«), schreibt, dass »die Ideen und Emotionen, die Menschen mit sich durchs Leben tragen, oft die Qualität ihres Todes bestimmen«. Mit anderen Worten, ein »guter Tod« ist wahrscheinlicher, wenn man ein gutes Leben gehabt hat. »Ich bin zu dem Glauben gelangt, dass das Gepäck, das ich zu meinem Tod mitbringe, seine Qualität bestimmen wird«, schreibt er. »Ich habe gelernt, wie wichtig es ist, einfache Dinge zu tun – meiner Familie und meinen Freunden zu sagen, dass ich sie liebe; für den kleinsten Gefallen Dankbarkeit auszudrücken; ungeschickte Worte und Handlungen anderer zu akzeptieren und um Verzeihung zu bitten, wenn ich etwas falsch gemacht habe.«[546]

Oft lesen wir sehr bewegende Berichte von den Sterbenden selbst über die tiefen Lehren, die am Ende des Lebens so offensichtlich scheinen. Andy Whitfield, Star der Fernsehserie *Spartacus*, bekam im

März 2010 die Diagnose, dass er an einem Non-Hodgkin's-Lymphom leide. Auf der Suche nach einer Therapie reiste er nach Indien, Neuseeland und Australien. Seine Frau und er ließen sich, während sie auf Testergebnisse warteten, Partnertattoos stechen: »Be Here Now« (»Sei jetzt hier«). »Im Herzen bin ich überzeugt davon, dass das alles so sein soll«, sagte er. »Ich soll genau jetzt genau hier sein, und ich bin offen für die Reise und für die Entdeckungen und Abenteuer, die damit verbunden sind. ›Be Here Now‹ bezieht sich darauf, dass man ganz in der Gegenwart sein und das Unbekannte nicht fürchten soll.«[547]

Whitfield starb im September 2011, aber die Lehre lebt weiter. Im eigenen Leben völlig präsent zu sein ist für ein gutes Leben genauso wichtig wie für einen guten Tod.

Der britische Historiker Tony Judt starb 2010 an Amyotropher Lateralsklerose (ALS). In einem außergewöhnlichen Interview mit Terry Gross in der Radiosendung *Fresh Air* auf NPR erklärte er, dass die große Gefahr bei einer schweren Erkrankung wie ALS, die einen von medizinischen Apparaten und Pflegekräften abhängig macht, weniger sei, dass man bösartig und ausfallend werde, sondern dass man sich von Angehörigen und Freunden abkapsele. »Sie verlieren das Gefühl, dass man anwesend ist«, sagte er, »man ist nicht mehr allgegenwärtig in ihrem Leben.« Seine Verantwortung gegenüber Familie und Freunden sei also nicht, immer positiv und sonnig-naiv zu wirken, was nicht ehrlich wäre. »Sondern ich muss jetzt so präsent in ihrem Leben sein wie nur möglich, so dass sie sich später nicht schuldig oder unwohl fühlen, weil sie mich nicht in ihr Leben integriert haben, sondern eher die Erinnerung an eine vollständige als eine zerbrochene Familie bewahren.«

Zu seinen spirituellen Überzeugungen sagte er: »Ich glaube nicht an ein Leben nach dem Tod. Ich glaube nicht an einen oder mehrere Götter. Ich respektiere alle, die das tun, aber ich selbst habe keinen solchen Glauben … Also – kein Gott, keine Kirche, aber ein zunehmendes Gefühl, dass es etwas Größeres gibt als die Welt, in der wir leben, auch nach dem Tod, und dass wir in dieser Welt Verantwortung tragen.«[548]

Dieses Gefühl, dass es etwas Größeres gibt als die Welt, in der wir leben, verändert unsere Prioritäten im Leben dramatisch.

In der westlichen Kultur, wo Jugend und Berühmtheit gefeiert werden, spricht man nicht gerne über den Tod, aber es gibt inzwischen eine wachsende Bewegung, das Gespräch über den Tod wieder in den Alltag zurückzubringen. Jaweed Kaleem, Religionsreporter der *Huffington Post*, ist auch für den Tod zuständig und berichtet über die Bewegung »Death Over Dinner« (»Tod beim Essen«), in der man das tut, wonach es klingt: Man setzt sich zum Essen zusammen und redet über Tod und Sterben. Wo könnte man auch besser über den Tod reden als während der wichtigsten lebenserhaltenden Aktivität? Die Idee hat sich inzwischen auf über 250 Städte weltweit ausgedehnt. Michael Hebb, ein Künstler aus Seattle, sagt dazu: »Über den Tod spricht man in Arztpraxen, auf gezwungenen Familienfeiern, in Anwaltskanzleien – lauter unangenehme Orte, ungeeignet für Unterhaltungen, die viel Menschlichkeit, oft Humor und Ehrfurcht erfordern. In der Geschichte waren es immer die Mahlzeiten, bei denen eine Idee lebendig wurde.«[549]

Die Bewegung »Death Over Dinner« folgt der Bewegung »Death Café« auf dem Fuße, die 2004 in der Schweiz entstanden ist. Genau wie Death Over Dinner geht es auch beim Death Café um informelle Versammlungen, bei denen man über den Tod spricht. »Es wird immer mehr anerkannt, dass es uns keine Vorteile bringt, den Tod an die Ärzte und Bestattungsunternehmer auszulagern«, sagt Jon Underwood, der in London ein Death Café betreibt.[550] Die Journalistin und Pulitzer-Preisträgerin Ellen Goodman, die als »Zusatzkarriere« eine Organisation namens The Conversation Project gründete, um die Menschen ins Gespräch über den Tod zu bringen, sagt: »Man stirbt nicht so, wie man es sich wünscht. 70 Prozent wollen zu Hause sterben, 70 Prozent sterben in Krankenhäusern und Pflegeheimen.«[551] Goodman tauschte die Berichterstattung über sozialen

Wandel gegen seine Durchführung ein; ihr Beweggrund war der Schmerz, dass sie die Wünsche ihrer eigenen Mutter, als diese krank wurde und starb, nicht gekannt hatte. »Das Beste am Conversation Project ist«, so sagte sie mir, »dass wir die Leute bitten, ihre Wünsche für das Lebensende am Küchentisch und nicht auf der Intensivstation zu erzählen. Sie sollen darüber reden, was ihnen wichtig ist, nicht, woran sie leiden. Diese Unterhaltungen gehören zu den intimsten und liebevollsten, die es in Familien je gab.«[552]

Bei ihren Gesprächen mit anderen über deren Erfahrungen mit dem Tod ist Goodman zu dem Schluss gekommen, dass »der Unterschied zwischen einem guten und einem schwierigen Tod zu sein scheint, ob der Sterbende seine Wünsche rechtzeitig vorher geäußert hat.« Dazu kommt es meistens nicht, weil »Eltern im höheren Alter und erwachsene Kinder oft eine Verschwörung des Schweigens eingehen. Die Eltern wollen ihre Kinder nicht beunruhigen, und die Kinder wollen ein so intimes und vorbelastetes Thema nicht zur Sprache bringen, auch aus Angst, die Eltern könnten meinen, die Kinder warteten nur auf ihren Tod. Wir trösten uns oft mit dem Gedanken, die Ärzte wüssten dann schon, was sie tun, und träfen die richtigen Entscheidungen. Und wir alle denken, es sei noch zu früh, über den Tod zu sprechen. Bis es dann zu spät ist.«[553]

In den meisten Großstädten gibt es »Totenbettsänger«, die kostenlos in sogenannten »Threshold Choirs« (»Schwellenchören«) den Patienten in Hospizen, Krankenhäusern und zu Hause vorsingen. Die Chöre bestehen meist aus Frauen, die an das Bett des Patienten kommen und ganz einfach singen. Anwesende werden eingeladen mitzusingen. Und es gibt ein Fachgebiet namens Musik-Thanatologie, das die Auswirkungen von Musik auf Atmung, Herzschlag und Stress untersucht. Forschungen haben gezeigt, dass wir das Gehör oft bis ganz zum Ende behalten. »Worte sind gut für vieles, aber wenn es ans Sterben geht, reichen sie nicht ganz«, sagt Ellen Synakowski, die in Washington, D.C., einen Threshold Choir gegründet hat. »Musik reicht auch dorthin, wo Worte allein nichts mehr ausrichten.«[554]

Welche Rolle spielt dann die Technik am Lebensende? Ein Großteil der Diskussion um Apparatemedizin für Sterbende dreht sich darum, dass die Apparate uns dazu in die Lage versetzen, den Tod hinauszuschieben (und immer mehr auch um die Kosten-Nutzen-Rechnung für diese teuren Maßnahmen, die dem Leben nur wenig Quantität und ganz sicher keine Qualität hinzufügen). Aber mithilfe der Technik kann man auch das Verhältnis zum Tod vertiefen.

Im Juli 2013 startete eine Kickstarter-Kampagne für ein Spiel namens »My Gift of Grace« (»Meine Gnadengabe«), das von der Firma Action Mill entwickelt wurde. In diesem Spiel gewinnt oder verliert niemand (im Todesfall gibt es ein Unentschieden, und jeder bekommt eine Teilnehmerurkunde). Die Spieler benutzen Fragekarten, um die Diskussion in Gang zu bringen, zum Beispiel: Durch was fühlst du dich am lebendigsten? Was fürchtest du am Ende deines Lebens? Es gibt auch »Action«-Karten, die zu Aktivitäten wie der Besichtigung eines Bestattungsunternehmens und dem Gespräch mit den dort Beschäftigten auffordern. »Viele Leute glauben, dass ein Spiel über Tod und Sterben traurig und unheimlich sein muss«, sagt Nick Jehlen, einer der Inhaber von Action Mill, »aber nach unserer Erfahrung gewinnt man umso mehr Lebensfreude im Alltag, je öfter man es spielt.«[555]

Die sozialen Netzwerke bringen uns dazu, viel Zeit und Kraft in die Schaffung und Pflege unseres virtuellen Ichs zu stecken. Wir versuchen dabei, uns von anderen Nutzern durch das zu unterscheiden, was wir uns anschauen, anhören, empfehlen und mögen. Aber auch diese Netzwerke wurden schon zur vertieften Beschäftigung mit unserer allgemeinsten gemeinsamen Erfahrung genutzt. Scott Simon vom US-Radiosender NPR setzte einen nationalen Dialog über den Tod in Gang, als er das Sterben seiner Mutter praktisch live an seine 1,2 Millionen Follower twitterte. Seine bewegende und fast in Echtzeit geschriebene Chronik der letzten Phase ihres Lebens war eine Lektion in der Frage, worauf es wirklich ankommt. Hier einige Auszüge:

27. Juli, 2 Uhr 38: »*Die Nächte sind am schwersten. Aber dazu bin ich ja hier. Ich wünschte, ich könnte den Schmerz und die Angst meiner Mutter aus ihren Knochen auf meine übertragen.*«
27. Juli, 6 Uhr 41: »*Nicht wirklich geschlafen. Aber Lieder, Gedichte, Erinnerungen, Lachen. Meine Mutter: ›Danke dir, Gott, dass du uns diese Nacht und einander gegeben hast.‹*«
28. Juli, 14 Uhr 02: »*Und: Hört auf die Achtzigjährigen. Sie gehen seit zehn Jahren mit dem Tod um. Sie wissen, was wichtig ist im Leben.*«

Und die letzte Nachricht:

29. Juli, 20 Uhr 17: »*Der Himmel über Chicago hat sich geöffnet und Patricia Lyons Simon Newman ist auf die Bühne getreten.*«[556]

»Als Journalisten sprechen wir oft von einer universellen Erfahrung, wenn wir eine Geschichte veranschaulichen wollen«, sagte Simon später. »Das stimmt aber fast nie. Es gibt nur eine einzige universelle Erfahrung, und das ist der Tod. Wir werden sie alle machen, wenn Angehörige, Fremde, Freunde, Menschen unserer Umgebung und schließlich auch wir selbst irgendwann sterben. Ich glaube, wir sollten ohne Unbehagen darüber sprechen. Wenn wir das können, stellen wir damit unsere eigene Lebensuhr zurück.«[557]

Und Sie müssen nicht warten, bis – um es in Anlehnung an John Donne zu sagen – Ihre Stunde schlägt, um Ihre Uhr zurückzustellen. Wenn wir die Realität des Todes im Alltag zulassen, hilft uns das, auf Kurs zu bleiben.

Der Psychologieprofessor Todd Kashdan hat herausgefunden, dass die Verleugnung der Realität des Todes uns zu Bräuchen und Glaubenssätzen hinzieht, die uns ein Gefühl der Stabilität vermitteln, unter anderem zur Identifikation mit einer Volksgruppe oder einem Geschlecht. »An unserer ›kulturellen Weltsicht‹ festzuhalten, gibt uns ein Gefühl der symbolischen Unsterblichkeit«, schreibt er.

»Ich weiß, das klingt seltsam, aber indem wir die Gruppen verteidigen, mit denen wir uns identifizieren, haben wir eine zweite Strategie zur Bekämpfung der Todesangst gefunden.«[558] Diese Gruppen fühlen sich dauerhafter an, als wir uns fühlen, aber diese Strategie ist für die Gesellschaft desaströs, da sie zu Ressentiments, Rassismus und anderen Formen der Dämonisierung Außenstehender führt, die mit der Glorifizierung der eigenen Gruppe verbunden sind.

Professor Kashdan zitiert Forschungsergebnisse, die zeigen, dass die Antworten von Versuchsteilnehmern, die zuvor an den Tod erinnert wurden, fremden Gruppen gegenüber rassistischer ausfallen. Kashdan und seine Kollegen fragten sich, wie man diese Reaktionen vermindern oder verhindern könnte. Insbesondere wollte sie herausfinden, ob das Praktizieren von Achtsamkeit auf das Phänomen Einfluss hat, oder, wie es Kashdan ausdrückt: »Wenn achtsame Menschen eher bereit sind, das Gegenwärtige an sich heranzulassen, selbst wenn es unangenehm ist, zeigen sie dann auch weniger Abwehr, wenn ihr Selbstgefühl durch die Konfrontation mit der eigenen Sterblichkeit bedroht wird?«[559]

Die Antwort war ein klares Ja. Achtsamere Versuchsteilnehmer zeigten geringere Ablehnung gegenüber Gruppen mit anderen Glaubenssätzen als ihren eigenen, nachdem sie an ihre eigene Sterblichkeit erinnert worden waren und die Verwesung ihres Körpers beschreiben sollten (eine ziemlich wirksame Erinnerung an die Sterblichkeit). Die Gruppe der Achtsameren schrieb außerdem länger und benutzte mehr auf den Tod bezogene Wörter, was nahelegt, »dass eine größere Offenheit für den Umgang mit der Bedrohung durch den Tod Mitgefühl und Fairness zum Durchbruch verhilft«. Kashdan schließt: »Achtsamkeit verändert den Einfluss des Todes auf uns. Ziemlich cool.«[560]

Das Experiment zeigte außerdem, dass es nicht genügt, wenn wir hin und wieder zufällig mit dem Tod zu tun haben. Um die uhrenzurücksetzende, kurskorrigierende, empathiebildende, perspektivgebende Kraft des Todes in unser Leben einzubauen, müssen wir in

Form dafür sein, so wie man auch tiefe Befriedigung aus einem Marathonlauf ziehen kann, wenn man in Form ist. Wer nicht in Form ist, leidet dagegen ziemlich darunter. Unser Verhältnis zum Tod ist genau das – ein Verhältnis. Die Dynamik fließt in beide Richtungen. Der Tod kann etwas in unser Leben bringen, und im Gegenzug kann unsere Lebensweise auch unserem Tod etwas bringen.

Der Musiker Lou Reed starb am 27. Oktober 2013 in seinem Haus in Southampton auf Long Island. An seiner Seite war Laurie Anderson, mit der er seit 21 Jahren zusammengelebt hatte. Sie schilderte ihre letzten gemeinsamen Augenblicke. Reed war erst seit wenigen Tagen aus dem Krankenhaus zurück und wollte unbedingt in die Morgensonne hinausgetragen werden.[561]

»Als Meditierende«, schreibt sie, »hatten wir uns darauf vorbereitet – wie man die Energie vom Bauch ins Herz aufsteigen und durch den Kopf entweichen lässt. Ich habe noch nie einen Gesichtsausdruck so voller Staunen gesehen wie den von Lou, als er starb. Seine Hände hatten die Geste »Fließendes Wasser 21« aus dem Tai-Chi angenommen. Seine Augen waren weit geöffnet. Ich hielt die Person, die ich am meisten auf der Welt liebte, in den Armen und sprach mit ihm, während er starb. Sein Herz hörte auf zu schlagen. Er hatte keine Angst. Ich hatte mit ihm bis ans Ende der Welt gehen dürfen. Das Leben – so schön, schmerzlich und überwältigend – kann nicht besser werden als das. Und der Tod? Ich glaube, der Sinn des Todes ist die Freisetzung von Liebe.«[562]

Das ist ein starkes, bewegendes Beispiel, wie ein achtsames Leben mit einem achtsamen Tod verschmelzen kann: »Wir hatten uns darauf vorbereitet.« Und die Freisetzung von Liebe ist natürlich nicht nur der Sinn des Todes, sondern auch des Lebens. Aber für allzu viele Menschen ist der Sinn des Lebens die Verdrängung des Todes – durch tausend Ablenkungen, ständige Geschäftigkeit, durch unaufhörlichen Narzissmus, durch besessene Arbeitssucht. Für einige wird eine Zeit kommen, in der das Gespenst des Todes Klarheit bringt, worum es im Leben geht. Diese Klarheit können wir aber auch sofort erlangen. Joan

Halifax schreibt: »Wir sind alle todgeweiht.«[563] Und wir sind alle Sterbebegleiter – für andere und für uns selbst.

Wir verbringen so viel Zeit auf der Suche nach Tipps, wie wir unser Leben verlängern und noch ein bisschen mehr Zeit gewinnen können. Aber ob wir nun glauben, dass nach diesem Leben noch etwas kommt oder nicht – in jedem Fall kann der Tod uns viel darüber beibringen, dieses eine irdische Leben neu zu definieren, wie lang es auch dauern mag.

Meine Mutter starb am 24. August 2000. Der Tag ihres Verscheidens war einer der transzendentesten Momente meines Lebens.

Am Morgen sagte sie zu meiner Schwester und mir: »Ich möchte gern auf den internationalen Lebensmittelmarkt in Santa Monica.« Dieser Markt war immer wie Disneyland für sie; sie kam mit Körben voller Essen, Obst und Leckereien für alle zurück. Also fuhren wir mit ihr dorthin. Meine Mutter in ihrem zerbrechlichen kleinen Körper, immer noch voller Lebensdrang, kaufte Salami, Käse, Oliven, Halwa, Wiener, griechische Schokolade und Nüsse, und am Ende hatten wir viele Taschen zu schleppen. Es war ein surreales Erlebnis, sie nach dem langen Krankenhausaufenthalt wegen Herzinsuffizienz und ihrer anschließenden Bettlägerigkeit zu Hause wieder in die Außenwelt mitzunehmen. Wir wollten dem Kassierer gern sagen: »Sie verstehen ja gar nicht, was hier vor sich geht. Das ist unsere Mutter! Und sie stirbt! Können Sie sich bitte um Sie kümmern? Und um uns?« Stattdessen taten wir so, als sei es ein gewöhnlicher Einkauf. Tief in uns drin wussten wir, dass wir für das Abschiedsmahl einkauften, doch wir gaben es nicht zu, nicht einmal vor uns selbst.

Zu Hause deckte meine Mutter den Tisch für ein wundervolles Mittagessen und lud ihre Töchter, ihre Enkelinnen, unsere Haushälterin Debora Perez und alle Angestellten in mein Heimbüro ein: »Setzen wir uns, genießen wir das Essen!« Es war ein Festmahl. Meine Schwester schaute mich mit aufkeimender Hoffnung an: »Schau dir an, was für einen Hunger auf Essen, Liebe und Teilen sie auf einmal hat! So etwas macht doch keine Sterbende!«

Am frühen Abend saß sie an einem kleinen Tisch in ihrem Schlafzimmer, pulte Krabben und aß sie. »Setz dich dazu, nimm dir Krabben!«, sagte sie. Sie hatte ihr Haar zu kleinen Zöpfen gebunden und schöne griechische Musik aufgelegt. Sie war wie ein glückliches Kind. Es war, als ob ihr Geist sie zurückriefe, und sie war bereit. Es gab keinen Kampf, nur Leichtigkeit. Christina und Isabella – damals elf und neun Jahre alt – fuhren auf ihren neuen Razor-Tretrollern unablässig ins Zimmer hinein und wieder hinaus. Meine Mutter stand da, schaute auf sie hinunter und ergoss ihre ganze Liebe über sie.

Und dann fiel sie zu Boden.

Ich wollte ihr ins Bett helfen, aber sie lehnte ab. Diese Frau hatte, so ausgezehrt wie sie war, noch immer die Autorität jener 22-Jährigen, die als Rotkreuzschwester während der deutschen Besetzung Griechenlands in die Berge geflohen war, sich dort um verwundete Soldaten gekümmert und jüdische Mädchen versteckt hatte. Diese Frau hatte den deutschen Besatzungssoldaten, als jene vor ihrer Hütte standen und drohten, alle umzubringen, wenn die versteckten Juden nicht ausgeliefert würden, mit größter Entschiedenheit befohlen, ihre Drohungen zu unterlassen, hier seien keine Juden versteckt. Und die Soldaten hatten ihr gehorcht.

Also gehorchte auch ich ihr. Sie wollte stattdessen Lavendelöl, um sich damit die Füße einzureiben. Dann schaute sie mir in die Augen und sagte mit einer kräftigen, sicheren Stimme, wie ich sie seit Monaten nicht gehört hatte: »Ruf keinen Notarzt. Mir geht es gut.« Agapi und ich waren hin- und hergerissen. Anstatt des Notarztes holten wir wenigstens die Pflegerin, die sich um meine Mutter kümmerte, seit sie wieder zu Hause war. Wir saßen alle zusammen mit ihr auf dem Fußboden; ihre Enkelinnen rasten immer noch fröhlich mit den Tretrollern umher und bekamen gar nicht mit, was vor sich ging, weil meine Mutter es so wollte. Die Pflegerin fühlte ihr immer wieder den Puls, aber der war in Ordnung. Meine Mutter ließ uns eine Flasche Rotwein öffnen, damit wir alle ein Glas tranken.

So machten wir also über eine Stunde lang Picknick auf dem Fußboden, erzählten uns Geschichten und warteten darauf, dass sie bereit war aufzustehen. Da saß sie auf dem Boden, in einen schönen türkisfarbenen Sarong gewickelt, und stellte sicher, dass wir alle eine gute Zeit hatten. Im Nachhinein klingt das ziemlich unwirklich, und das war es auch. Ich hatte das Gefühl, dass etwas Größeres uns alle kontrollierte und daran hinderte, etwas zu unternehmen, so dass meine Mutter auf die Art gehen konnte, die sie sich wünschte. Dann sank plötzlich ihr Kopf nach vorne, und sie war nicht mehr bei uns.

Später erfuhr ich, dass meine Mutter Debora schon vorher anvertraut hatte, dass ihre Zeit gekommen sei. Debora sollte uns nichts davon sagen, und die Haushälterin, die meine Mutter seit 13 Jahren kannte und liebte, verstand warum und hielt sich daran. Meine Mutter wusste, dass wir sie ins Krankenhaus hätten bringen wollen, aber sie wollte nicht dort sterben, sondern zu Hause, umgeben von ihren Töchtern und Enkelinnen, in der Wärme jener, die sie liebte und die ihre Liebe erwiderten. Sie wollte den Moment nicht verpassen.

Wir verstreuten die Asche meiner Mutter zusammen mit Rosenblütenblättern im Meer, wie sie es gewollt hatte, und hielten eine wunderschöne Trauerfeier ab, mit Musik, Freunden, Gedichten, Gardenien und natürlich viel gutem Essen – eine Feier, die ihrem Leben und ihrem Geist wirklich gerecht wurde. Alle fühlten ihre Anwesenheit als Gastgeberin, wie sie am Kopf des Tisches saß und ihr Licht auf uns scheinen ließ. In unserem Garten pflanzten wir einen Zitronenbaum zu ihren Ehren, der seit damals jedes Jahr saftige Zitronen trägt, und wir stellten eine Sitzbank auf, die einen ihrer Lieblingssprüche eingraviert trägt: »Verpasse den Moment nicht.« Er steht für die Philosophie ihres Lebens.

Auf diesen Satz komme ich immer wieder zurück. Und so oft ich es auch tue, führt er mich jedes Mal wieder zu den Grundlagen zurück. Ich habe einmal gelesen, dass der große Balletttänzer Mikhail Baryschnikow, ein absoluter Meister seines Fachs, ungeachtet seines Könnens jeden Morgen mit dem Rest seiner Kompanie an der

Übungsstange antrat, auch wenn er am selben Tag einen Auftritt hatte oder am Abend zuvor einen gehabt hatte – er übte die Grundlagen. Es gibt drei solcher Grundlagen, einfache Übungen, die mir dabei helfen, stärker im gegenwärtigen Moment zu leben – dem einzigen Ort, an dem wir das Staunen erleben können:

1. Konzentrieren Sie sich 10 Sekunden lang auf das Steigen und Fallen Ihres Atems, wenn Sie angespannt, gehetzt oder abgelenkt sind. Das hilft Ihnen, wieder vollständig präsent in Ihrem Leben zu sein.
2. Suchen Sie sich ein Bild aus, das Freude in Ihnen auslöst – von Ihrem Kind, einem Haustier, dem Meer, einem Lieblingsgemälde –, Hauptsache, es bringt Sie dazu, aufs Neue zu staunen. Immer, wenn Sie sich eingeengt fühlen, lassen Sie das Bild vor Ihrem inneren Auge auftauchen, um sich auszudehnen.
3. Verzeihen Sie sich alle Urteile über sich selbst und dann verzeihen Sie sich alle Urteile über andere Menschen. (Wenn Nelson Mandela das kann, können Sie es auch.) Dann betrachten Sie Ihr Leben und den vor Ihnen liegenden Tag mit frisch erwachter Neugier und Staunen.

Großzügigkeit

*Ich schlief und träumte, das Leben sei Freude.
Ich erwachte und sah, das Leben ist Dienen. Ich handelte,
und siehe, das Dienen war Freude.*[564]

RABINDRANATH TAGORE

Die Grenzen unserer Fürsorge erweitern: Was haben wir dieses Wochenende vor?

Wohlbefinden, Weisheit, Staunen – sie alle sind entscheidend für die Neudefinition von Erfolg und die persönliche Entfaltung, aber ohne das vierte Element der Dritten Größe sind sie unvollständig: die Großzügigkeit. Schenken, Liebe, Fürsorge, Empathie und Mitgefühl, über sich selbst hinauszugehen und die eigene Bequemlichkeit zurückzustellen, um anderen zu dienen – das ist die einzig sinnvolle Reaktion auf die vielfachen Probleme in der Welt. Wenn Wohlbefinden, Weisheit und Staunen unsere Antwort auf einen persönlichen Weckruf sind, dann sind Großzügigkeit und Dienen die Antwort auf den Weckruf an die Menschheit.

Wir befinden uns mitten in einer multiplen Krise – einer Wirtschaftskrise, Umweltkrise und sozialen Krise. Wir können nicht warten, bis ein Retter auf weißem Ross dahergeritten kommt, um uns zu helfen. Wir müssen diesen Retter im Spiegel vor uns finden und selbst die nötigen Schritte unternehmen, um Veränderungen herbeizuführen; sowohl bei uns in der Gemeinde wie am anderen Ende der Welt.

Dienen ist deshalb so wirkungsvoll, weil es zweifachen Nutzen hat. Als meine jüngste Tochter Isabella fünf Jahre alt war, wohnten wir in Washington, D.C. Einmal arbeiteten wir als Freiwillige bei Children of Mine, einem Zentrum für notleidende Kinder in Anacostia, einem Stadtviertel mit sozialen Problemen. Am Tag zuvor hatten wir Isabellas fünften Geburtstag mit einer Meerjungfrauentorte, Geschenken, Luftballons und einer Geburtstagsparty gefeiert. Zufällig feierte an diesem Tag auch im Kinderzentrum ein kleines Mädchen seinen fünften Geburtstag. Ihre gesamte Feier bestand aus einem Schokoladenkeks mit einer Kerze darauf – der Keks war gleichzeitig ihre Geburtstagstorte und ihr einziges Geschenk. Meine Tochter sah vom anderen Ende des Zimmers aus zu und hatte Tränen in den Augen. Etwas machte »klick« in ihr, etwas, das ich ihr nicht hätte beibringen können. Als wir nach Hause kamen, lief Isabella in ihr Zimmer, raffte alle ihre Geburtstagsgeschenke zusammen und wollte, dass ich sie dem kleinen Mädchen gebe. Natürlich war sie nicht plötzlich zu Mutter Teresa geworden – sie hat auch danach oft selbstsüchtig gehandelt. Doch trotzdem war dies ein entscheidender Moment in ihrem Leben, dessen Auswirkung stets gegenwärtig bleiben wird.

Aus diesem Grund trete ich so leidenschaftlich dafür ein, dass Familien regelmäßig freiwillige Sozialarbeit leisten sollten. Ich träume von dem Tag, an dem Familien sich ihre Wochenendplanung ansehen und sagen: Was haben wir dieses Wochenende vor – Shopping, Kino, Ehrenamt? Ich träume von dem Tag, an dem freiwillige Sozialarbeit etwas ganz Selbstverständliches sein wird – nichts Besonderes, wodurch wir uns besonders edel vorkommen. Einfach etwas, das man halt macht. Etwas, das uns miteinander verbindet. Nur auf diese Weise können wir als Einzelne letztlich wirklich ein wenig verändern im Leben von Millionen obdachloser, hungriger oder in sozialen Brennpunkten lebender Kinder, für die Gewalt zum Alltag gehört.

Das kleine Mädchen in Anacostia ist eines von über 16 Millionen Kindern in den USA, die in Armut leben, unter Bedingungen, die ihrer Gesundheit, ihren schulischen Leistungen und ihren Zukunftschancen schaden.[565] Und das Problem wird immer größer. Der Anteil der Kinder, die in Familien mit geringem Einkommen aufwachsen, stieg in den USA zwischen 2000 und 2011 von 37[566] auf 45 Prozent[567]. So lange, bis Mitgefühl und Großzügigkeit ein Teil unseres

Alltags werden, schieben wir diese Zahlen mit melancholischen »Erklärungen« beiseite, die nichts besagen: »Das System bricht zusammen« oder »Die Regierung ist zu zerstritten, um wirkliche Reformen zu verabschieden«. Ja, es gibt für die Regierungen noch viel zu tun, aber wir können unser Mitgefühl nicht an die Regierung delegieren und dann dabeistehen und bedauern, dass sie nicht genug tut.

Aus den Tiefen unseres Mitgefühls heraus können wir erkennen, was alles möglich ist, wenn wir unseren Ideen freien Lauf lassen. Das ist die einzige Möglichkeit, etwas gegen die unmäßige Gier und den Narzissmus zu tun, die uns umgeben. Weil die Förderung des Mitgefühls entscheidend für das Gedeihen einer Gesellschaft ist, ist es eine gute Nachricht, dass neue wissenschaftliche Studien die Behauptungen kontemplativer Traditionen bestätigen, dass man Mitgefühl durch Meditation steigern kann. Eine Studie der University of Wisconsin von 2012 kam zu dem Schluss, »Mitgefühl und Altruismus« seien »trainierbare Fähigkeiten und nicht von vornherein gegeben«.[568] Forscher der Harvard University, der Northeastern University und des Massachusetts General Hospital fanden heraus, dass »Meditation mitfühlende Reaktionen verstärkt«, was »alten buddhistischen Lehren wissenschaftliche Glaubwürdigkeit« verleihe, »wonach Meditation spontanes mitfühlendes Verhalten fördert«.[569] Wenn man diese Ergebnisse so ernst nimmt, wie man es tun sollte, werden die Auswirkungen auf die Erziehung unserer Kinder, unsere Lebensweise und die kollektive Problemlösung nichts weniger als revolutionär sein.

Belege für die Kraft des Mitgefühls finden wir überall. Nach der Finanzkrise von 2008 erlebten wir, wie viele Menschen, die ihren Arbeitsplatz verloren hatten, eine Wandlung vollzogen und ihre Fähigkeiten und Talente anderen Notleidenden anboten. In Philadelphia zum Beispiel eröffnete Cheryl Jacobs, eine Anwältin, die von einer großen Kanzlei entlassen worden war, eine eigene Kanzlei, um Hauskäufern zu helfen, die ihre Hypothekenraten nicht mehr zahlen konnten.[570] Beim Dienen und Großzügigsein geht es also nicht nur um

Obdachlosenunterkünfte und Tafeln – so wichtig diese auch sind –, sondern auch darum, anderen unsere besonderen Fähigkeiten, Talente und Leidenschaften zur Verfügung zu stellen. Der Dienst am Nächsten kann Arbeitslosen dabei helfen, ihr Selbstvertrauen und das Gefühl, gebraucht zu werden, zurückzugewinnen.

Als eine Freundin aus Los Angeles zu Beginn der Wirtschaftskrise ihren Arbeitsplatz verlor und einen neuen suchte, schlug ich ihr vor, sie könne in dieser Zeit freiwillige Sozialarbeit leisten und sich bei A Place Called Home anmelden, einer Organisation, die unterprivilegierten Jugendlichen aus South Central Los Angeles Bildungs- und Kunstprogramme bietet. Sie glaubte, ich hätte keine Ahnung, wie schlecht es ihr gerade ging. Ich bat sie, mir zu vertrauen und einfach während der Jobsuche jede Woche ein paar Stunden zu investieren und abzuwarten. Sie ging darauf ein und fühlte sich sofort viel besser, weil sie aus dem Nebel wieder auftauchte, in den sie eingetaucht war, als sie zum ersten Mal in ihrem Erwachsenenleben ohne Arbeit dastand. Außerdem lernte sie eine völlig neue Welt kennen.

Diese Erfahrung teilte sie mit anderen Interessierten während eines Selbsterfahrungsseminars bei A Place Called Home. Sie saß gemeinsam mit anderen in einem Kreis und verzieh ihrer Tochter, dass sie ihren Geburtstag vergessen hatte, während die Frau neben ihr ihrer Mutter verzieh, dass sie ihren Vater erschossen hatte. Ihr fiel auf, wie unser von unseren Mitmenschen getrenntes Leben unsere Gefangenheit in uns selbst fördert, obwohl unsere Leben eigentlich viele Parallelen haben. Sie sah mit eigenen Augen, dass man, wenn man in finanzielle Not gerät, nicht nur Geld, Lebensmittel, Kleidung und andere materielle Hilfe braucht, sondern auch das Gefühl, nicht allein zu sein.

»Die Verbundenheit von Brüdern zu fühlen«, schreibt Pablo Neruda, »ist eine wunderbare Sache. Die Liebe von Menschen zu spüren, die wir lieben, ist ein Feuer, das unser Leben nährt. Aber Zuneigung von Menschen zu erleben, die wir nicht kennen, von völlig Unbekannten, die dennoch über unseren Schlaf und unsere Einsamkeit wachen, über unsere Gefahren und Schwächen – das ist etwas noch Großartigeres und Schöneres, weil es die Grenzen unseres Seins erweitert und alle lebenden Wesen miteinander vereint.«[571] Das ist es nämlich, was wir eigentlich tun, wenn wir anderen helfen und freiwillige Sozialarbeit leisten – die Grenzen unseres Seins erweitern.

Wir müssen nicht auf eine Naturkatastrophe warten, um unsere naturgegebene Menschlichkeit zu entdecken

Jacqueline Novogratz, die Gründerin des Acumen Fund, einer gemeinnützigen Organisation, die sich dem Kampf gegen die weltweite Armut verschrieben hat, ist eine meiner Heldinnen. Sie erzählt eine schöne Geschichte, die zeigt, wie sehr wir alle miteinander verbunden sind: »Unsere Handlungen – und unsere Untätigkeit – betreffen jeden Tag Menschen, Menschen, die wir vielleicht nie kennenlernen oder treffen«, sagt sie. Ihre Geschichte handelt von einem blauen Pullover, den ihr Onkel Ed ihr schenkte, als sie zwölf war. »Ich mochte diesen weichen Wollpullover mit seinen gestreiften Ärmeln und dem afrikanischen Motiv auf der Vorderseite – zwei Zebras vor einem schneebedeckten Berg«, sagt sie. Sie schrieb sogar ihren Namen auf das Etikett. Im ersten Jahr auf der Highschool machten sich ihre Klassenkameradinnen aber lustig über den Pullover – so lange, bis sie es nicht mehr aushielt und ihn schweren Herzens in die Altkleidersammlung gab. Elf Jahre später, beim Joggen in Kigali, der Hauptstadt Ruandas, wo sie gerade am Aufbau eines Mikrokreditprogramms für mittellose Frauen mitarbeitete, sah sie plötzlich einen kleinen Jungen, der einen Pullover mit genau demselben auffälligen Muster trug. Konnte es sein…? Sie lief zu ihm hin und inspizierte das Etikett. Und tatsächlich – da stand ihr Name.

Ein Zufall der dazu diente, Jacqueline – und uns alle – an die Fäden zu erinnern, die uns miteinander verbinden.[572]

Die Reaktion auf Orkankatastrophen ist ein weiteres Beispiel dafür, wie verbunden wir alle miteinander sind. Als mitten im US-Präsidentschaftswahlkampf von 2012 »Superstorm Sandy« den Nordosten traf, blies er nicht nur den Wahlkampf von den Titelseiten, sondern er verwandelte ihn auch. Plötzlich wurden alle künstlichen Mauern, die unsere Politik errichtet, um uns in demografische Mikrogruppen zu zerteilen, deren Interessen angeblich unvereinbar miteinander sind, davongeweht. Mitten in der extremsten Zerrissenheit brachte uns Mutter Natur wieder zusammen.

Das gemeinsame Aufräumen danach, der »Wir sitzen alle im selben Boot«-Geist war ein wunderbares Erlebnis. Wir wissen, dass dieser Geist immer da ist. Nach jeder Katastrophe – ob vom Menschen verschuldet oder nicht –, ob nach dem Hurrikan Sandy, dem Erdbeben auf Haïti oder dem Schulmassaker von Newton: Wir erfahren immer wieder, wie Unglück das Beste in uns zum Vorschein bringt.

Aber eigentlich sollte es keiner Naturkatastrophe bedürfen, um die uns angeborene Menschlichkeit zu entdecken. Wir wissen schließlich, dass es die ganze Zeit irgendwo Menschen gibt, die große Not leiden – in jeder Stadt, in jedem Land, auch wenn das nicht auf den Titelseiten steht. Täglich sterben 2000 Kinder unter fünf Jahren an Krankheiten, die durch sauberes Trinkwasser und hygienische Abwasserentsorgung vermeidbar wären.[573] Jährlich sterben 3 Millionen Kinder an Unterernährung[574] und 1,4 Millionen an Krankheiten, gegen die es Impfungen gibt.[575]

Wie können wir also diesen Geist der Hilfsbereitschaft über den Katastrophenfall hinaus aufrechterhalten? Wie können wir ihn in unser Leben einbauen, auf dass er so selbstverständlich wie das Atmen wird? Die Notwendigkeit, sich um unseren Planeten und um die Leidenden zu kümmern, ist auf sehr konkrete Weise mit der Notwendigkeit, unsere innere Widerstandskraft und spirituelle Infrastruktur aufzubauen, verknüpft.

Darüber konnte ich in Ruhe nachdenken, als der Orkan Sandy uns fast eine Woche lang Stromausfall bescherte und wir jeden Abend bei Kerzenlicht dasaßen. Ich musste mich zwangsweise aus dem ganzen Alltagsbetrieb ausklinken, den ich sonst für so wichtig hielt. Es ist erstaunlich, wie schnell man seine Prioritäten umstellt, wenn der Strom ausfällt. Ich hatte wenig Gelegenheit, Verbindung mit der Außenwelt aufzunehmen, und konzentrierte mich daher auf den gegenwärtigen Moment und meine Innenwelt. Vieles, was ich für unentbehrlich gehalten hatte, vermisste ich nach einer Woche kaum noch. Besonders sprach mich da eine bekannte Stelle aus dem Matthäus-Evangelium an:

Jeder nun, der diese meine Worte hört und sie tut, den werde ich mit einem klugen Mann vergleichen, der sein Haus auf den Felsen baute; und der Platzregen fiel herab, und die Ströme kamen, und die Winde wehten und stürmten gegen jenes Haus; und es fiel nicht, denn es war auf den Felsen gegründet. Und jeder, der diese meine Worte hört und sie nicht tut, der wird mit einem törichten Mann zu vergleichen sein, der sein Haus auf den Sand baute; und der Platzregen fiel herab, und die Ströme kamen, und die Winde wehten und stießen an jenes Haus, und es fiel, und sein Fall war groß.[576]

Sein Haus auf Felsen zu bauen, bedeutet nicht nur, es vor wütenden Stürmen zu schützen, sondern auch, täglich an der eigenen spirituellen Infrastruktur und Widerstandskraft zu arbeiten. Und um unsere Innenwelt stark zu halten, ist es wesentlich, dass wir mit Mitgefühl und Großzügigkeit auf die Außenwelt zugehen.

Als Oprah Winfrey am *Super Soul Sunday* die Langstreckenschwimmerin Diana Nyad interviewte, war ich fasziniert von einer Geschichte, die sie über Gemeinschaftsgeist erzählte. In ihrer Straße hatte ein Mann seine Frau verloren und musste jetzt nicht nur den Lebensunterhalt verdienen, sondern sich auch noch um die Kinder kümmern. Eine andere Nachbarin, die bereits zwei Jobs hatte, nahm es auf sich, alle in der Nachbarschaft einzuspannen und zu organisieren, um dem Witwer zu helfen. Diana bekam einen Brief in dem stand: »Diana, du musst dem Mann und seinen Kindern jeden zweiten Mittwochabend Essen bringen. Wenn du es nicht kannst, suche jemand anderen dafür. Du musst – wir müssen – helfen.«[577]

Besonders gefällt mir an dieser Geschichte, dass sie unser instinktives Bedürfnis, etwas für andere zu tun, zu einem Teil des Alltags macht. Oft stellt man sich unter Wohltätigkeit ja das Spenden von Zeit oder Geld für Katastrophenopfer weit weg vor, für Leute, die alles verloren haben. Das ist natürlich wichtig, wenn eine Katastrophe eintritt, aber wir vergessen dabei, dass wir tagtäglich von Gelegenheiten umgeben sind, unseren Wohltätigkeitssinn auszuleben. Diese Chancen sind immer »zur Hand«. John Burroughs, ein Naturforscher des 19. Jahrhunderts, hat es so formuliert: »Die große Gelegenheit [ist] dort, wo man gerade ist. Verachte deinen Ort und deine Stunde nicht. Jeder Ort liegt unter den Sternen, jeder Ort ist die Mitte der Welt.«[578]

*Zur Frage seiner eigenen Erleuchtung blieb
der Meister stets stumm, obwohl seine Schüler alles
versuchten, ihm eine Auskunft zu entlocken.
Sie wussten darüber nichts weiter, als dass der Meister
seinem jüngsten Sohn, als der ihn danach fragte,
wie er sich bei seinem Erleuchtungserlebnis
gefühlt habe, erwiderte: »Wie ein Narr.«
Als der Sohn fragte, warum, hatte der Meister gesagt:
»Nun, mein Sohn, es war, als hätte ich mir viele
Umstände gemacht, in ein Haus einzudringen,
indem ich auf eine Leiter stieg und ein Fenster einschlug –
um dann zu merken, dass die Tür offen stand.[579]*

ANTHONY DE MELLO

Und jeder Ort ist voller Gelegenheiten, im Leben eines anderen Menschen etwas zu bewirken. Es gibt Millionen kleiner Möglichkeiten dafür, die wir nicht wahrnehmen, zu Hause, im Büro, in der U-Bahn, in unserer Straße, im Supermarkt – das, was David Foster Wallace »die Fähigkeit, sich wirklich um andere zu kümmern« nennt, »immer wieder aufs Neue, mühsam und unspektakulär, tagtäglich«.[580] Wenn wir unsere Wohltätigkeitsmuskeln jeden Tag trainieren, verändert sich dadurch auch unser eigenes Leben. Denn egal, wie erfolgreich man ist, wenn man in die Welt hinausgeht, um »etwas zu erreichen«, geht man von einem Defizit aus, das man beheben möchte, indem man sich verschafft, was man sich wünscht. Und dann setzt man sich das nächste Ziel. Wenn man aber etwas gibt, wie viel oder wenig es auch sein mag, geht man von einem Gefühl des Überflusses und Habens aus.

Während meiner Kindheit in Athen lebten wir in einer Einzimmerwohnung und hatten sehr wenig Geld, doch meine Mutter war ein geradezu magisches Improvisationstalent. Sie schaffte es immer herbeizuzaubern, was wir brauchten, unter anderem eine gute Schulbildung für uns Kinder und gesundes Essen. Sie besaß nur zwei Kleider und gab grundsätzlich nichts für sich selbst aus. Ich weiß noch, wie sie ihr letztes Paar kleiner goldener Ohrringe verkaufte. Sie lieh sich Geld, wo immer sie konnte, damit ihre beiden Töchter auf die Oberschule gehen konnten, und wie arm wir auch waren – immer half sie anderen, die noch weniger hatten, und schaffte es, uns das Gefühl zu vermitteln, dass wir größer waren als unsere bescheidenen Lebensumstände.

Es klingt vielleicht wie ein Widerspruch in sich, aber es ist die Schwerkraft, dank der wir aufrecht stehen können – eben die Kraft, die uns zu Boden zieht und einzuschränken scheint, lässt uns aufwärtsstreben. Auf die gleiche Weise fühlen wir uns am wohlhabendsten, wenn wir etwas verschenken. Schenken schickt dem Universum die Botschaft, dass wir alles haben, was wir brauchen. Tugendhaft wird man durch das Üben von Tugend, verantwortungsvoll durch das

Üben von Verantwortung, großzügig durch das Üben von Großzügigkeit, mitfühlend durch das Üben von Mitgefühl – und wohlhabend durch das Üben des Schenkens.

Schenken und Helfen bezeichnen den Weg in eine Welt, in der wir nicht länger Fremde und allein sind, sondern Angehörige einer riesigen, aber fest zusammenhaltenden Familie. »Jedem aber, dem viel gegeben ist – viel wird von ihm verlangt werden«[581] – so lautet die biblische Mahnung zum Kern eines guten Lebens. Die Bibel geht sogar noch weiter und sagt uns, dass wir danach gerichtet werden, was wir für den Geringsten unter uns getan haben.

Die Bhagavadgita nennt drei verschiedene Lebensweisen: ein Leben der Untätigkeit und Stumpfheit ohne Ziele und bedeutende Leistungen; ein Leben voller Tätigkeit, Geschäftigkeit und Wünschen; und ein Leben der Güte, das sich nicht nur um uns selbst, sondern um andere dreht. »›Durch selbstloses Dienen wirst du stets Nutzen bringen und die Erfüllung deiner Wünsche erreichen‹: Dies ist das Versprechen des Schöpfers«, so die Bhagavadgita.[582] Die zweite Lebensweise – unsere bisherige Definition von Erfolg – ist natürlich eine große Verbesserung gegenüber der ersten, aber sie ist getrieben von einem Hunger nach »mehr«, der nie zu stillen ist, und wir verlieren die Verbindung zu unserem wahren Wesen und inneren Reichtum.

Was es bedeutet, ein Leben der dritten Art zu führen und im Leben auch nur eines anderen Menschen etwas zu bewirken, bringt die folgende Geschichte des Rabbis David Wolpe hervorragend zum Ausdruck:

Mein Großvater väterlicherseits starb, als mein Vater elf Jahre alt war. Seine Mutter war mit 34 Witwe, und er – ein Einzelkind – trug einen Großteil seiner Trauer allein. Gemäß dem traditionellen jüdischen Brauch ging er danach täglich frühmorgens zur Synagoge, um für seinen Vater zu beten, wie man es nach dem Tod eines Elternteils ein Jahr lang tun soll. Nach einer Woche fiel ihm auf, dass der Vorsteher der Synagoge, Mr Einstein, immer genau dann an seinem Haus vorbeikam, wenn er vor die Tür trat. Mr Einstein, nicht mehr der Jüngste, erklärte: »Du wohnst ja auf meinem Weg zur Synagoge, und ich dachte mir, es wäre vielleicht nett, ein bisschen Gesellschaft zu haben. So muss ich den Weg nicht allein machen.« Ein Jahr lang gingen mein Vater und Mr Einstein durch die Jahreszeiten Neuenglands, durch den schwülen Sommer und den schneereichen Winter, und sprachen über das Leben und den Tod, und eine Zeit lang war mein Vater nicht so allein.

Nachdem meine Eltern geheiratet hatten und mein älterer Bruder auf die Welt gekommen war, rief mein Vater Mr Einstein an, der jetzt weit über neunzig war, und lud ihn ein, seine neue Frau und das Kind kennenzulernen. Mr Einstein freute sich, bat aber meinen Vater, sie zu ihm zu bringen, weil er jetzt doch schon recht alt sei. Mein Vater schreibt: »Es war ein langer und komplizierter Weg bis zu ihm; ich brauchte volle 20 Minuten mit dem Auto. Mir standen während der Fahrt die Tränen in den Augen, als mir klar wurde, was er für mich getan hatte. Er war jeden Morgen nur deshalb eine ganze Stunde lang gelaufen, damit ich nicht so allein auf meinem Weg war ... Durch diese einfache Geste, diesen Akt der Fürsorge, hatte er sich eines verängstigten Kindes angenommen und es mit Vertrauen und Glauben zurück ins Leben geführt.«[583]

Erfolgseifer ist gut, Schenkenseifer ist besser

Stellen Sie sich vor, wie sich unsere Kultur, wie sich unser Leben verändern wird, wenn wir denjenigen, der sich dem Schenken und der Großzügigkeit verschrieben hat, erst einmal genauso hoch schätzen werden wie denjenigen, dessen höchstes Ziel der herkömmliche Erfolg ist. Sozialunternehmer sind klassische Beispiele für einen solchen Schenkenseifer. Das Fundament ihrer Arbeit ist, das Leben anderer zu verbessern.

Den Begriff Sozialunternehmer (»social entrepreneur«) hat Bill Drayton geprägt. Er bezeichnet damit Menschen, die eine praktische Begabung als Unternehmer mit der Leidenschaft eines Sozialreformers kombinieren.[584] Anlass war ein Inder namens Vinoba Bhave, dessen Arbeit Drayton als Collegestudent auf einer Reise kennenlernte: Bhave leitete ein Projekt, das sieben Millionen Morgen Land in ganz Indien an die Ärmsten der Armen verteilte. Drayton selbst ist heute Chef des weltweit größten Sozialunternehmer-Netzwerks Ashoka. Sally Osberg, die CEO der Skoll Foundation, investiert in dieser Funktion bei einigen der einflussreichsten Sozialunternehmern weltweit und spielt eine wichtige Rolle bei der Neubewertung »unseres Geschäftsgebarens, unseres Regierungsaufbaus und der Kontrolle eben dieser Regierungen, unserer Verwaltung der natürlichen Ressourcen – wie wir gemeinsam überleben und uns entfalten können«.[585]

Die *Huffington Post* arbeitet mit der Skoll Foundation zusammen, um ein neues Modell des Schenkens im digitalen Zeitalter zu entwickeln. Wir sind überzeugt davon, dass es in der Verantwortung der Medien liegt, die Arbeit von Sozialunternehmern und gemeinnützigen Organisationen herauszustellen, damit wir funktionierende Modelle ausweiten und vervielfachen können. Im Jahr 2013 initiierten wir gemeinsam drei Projekte – Job Rasing, RaiseForWomen und den Social Entrepreneurs Challenge –, die es unseren Lesern ermöglichten, für spezifische Anliegen zu spenden und Blogeinträge sowohl über die Empfänger wie über die Spender zu verfassen. Dies brachte insgesamt über sechs Millionen Dollar ein.

Selbst im alltäglichen Geschäftsleben wird das Geben eine immer wertvollere Münze. Wie es der Autor und Unternehmer Seth Godin ausdrückt:

Die Ironie des »Gebens, um etwas zu bekommen« liegt darin, dass es längst nicht so gut funktioniert wie reines Geben ... Blogger, die für jedes investierte Wort den Profit messen, Twitterer, die die Plattform als Werbemedium für sich selbst nutzen, statt sie als Mittel sehen, um anderen zu helfen, und solche, die für Wikipedia und ähnliche Projekte keine Beiträge schreiben, weil dabei nichts für sie rausspringt ... solche Leute begreifen nicht, worum es geht ... Es ist nicht schwer zu erkennen, wer aus den richtigen Gründen zur Internet-Gemeinde gehört. Wir sehen es daran, was du schreibst und wie du handelst. Und das sind die Leute, auf die wir hören und denen wir vertrauen. Was paradoxerweise auch wieder bedeutet, dass es die Leute sind, mit denen wir Geschäfte machen.[586]

Philosophen wissen schon lange, dass unser Wohlbefinden stark mit unserem Mitgefühl und unserer Bereitschaft großzügig zu sein, verbunden ist. »Niemand kann glücklich leben, der nur sich sieht, der alles zu seinem eigenen Nutzen wendet«, schrieb Seneca im Jahr 63.[587] Ein Philosoph unserer Tage, David Letterman, sagte im Jahr 2013: »Ich habe herausgefunden, dass man einzig dadurch wirklich glücklich werden kann, dass man jemandem etwas Gutes tut, das derjenige aus eigener Kraft nicht zu tun in der Lage ist.«[588]

In praktisch jeder Religion gilt als ein entscheidender Schritt auf dem Weg zur spirituellen Erfüllung, aus freien Stücken zu geben. Oder, wie Einstein es ausgedrückt hat: »Nur ein Leben für andere ist lebenswert.«[589]

Seit Einstein versucht die theoretische Physik, eine »Theorie von allem« zu entwickeln, die unsere gesamte physische Welt durch die Verbindung der Allgemeinen Relativitätstheorie und der Quantenphysik erklärt. Wenn es eine entsprechende Theorie von allem in Bezug auf unser emotionales Universum gäbe, wären Empathie und Mitgefühl ihr Herzstück. Die moderne Naturwissenschaft bestätigt in überwältigender Weise die Weisheit jener frühen Philosophen und religiösen Traditionen. Empathie, Mitgefühl und Schenken –

also Empathie und Mitgefühl in Aktion – sind die molekularen Bausteine unseres Wesens. Mit ihnen wachsen und gedeihen wir, ohne sie verwelken wir.

Die Naturwissenschaft hat das tatsächlich bis auf die biologische Ebene aufgeschlüsselt. Eine entscheidende Komponente ist das Hormon Oxytocin. Dieses sogenannte Liebeshormon wird im Körper natürlicherweise zum Beispiel beim Gebären, beim Verlieben und während des Geschlechtsverkehrs ausgeschüttet.[590] Forschungen haben ergeben, dass die Einnahme von Oxytocin Angstzustände und Schüchternheit mildern kann.[591] In einer von Paul Zak durchgeführten Studie steigerte das Einsprühen von Oxytocin in die Nase die Geldmenge, die die Probanden einander anboten. »Oxytocin«, so Zak, »fördert die Empathie, und wenn dieses Hormon bei einem Menschen blockiert wird, neigt er stärker zu sündhaftem beziehungsweise selbstsüchtigem Verhalten«.[592]

Das »Liebeshormon« Ocytocin befindet sich im Körper im ständigen Kampf mit dem »Stresshormon« Cortisol.[593] Gewiss können wir Stress nie völlig aus unserem Leben verbannen, aber unsere natürliche Empathie zu fördern, ist eine gute Methode, um ihn zu reduzieren und sich vor seinen Auswirkungen zu schützen.

Natürlich gibt es verschiedene Formen von Empathie und Mitgefühl, und einige sind besser für uns als andere. Der Psychiatrie-Professor Richard Davidson schrieb mir dazu: »Oxytocin steigert das Mitgefühl für Angehörige der eigenen Familie und der Gruppe, mit der man sich identifiziert, aber nicht das universelle Mitgefühl auf höherer Ebene.«[594] Der Psychologe Paul Ekman unterscheidet drei Arten von Empathie: zunächst die »kognitive Empathie«, bei der man die Gedanken und Gefühle eines anderen mental nachvollzieht. Die Position eines anderen zu verstehen, heißt aber noch nicht, verinnerlicht zu haben, was er fühlt. Als Nächstes kommt also die »emotionale Empathie«, bei der wir tatsächlich fühlen, was der andere fühlt. Das wird durch sogenannte Spiegelneuronen ausgelöst. Angesichts all des Leids, das wir so oft miterleben, wäre ein Zustand ständiger emotionaler Empathie jedoch zu anstrengend. »Emotionale Empathie bringt also eigentlich nicht viel«, schreibt Daniel Goleman, Autor von *Emotionale Intelligenz*. Es gibt aber noch eine dritte Art, die »mitfühlende Empathie«, bei der man weiß, wie sich ein Mensch fühlt, dieses Gefühl teilt und zum Handeln motiviert wird. Mitfühlende Empathie ist eine Fähigkeit, die man bewusst fördern kann, und sie zieht Taten nach sich.[595]

Das ist die Art von Empathie, die uns antreibt, wenn wir etwas zurückgeben. Aber auch der Begriff »zurückgeben« ist missverständlich, weil er impliziert, dass Hilfe und freiwillige Sozialarbeit nur insoweit wichtig sind, als dass sie dem Empfänger oder der Gemeinschaft nutzen. Genauso wichtig ist aber, was sie für den Spender oder Freiwilligen bewirken; die wissenschaftlichen Ergebnisse dazu sind eindeutig. Schenken ist im Prinzip ein Wundermittel (ohne Nebenwirkungen) für Gesundheit und Wohlbefinden.

Eine Studie hat gezeigt, dass freiwillige Sozialarbeit, mindestens ein Mal pro Woche ausgeübt, eine Auswirkung auf das Wohlbefinden hat, die einer Gehaltssteigerung von 20 000 auf 75 000 Dollar entspricht.[596] Eine Untersuchung der Harvard Business School ergab, dass »Spenden für wohltätige Zwecke das subjektive Wohlbefinden ebenso stark steigern wie eine Verdoppelung des Haushaltseinkommens«.[597] Das gilt für arme wie für reiche Länder gleichermaßen, und dieselbe Untersuchung ergab, dass Studierende, die eine kleine Geldsumme für jemand anderen ausgeben mussten, glücklicher waren als solche, die diese Summe für sich selbst ausgaben.

Wir sind so auf das Schenken geeicht, dass unsere Gene uns dafür belohnen – und uns bestrafen, wenn wir es nicht tun. Laut Forschern der University of North Carolina und der UCLA wiesen Versuchspersonen, deren Glück zum größten Teil hedonistisch (auf die Befriedigung eigener Bedürfnisse gegründet) ist, hohe Werte für biologische Marker auf, die Entzündungen fördern, was wiederum im Zusammenhang mit Diabetes, Krebs und anderen Leiden steht. Diejenigen, die Glück und Zufriedenheit aus einem Dienst am

Nächsten zogen, wiesen Gesundheitsprofile mit reduzierten Werten für diese Marker auf.[598] Natürlich erleben wir alle eine Mischung aus beiden Arten von Glück, aber die inneren Systeme unseres Körpers drängen uns sanft dazu, das auf Schenken und Großzügigkeit beruhende Glück zu verstärken. Unser Körper weiß, was wir brauchen, um gesund und glücklich zu werden, selbst wenn unser Geist die Botschaft nicht immer hört.

> *Jesus sprach:*
> *»Wenn ihr jenes in euch hervorbringt,*
> *wird euch das, was ihr habt, erretten.*
> *Wenn ihr jenes nicht in euch habt,*
> *wird euch das, was ihr nicht habt, töten.«*[599]
>
> THOMAS-EVANGELIUM, SPRUCH 70

Es gibt noch viele weitere Untersuchungen, die zeigen, was für einen positiven Einfluss Schenken und Großzügigkeit auf die Gesundheit haben. So ergab beispielsweise eine Studie von 2013 unter der Leitung von Suzanne Richards von der Medical School der University of Exeter, dass freiwillige Sozialarbeit mit einer geringeren Neigung zu Depressionen, stärkerem subjektivem Wohlbefinden und einer signifikanten Senkung der Sterberate korreliert,[600] und eine Studie der Stanford University von 2005 zeigte, dass Menschen, die freiwillige Sozialarbeit leisten, länger leben als andere.[601]

Die Wissenschaft hat festgestellt:
Liebe lässt das Gehirn wachsen

Die Effekte des Schenkens sind besonders im höheren Alter spektakulär: Eine wissenschaftliche Untersuchung der Duke University und der University of Texas ergab, dass Senioren, die freiwillige Sozialarbeit leisteten, eine signifikant geringere Anfälligkeit für Depressionen hatten als andere,[602] und eine Studie der Johns Hopkins University zeigte, dass diese Senioren mit größerer Wahrscheinlichkeit auch gehirnaufbauende Aktivitäten betrieben, die die Anfälligkeit für die Alzheimer'sche Krankheit senken.[603] Wer seine sinnstiftende Rolle als Elternteil oder materieller Versorger verloren hat, kann so das Gefühl zurückgewinnen, gebraucht zu werden.

Zu ebenso deutlichen Ergebnissen kommen Studien zu den Auswirkungen des Schenkens am Arbeitsplatz. Freiwillige Sozialarbeit wirkt sich demnach positiv auf die Gesundheit, die Kreativität und die Teamorientierung der Belegschaft auf. AOL und die *Huffington Post* bieten ihren Angestellten drei bezahlte Tage Sonderurlaub für karitative Tätigkeiten an, und wir beteiligen uns in gleicher Höhe an wohltätigen Spenden von bis zu 250 Dollar jährlich pro Angestelltem. Eine Studie der United Health Group von 2013 ergab, dass Programme für freiwillige Sozialarbeit das Engagement und die Produktivität von Arbeitnehmern steigern. Die Studie zeigte außerdem:

- Über 75 Prozent der Angestellten, die freiwillige Sozialarbeit leisteten, fühlten sich gesünder.
- Über 90 Prozent sagen, freiwillige Sozialarbeit habe ihre Stimmung verbessert.
- Über 75 Prozent fühlten sich weniger durch Stress belastet.
- Über 95 Prozent sagten, freiwillige Sozialarbeit habe ihr Gefühl für die Sinnhaftigkeit des Lebens verstärkt (was wiederum bewiesenermaßen das Immunsystem stärkt).

|| Arbeitnehmer, die freiwillige Sozialarbeit leisteten, verbesserten ihre Zeitmanagement-Fähigkeiten und kamen besser mit ihren Kollegen zurecht.[604]

Eine weitere Studie von 2013, diesmal von Forschern an der University of Wisconsin, ergab, dass Angestellte, die etwas zurückgeben, mit größerer Wahrscheinlichkeit auch ihre Kollegen unterstützen, sich bei der Arbeit stärker engagieren und mit geringerer Wahrscheinlichkeit kündigen. »Unsere Ergebnisse sagen etwas Einfaches, aber Tiefgreifendes über Altruismus aus: Anderen zu helfen macht uns glücklicher«, sagt Donald Moynihan, einer der Autoren der Studie. »Altruismus ist kein Märtyrertum, sondern für viele von uns Teil eines gesunden psychischen Belohnungssystems.«[605]

Das ist ein Belohnungssystem, das auch in unseren Überlegungen über unsere Gesundheitsvorsorge Einzug finden sollte. »Wenn Sie länger, glücklicher und gesünder leben möchten, befolgen Sie die üblichen ärztlichen Ratschläge«, sagt Sara Konrath von der University of Michigan, »und dann ... ziehen Sie los und schenken Sie Ihre Zeit denen, die sie brauchen. Das ist die beste Präventionskur.«[606]

Schenkende stehen auch am Arbeitsplatz am Ende besser da. (Nette Kerle werden nicht Letzter!) In seinem Bestseller *Give and Take* zitiert Adam Grant, Professor an der Wharton University, Studien, die zeigen, dass Menschen, die Zeit und Geld für andere spenden, letztlich erfolgreicher sind als andere. Den höchsten Umsatz machen diejenigen Verkäufer, die am stärksten motiviert sind, ihren Kunden und Kollegen zu helfen; die Softwareentwickler mit der höchsten Produktivität und den wenigsten Fehlern sind auch diejenigen, die ihren Kollegen gegenüber hilfsbereiter sind und mehr geben als sie zurückbekommen.[607] Die besten Verhandlungsführer sind die, die nicht nur ihre eigene Seite vertreten, sondern auch dem Gegenüber zum Erfolg verhelfen.[608] Grant zitiert außerdem Studien, die darauf hindeuten, dass die Gewinne von Firmen, deren CEOs nur »nehmen«, anstatt zu geben, unberechenbar und volatil werden.[609]

CEOs, die »Schenker« sind, setzen ihrem Unternehmen dagegen Ziele, die über kurzfristigen Profit hinausgehen. Starbucks zum Beispiel gründete unter der Führung von Howard Schultz nicht nur Create Jobs For USA[610] – eine Arbeitsbeschaffungsinitiative, die über 15 Millionen Dollar an Spenden gesammelt[611] und über 5000 Arbeitsplätze geschaffen hat[612] –, sondern finanzierte in den vergangenen beiden Jahren auch mehr als eine Million Stunden freiwilliger Sozialarbeit von ihren Angestellten und Kunden. Schultz erklärte, hinter diesen Initiativen stehe sein Grundsatz, dass »Gewinnstreben ein oberflächliches Ziel ist, wenn man keinen tieferen Sinn damit verfolgt«.[613] Für Schultz besteht dieser Sinn darin, die Leistung durch Menschlichkeit zu steigern, den Anteilseignern eine Dividende zu liefern und gleichzeitig den Erfolg des Unternehmens zu teilen, indem man sich in den Gemeinden seiner Filialstandorte engagiert, und damit die Kunden erfreut. Während des »Government Shutdown« in den USA Ende 2013, als die Bundesbehörden wegen einer Haushaltssperre größtenteils schließen mussten, bekamen Kunden, die jemand anderem ein Getränk bezahlten, selbst einen Kaffee gratis. Schultz schrieb in einem Brief an die Mitarbeiter: »Jeden Tag werden wir in unseren Filialen Zeugen kleiner Taten der Menschlichkeit, die den Geist der Großherzigkeit widerspiegeln, der unseren Leitlinien zugrunde liegt. Meistens sind es diese kleinen Gesten, die unser Engagement für unsere Gemeinden und unsere Sorge um die Kunden und um einander am besten verkörpern.«[614]

Wie können wir angesichts des offenkundigen Nutzens, den die praktische Umsetzung von Empathie hat, diesen Impuls zur Umsetzung stärken? Und wie geben wir ihn an unsere Kinder weiter? Alle Eltern suchen nach Wegen, wie sie ihren Kindern zu Erfolg im Leben verhelfen können, zu einem guten Gehalt, einer steilen Karriere oder einfach zu Glück und Zufriedenheit. Genauso wichtig ist es aber, die Fähigkeit, umfassendes Mitgefühl zu empfinden, an sie weiterzugeben, besonders, wenn wir wollen, dass sie glücklich werden. Das gilt umso mehr in einer Welt, die uns von allen Seiten mit technischen Zerstreuungen und digitalen Scheinfreundschaften bedrängt und so unsere Empathiekanäle unterbricht.

An der San Diego State University stellte man 2010 bei Kindern, die in den USA aufwachsen, einen Anstieg depressiver Erkrankungen um das Fünffache seit den 1930er Jahren fest.[615] Um Kindern emotionale Kompetenz und Empathiefähigkeit zu lehren, hat Mary Gordon, ehemalige Kindergärtnerin und Fellow der Ashoka-Stiftung, die Initiative Roots of Empathy gegründet. Sie geht davon aus, dass man Empathie am besten vermittelt, indem man sie vorlebt. »Liebe lässt das Gehirn wachsen«, so Gordon. »Wir müssen den Kindern ein Vorbild an Liebe sein, wenn wir sie aufziehen. Lernen geschieht immer in einer Beziehung, und Empathie muss man aufbauen, nicht fordern. Das Baby spiegelt immer den emotionalen Zustand der Eltern wider.«[616] In ihrer Initiative »adoptieren« Schulklassen ein Baby, analysieren sorgfältig seine Lautäußerungen und versuchen herauszufinden, was es ihnen sagen möchte. Die Kursleiter bringen den Schülern bei, wie man die Gefühle des Babys anhand körperlicher Anzeichen erkennt, und gleichzeitig lernen die Schüler, ihre eigenen Emotionen zu erforschen.[617] Sich achtsam mit den Kommunikationsversuchen eines Babys zu befassen, lässt die Schüler nicht nur erfahren, wie viel Geduld und Liebe man braucht, um ein Kind richtig aufzuziehen, sondern lässt sie auch verstehen, welche Art der Aufmerksamkeit und Zuwendung nötig ist, um Empathie zu entwickeln. Es genügt nicht, den Kindern von Empathie zu erzählen; man muss sie vorleben – was natürlich bedeutet, dass man selbst empathisch sein muss. Eltern geben Empathie genauso weiter, wie sie ihren Kindern helfen, sprechen zu lernen.[618]

Natürlich ist nicht jedes Kind mit Eltern gesegnet, die im Hinblick auf Empathie ein Vorbild sind, aber zum Glück kann man die Auswirkungen eines Elternhauses, dem es an Empathie mangelt, beheben. Es ist nie zu spät, die eigene Kindheit zu überwinden. Jedes Beispiel des Schenkens und Helfens kann ein Ansatzpunkt für unser eigenes Wohlbefinden und das unserer Gemeinschaft sein.

Bill Drayton betont, dass Empathie ein immer wichtigeres Hilfsmittel für den Umgang mit den rasant wachsenden gesellschaftlichen Veränderungen ist. »Die Geschwindigkeit, mit der die Zukunft auf uns einstürmt – immer schneller und schneller –, das Kaleidoskop sich ständig verändernder Zusammenhänge«, so schreibt er, »erfordert die grundlegende Fähigkeit zu kognitiver Empathie.«[619]

Die beste Methode, um diese innere Voraussetzung in sich zu verankern, ist, jemand anderem zu helfen. Mitgefühl und Schenken – das heißt nicht unbedingt, dass man sich ins Flugzeug setzt, um am anderen Ende der Welt Häuser zu bauen oder Schulunterricht zu geben. Es kann auch einfach heißen, Leuten in anderen Vierteln der Stadt oder in der eigenen Nachbarschaft zu helfen. Und damit ist nicht gemeint, einfach Geld zu spenden. Wie es Laura Arrillaga-Andreessen in ihrem Buch *Giving 2.0: Transform Your Giving and Our World* (»Schenken 2.0: Verändern Sie Ihr Schenkverhalten und unsere Welt«) formuliert, kann Schenken auch heißen, »Fähigkeiten aus dem Bereich der strategischen Planung, des Managements, der Personalplanung, des Marketings, des Designs oder der IT an gemeinnützige Organisationen zu spenden, die sie benötigen«,[620] wie es zum Beispiel die Taproot Foundation tut.

Drücken Sie die 1, um zu spenden: Technologie trifft Philanthropie

Die moderne Technik bietet allen, die schenken möchten, dieselben Möglichkeiten. Dennis Whittle, der Gründer von GlobalGiving, sagt, die Technik habe das Potenzial, »alle Spender vor den Augen der Menschlichkeit gleichzumachen« und uns alle in »Normalbürger-Oprahs« zu verwandeln. »Ob Sie nun 10, 100 oder 1000 Dollar spenden«, so Whittle, »Sie können [ins Internet] gehen, eine Schule in Afrika suchen, die Sie unterstützen wollen, und regelmäßig anhand von Statusberichten verfolgen, was Ihre Spende bewirkt.«[621] Die sozialen Netzwerke haben dem Giving Tuesday (»Spendendienstag«), der neuerdings den beiden Sonderangebots-Shoppingtagen Black Friday und Cyber Monday folgt, einen großen Erfolg beschert. Der Giving Tuesday brachte 2013 weit über 10 000 gemeinnützige, behördliche und privatwirtschaftliche Partner aus der ganzen Welt zusammen.[622] Einflussreiche Personen in den sozialen Netzwerken vom Präsidenten bis zu Bill Gates gaben die Botschaft an ihre Follower weiter, und die Google-Startseite warb den ganzen Tag dafür. Die *HuffPost* und auch andere Medien, zum Beispiel das *Wall Street Journal* und CNN, brachten Artikel, Beiträge und Blogeinträge darüber. Das Spendenaufkommen stieg daraufhin gegenüber dem ersten Giving Tuesday 2012 um 90 Prozent; die durchschnittliche Spendensumme betrug 142,05 Dollar. Die Stadt Baltimore brachte über 5 Millionen Dollar zusammen, die United Methodist Church über 6 Millionen. Aber der Erfolg war nicht nur auf große Städte und Glaubensgemeinschaften beschränkt. Auf lokaler Ebene erreichte zum Beispiel die Second Harvest Food Bank of Central Florida ihr Spendenziel von 10 000 Dollar schon um neun Uhr morgens und beschloss daraufhin, es zu verdoppeln. Die Bethesda Mission in Harrisburg, Pennsylvania, hatte sich ein Ziel von 400 Dollar gesetzt, erzielte aber 2320 Dollar an Spenden im Internet. Und obwohl der Giving Tuesday fünf Tage nach dem nur in den USA gefeierten Thanksgiving-Fest stattfindet, gehörten auch ausländische Organisationen von dem Girls Empowerment Project aus Kenia über das Goodwill Social Work Centre im indischen Madurai bis zu Ten Fe in Guatemala zu den Partnern.[623]

Natürlich können wir auch einfach Freude schenken – indem wir unsere Talente und Fähigkeiten dafür einsetzen, dass andere ihre eigenen Fähigkeiten entdecken und darüber staunen. Die Performance-Gruppe Improv Everywhere stellte in Zusammenarbeit mit der Carnegie Hall in New York ein leeres Dirigentenpult vor ein Orchester auf die Straße und hängte ein Schild »Dirigent gesucht« daran. So konnten die Passanten einige der begabtesten jungen Musiker der Welt dirigieren. Die Musiker reagierten auf die Amateurdirigenten, indem sie ihr Tempo und die Spielweise entsprechend änderten.[624]

Monica Yunus und Camille Zamora, die sich während ihres Studiums an der Juilliard School kennenlernten, gründeten Sing for Hope, um ihre Liebe zur Musik mit der Gemeinschaft zu teilen. Sie haben schon Dutzende von »Pop-up-Klavieren« mitten in New Yorker Parks und an Straßenecken gestellt, damit Passanten Musik spielen oder hören und andere Menschen kennenlernen können, an denen sie ansonsten schweigend vorbeigegangen wären.[625]

Robert Egger nutzte seine Fähigkeiten, die er als Betreiber von Musikclubs erworben hatte, um die D.C. Central Kitchen zu gründen, die unverkaufte Lebensmittel örtlicher Einzelhändler und landwirtschaftlicher Betriebe sammelt und Obdachlose beschäftigt, um daraus Essen zu kochen, das dann an Bedürftige geliefert wird. Zurzeit arbeitet er gerade an der Gründung eines entsprechenden Vereins in Los Angeles. »Ich finde«, so Eggers, »dass Essen nicht nur Treibstoff für den Körper ist; Essen ist Gemeinschaft.«[626]

Gewöhnlich verbinden wir Kreativität mit Künstlern und Erfindern, aber in Wirklichkeit ist jeder Mensch kreativ, wie David Kelley, Gründer der weltberühmten Designfirma Ideo und der »d.school« an der Stanford University, in *Creative Confidence* schreibt, einem Buch, das er gemeinsam mit seinem Bruder Tom verfasst hat.[627] Wir müssen sie nur zurückholen und teilen. Wir zensieren oder unterdrücken unsere natürlichen kreativen Impulse, weil wir sie für nicht gut genug halten. Dabei müssen wir uns nur die Erlaubnis geben, dem zu folgen, wodurch wir uns am lebendigsten fühlen. Und wenn wir am lebendigsten sind, sind wir am mitfühlendsten und umgekehrt. Wenn Sie gern singen, singen Sie – Sie müssen nicht in einen Chor eintreten oder als Solist brillieren. Wenn Sie gern Gedichte oder Kurzgeschichten schreiben, schreiben Sie – Sie müssen ja nichts veröffentlichen. Wenn Sie gern malen, malen Sie. Unterdrücken Sie

Ihre kreativen Instinkte nicht, weil Sie nicht »gut genug« sind, um einen Beruf daraus zu machen.

David und Tom Kelley schreiben: »Wenn ein Kind das Zutrauen in seine Kreativität verliert, kann das tiefgreifende Auswirkungen haben. Man teilt dann später die Welt in kreative Menschen und die anderen ein und sieht diese Kategorien als unverrückbar; man vergisst, dass man auch einmal gern gemalt und Fantasiegeschichten erzählt hat. Zu viele Menschen versagen sich selbst ihre Kreativität.«[628]

Jeder Mensch ist, wenn er zur Ruhe kommt
und sich selbst sehr ehrlich gegenübersteht, zu tiefen
Wahrheiten fähig. Wir alle entstammen derselben Quelle.
Es gibt kein Geheimnis um den Ursprung der Dinge.
Wir sind alle Teil der Schöpfung, alle Könige,
alle Dichter, alle Musiker; wir müssen uns nur öffnen,
um zu entdecken, was bereits da ist.[629]

HENRY MILLER

Einer meiner Freunde hat ein Ritual: Er schreibt jeden Morgen zum Kaffee ein Gedicht. »Das zentriert mich«, sagt er, »und dann reite ich den Tag über auf dieser Welle – es hilft mir, in Verbindung zu bleiben.« Meine Schwester schloss ihre Ausbildung an der Royal Academy of Dramatic Art in London mit vielen Auszeichnungen und Belobigungen ab. Aber nach Jahren erfolglosen Vorsprechens fühlte sie sich verloren und entmutigt. In ihrem Buch *Unbinding the Heart* beschreibt sie einen Vorfall in einem New Yorker Bus, der ihr die Augen öffnete:

Ich hatte für ein sechsstündiges Potpourri aus griechischen Tragödien vorgesprochen, aber keine Rolle bekommen – nicht einmal im Chor. Enttäuscht und verzweifelt stieg ich in den Bus, der mich zum Ge-

sangsunterricht an die Upper West Side bringen sollte. Plötzlich fielen mir die Gesichter der anderen Fahrgäste auf. Alle wirkten bedrückt; man sah in ihren Mienen, dass jeder von ihnen sein Päckchen zu tragen hatten. Ich schaute mich um und wurde von Mitgefühl und der Erkenntnis erfüllt, dass ihre Probleme sicher weit größer waren als meine. Wenn ich doch nur etwas Freude in diesen Bus bringen könnte, dachte ich. Dann ging mir auf, dass ich das tatsächlich konnte. Ich konnte hier und jetzt damit anfangen! Ich konnte diese Menschen für einen kurzen Moment unterhalten. Ich konnte jetzt sofort zu singen und zu tanzen beginnen!

Und mit diesem Gedanken durchbrach ich die Schranken. Ich wandte mich an die Frau neben mir und begann ein Gespräch. Ich fragte sie, ob sie gern ins Theater gehe. Wir begannen über unsere Lieblingsstücke und -rollen zu sprechen, und ich erzählte ihr, dass ich vor Kurzem für die Rolle der Jungfrau von Orléans in George Bernard Shaws Die Heilige Johanna vorgesprochen habe. Sie kannte das Stück, und wir hatten ein unerwartet lebhaftes Gespräch. Begeistert fragte ich sie, ob ich ihr den Monolog der Heiligen vielleicht vorsprechen solle, und sie stimmte ebenso begeistert zu.

Die ersten Zeilen des Monologs lauten: »Du hast mir das Leben versprochen, aber du hast gelogen. Du glaubst, es sei schon Leben, wenn man nicht mausetot ist.« Als ich zu deklamieren begann, veränderte sich der Gesichtsausdruck der Frau. Ich sah, dass es sie berührte; auch ich war berührt, als ich mein Talent einen Augenblick lang in einem New Yorker Linienbus vorführte.

Als ich schloss, hatte die Frau Tränen in den Augen. Als sie an ihrer Haltestelle ausstieg, dankte sie mir. Ich war richtig beschwingt. Ich spürte eine Art Befreiung, als ob sich eine Tür geöffnet hätte, von der ich nicht geahnt hatte, dass es sie gibt. Da dachte ich, mein wunderbares Talent werde von der Welt nicht anerkannt, und auf einmal dämmerte mir, wie viele Vorbedingungen ich diesem Talent selbst gestellt hatte. Dieser Augenblick des Teilens ohne das konkrete Ziel, eine Rolle zu bekommen, drehte sich nicht um das Ergebnis, sondern *um die Freude, andere zu berühren und bedingungslos zu verschenken, was ich zu verschenken hatte. Und das brachte ein ungeheures Gefühl der Erfüllung mit sich.*[630]

Ihr Talent besteht vielleicht einfach nur darin, ein schönes Essen für einen Nachbarn zu kochen, der krank ist oder um einen Angehörigen trauert. Der Satz »Zu wissen, dass auch nur ein Leben leichter geatmet hat, weil du gelebt hast«[631] fasst den Sinn des Schenkens wunderbar zusammen.

Am Tag vor ihrem Tod hatte Scott Simons Mutter eine Botschaft für die mehreren hunderttausend Menschen, die seinem Liveblog über ihre Reise in den Tod folgten.

28. Juli, 14 Uhr 01: »*Ich glaube, sie möchte, dass ich so schnell wie möglich einige Ratschläge von ihr weitergebe. Erstens: Gehe noch heute auf jemanden zu, der einsam wirkt.*«[632]

Die Technik ermöglicht uns ein Leben in einer abgeschlossenen, unabhängigen Blase rund um die Uhr, selbst wenn man die Straße entlanggeht und dabei Musik mit seinem Smartphone hört. Unsere digitalen Geräte lassen es so aussehen, als verbänden sie uns miteinander, und sie tun es auch in gewissem Maße, doch sie trennen uns auch von unserer Umwelt. Und ohne Verbindung zu den Menschen, denen man begegnet, fällt es schwer, den angeborenen Instinkt für Empathie zu aktivieren.

Die Generation Y – die erste, die in der digitalen Welt wirklich zu Hause ist (anders als die digitalen Einwanderer unter uns, die eigentlich aus der analogen Welt stammen) – wird sehr wahrscheinlich herausfinden, wie man mit dem Einfluss der Technik umgeht und sie einsetzt, um die Fähigkeit zur Empathie zu verstärken, anstatt sie zu mindern. John Bridgeland, einer der Vorsitzenden des Franklin Project, einer landesweiten US-Dienstleistungsbewegung, glaubt, dass diese Generation »die bürgerliche Gesundheit unserer Nation nach

Jahrzehnten des Verfalls retten« könnte.⁶³³ Neuere Studien untermauern seine Ansichten. Kinder der Jahrtausendwende sind führend, was die Beteiligung an freiwilliger Sozialarbeit betrifft; 43 Prozent von ihnen engagieren sich dafür.⁶³⁴ Unter Collegestudierenden ist die Zahl sogar noch höher: 53 Prozent von ihnen haben im vergangenen Jahr freiwillige Sozialarbeit geleistet, über 40 Prozent von ihnen engagieren sich mehr als einmal monatlich.⁶³⁵

Was wäre, wenn dieses Bedürfnis, Verbindungen aufzubauen und etwas zurückzugeben, erweitert und institutionalisiert werden könnte? Das ist das Ziel des Franklin Project: einen nationalen Freiwilligendienst als »gemeinsame Erwartung und gemeinsame Möglichkeit für alle Amerikaner« zu etablieren, »um unser soziales Netz zu stärken und unsere drängendsten nationalen Probleme zu lösen«.⁶³⁶ Stellen Sie es sich als den ultimativen Arbeitseinsatz für die Infrastruktur vor – einen, der dazu beiträgt, unser Land buchstäblich von innen nach außen wiederaufzubauen.

Dieses Projekt nutzt die unglaubliche Welle von Gemeinschaftsgeist und Mitgefühl nach den Anschlägen vom 11. September 2001 – das Bedürfnis, nicht nur die dadurch entstandenen Schäden zu beheben, sondern ein Zusammengehörigkeitsgefühl wiederzubeleben, das seit Jahrzehnten immer mehr abgenommen hat. Die Idee ist das Herzstück der Gründung der USA, verbunden mit genau jenem Streben nach Glück, das in der Unabhängigkeitserklärung angeführt wird.

Als Thomas Jefferson unser Recht auf *pursuit of happiness*, auf das Streben nach Glück, formulierte, meinte er damit nicht nur persönliches, kurzfristiges Vergnügen, wie es die Konsumgesellschaft verschafft, sondern das Recht, unser Leben in einer starken und lebendigen Gemeinschaft aufzubauen.

In unserer gesamten Geschichte war es der Geist der Großzügigkeit und des Schenkens, der Geist der Hilfe für andere und der des Bürgersinns, der aus sehr unterschiedlichen Landesteilen, Volksgruppen und Sprachen eine Nation aufzubauen half und uns einer *more perfect union*, einer besseren Vereinigung, näher brachte. Das

Schwinden dieses Geistes ist die Ursache dafür, dass so viele Amerikaner heute glauben, ihr Land sei im Begriff auseinanderzubrechen, sei hoffnungslos gespalten und nicht länger unteilbar.

Sämtliche amerikanischen Präsidenten – außer William Henry Harrison, der einen Monat nach Amtsantritt starb, nachdem er die längste Antrittsrede der Geschichte gehalten hatte – haben die Wichtigkeit dieses verbindenden Netzes erkannt und sich auf verschiedene Weise bemüht, es zu stärken. Franklin D. Roosevelt gründete das Civilian Conservation Corps, das drei Millionen junger Arbeitsloser bei öffentlichen Bauvorhaben einsetzte; John F. Kennedy initiierte das Peace Corps; George W. Bush stiftete den Daily Point of Light Award, durch den sich die Points of Light Foundation formierte,[637] und Bill Clinton gründete das AmeriCorps.

Ray Chambers, der Gründungsvorsitzende von Points of Light (der mich Anfang der 1990er Jahre einlud, Vorstandsmitglied zu werden), ist für mich ein Vorbild, wenn es um die Neudefinition von Erfolg und die Priorisierung von Helfen und Schenken geht. Nach einer erfolgreichen Karriere als Geschäftsmann war er nicht länger damit zufrieden, Macht und Reichtum anzuhäufen, und widmete sich mit seinen bemerkenswerten Fähigkeiten und seiner Leidenschaft Problemen auf der ganzen Welt – unter anderem stiftete er Stipendien für Hunderte von Schülern in Newark, New Jersey, gründete Malaria No More und war Sonderbotschafter des UN-Generalsekretärs für die Finanzierung der Jahrtausendziele im Gesundheitsbereich. Er hat seinen Geist, seine Fähigkeiten und seine Verbindungen auch dazu eingesetzt, ein übersehenes Problem zu lösen, das Millionen Jugendliche betrifft. Und zwar bewegten ihn die Kinder in den von ihm unterstützten Stadtentwicklungsprogrammen, die sich verweigern und physisch wie emotional Narben davontragen, weil sie an Akne leiden – etwas, das ich aus meiner eigenen Familie kenne, weil auch Isabella als Teenager an Akne litt. Chambers ist ein Beispiel, wie eine Führungsrolle im Privatsektor optimal ausgelebt wird.[638]

Es gibt jedenfalls ein starkes Bedürfnis, sich für andere einzusetzen, und die Millenials gehen in großer Zahl voran. Ein großangelegter Freiwilligendienst auf Bundesebene könnte die unerträglich hohe Jugendarbeitslosigkeit senken und gleichzeitig den Betroffenen einen Sinn im Leben geben. »Unsere Generation drängt vorwärts und strebt nach Großem«, sagte Matthew Segal, einer der Gründer von Our Time, einer Interessenvertretung für junge Menschen. »Und kaum eine Reform wäre sinnvoller, als es idealistischen jungen Amerikanern zu ermöglichen, ihrem Land als Pflegekräfte, Lehrer, Katastrophenhelfer, Naturschützer und bei der Wartung der Infrastruktur zu dienen.«[639]

Was also ist zu tun, damit die Menschen nicht nur zu Weihnachten oder Thanksgiving an freiwillige Sozialarbeit denken oder in Festtagsreden davon sprechen, sondern sie als eine alltägliche Sache sehen?

Wie es der Psychologe Ervin Staub, der sich in seiner Forschungsarbeit mit Männern und Frauen befasst hat, die während der Nazizeit Juden versteckten und so vor der Deportation retteten, formuliert, »beginnt das Gute wie das Böse immer mit kleinen Schritten. Ein Held entwickelt sich, er wird nicht als Held geboren. Die Retter der Juden fingen oft mit relativ geringem Risiko an, indem sie jemanden einen oder zwei Tage lang versteckten. Hatten sie diesen Schritt aber erst einmal getan, veränderte sich ihre Selbstwahrnehmung; sie gehörten jetzt zu denen, die den Verfolgten halfen. Was eher als Bereitwilligkeit beginnt, wird zu intensivem Engagement.«[640]

Yayas Lektionen in Großzügigkeit:
»Es ist kein Geschäft, Liebes, es ist ein Geschenk.«

Ich war mit einer Mutter gesegnet, die einfach nicht unpersönlich mit anderen Menschen umgehen konnte. Das heißt nicht, dass sie vollkommen gewesen wäre, aber sie lebte beständig im Modus des Schenkens. Wenn ein Paketbote uns ein Päckchen brachte, bat meine Mutter – oder Yaya, wie sie allgemein genannt wurde – ihn herein, setzte ihn an den Küchentisch und bot ihm etwas zu essen an. Ging man mit ihr auf den Wochenmarkt oder ins Kaufhaus, machte man sich am besten auf eine lange Unterhaltung mit der Verkäuferin oder dem Bauern gefasst, bevor es irgendwann um die Ware ging, die sie kaufen wollte. Diese Nähe zu eigentlich fremden Menschen, diese Empathie für alle, denen sie begegnete, war etwas, das mich schon als kleines Mädchen in Athen umgab.

Ihr Leben war erfüllt von Momenten des Schenkens. Wo immer sie gerade war – im Aufzug, im Taxi, im Flugzeug, auf dem Parkplatz, im Supermarkt, auf der Bank –, suchte sie den Kontakt zu anderen Menschen. Einmal bewunderte eine unbekannte Frau ihre Halskette; meine Mutter nahm sie ab und schenkte sie ihr. Als die erstaunte Passantin fragte: »Was wollen Sie dafür?«, erwiderte meine Mutter: »Es ist kein Geschäft, Liebes, es ist eine Geschenk.« Gegen Ende ihres Lebens brachte sie zu ihren Arztterminen immer einen Obstkorb oder eine Schachtel Pralinen für die Helferinnen in der Praxis mit. Sie wusste, wie das die Atmosphäre an einem Ort veränderte, an den die Menschen mit Angst und Schmerz kamen. Ihre Hartnäckigkeit beim Durchbrechen der Barrieren, die die Menschen um ihre Herzen errichten, war gleichzeitig bezaubernd und komisch. Wenn eine der Arzthelferinnen »auf Autopilot« war, wie sie es nannte, und sich nicht die Zeit nahm, freundlich oder persönlich zu werden, flüsterte meine Mutter mir zu: »Die lässt sich nicht erweichen«, und überlegte, wie sie ihr etwas Extra-Aufmerksamkeit schenken konnte.

Vielleicht zog sie dann eine Süßigkeit aus ihrer Handtasche – eine Tüte Nüsse oder eine besondere Schokolade – und schenkte sie der Frau in der Gewissheit, ein Lächeln zu ernten. Schenken war ein Teil ihres Wesens.

Meine Mutter starb ohne Testament und hinterließ keine Wertgegenstände, was niemanden überraschte, weil sie immer alles weggeschenkt hatte. Ich weiß noch, als wir ihr einmal eine zweite Armbanduhr schenken wollten; innerhalb von 48 Stunden hatte sie sie weiterverschenkt. Was sie uns aber hinterließ, war das Schatzhaus ihres Geistes. Bestimmte Gaben kann man wohl erst mit dem Tod weitergeben – zu Lebzeiten verkörperte sie Fürsorge, Schenken und bedingungslose Liebe so intensiv, dass es sich für diejenigen, die damit gesegnet waren, zu ihrem Umfeld zu gehören, so anfühlte, als ob für diese Bereiche des Lebens schon gesorgt sei. Warum kochen lernen, wenn man die beste Köchin der Welt in der Familie hatte? Nach ihrem Tod wurde meiner Schwester und mir viel bewusster, dass es keinen schnelleren Weg als den des Schenkens und Helfens gibt, um sich als Mensch weiterzuentwickeln.

Wir konzentrieren uns hauptsächlich auf das Gute, das Schenken anderen Menschen und unserer Gemeinschaft bringt. Doch genauso tiefgreifend wirken sich Schenken und Großzügigkeit auch auf uns selbst aus. Es stimmt wirklich, dass man durch das, was man geschenkt bekommt, zwar physisch wächst, durch das, was man selbst schenkt, aber spirituell.

Seit ich Kinder habe, bewegt mich das Bedürfnis, freiwillige Sozialarbeit und Hilfe für andere von Anfang an zu einem Teil ihres Lebens zu machen. Und ich sehe, was das für Auswirkungen auf das Leben meiner Töchter hat. Als eine von ihnen eine Essstörung entwickelte und anfing, freiwillige Sozialarbeit bei A Place Called Home zu leisten, konnte ich beobachten, wie dies ihre Selbstwahrnehmung veränderte – die Wahrnehmung ihrer eigenen Probleme und Schwierigkeiten. Es gibt nichts Besseres, als die eigenen Probleme zu relativieren. Wenn man sich um Kinder kümmert, für die Gewalt und

Kriminalität zum Alltag zählen, deren Väter im Gefängnis sitzen und die nicht genug zu essen haben, wird es schwieriger, sich um das eigene Aussehen zu sorgen, darum, ob man auch die richtigen Klamotten trägt, hübsch oder dünn genug ist. Meine Tochter lernte diese Lektion nicht durch Predigen (obwohl ich es versucht habe), sondern durch praktische Anschauung.

Das Feuer wärmt auch den Schürhaken

Schon heute leisten Menschen überall sehr viel Gutes. Wie kann man das stärker ins Licht der Öffentlichkeit rücken? Wie können wir dazu beitragen, diese guten Taten zu stärken und zu vervielfachen, bis die kritische Masse erreicht ist? In den 1990er Jahren hatte ich den Traum, dafür einen neuen Fernsehsender zu gründen – eine Art C-SPAN3. Damals hatte C-SPAN nur zwei Kanäle, einer berichtete aus dem Repräsentantenhaus, der andere aus dem Senat. Der dritte sollte nach meiner Vorstellung über gemeinnützige Stiftungen, Nichtregierungsorganisationen und freiwillige Sozialarbeit berichten und überall verbreiten, was dort jeden Tag rund um die Uhr alles geleistet wird, so dass diese karitativen Tätigkeiten ebenso zum Teil unseres Alltags würden wie die Arbeit der Kammern des Kongresses. Dadurch sollte sich einprägen, dass sie auch dieselbe Aufmerksamkeit verdienen. C-SPAN3, wie ich es mir vorstellte, kam dann nicht zustande, aber dafür gibt es ja jetzt das Internet. Bei der *Huffington Post* haben wir mehrere Rubriken – unter anderem Impact (»Wirkung«), Good News (»Gute Nachrichten«) und What Is Working (»Erfolgreiche Projekte«) –, die über die bewegenden Geschichten von Menschen berichten, die über sich selbst hinauswachsen, um anderen zu helfen, manchmal den Nachbarn, manchmal auch Menschen am anderen Ende der Welt. Es ist wichtig, dass wir die eifrigen

Schenker selbst ihre Geschichten in Wort und Bild und auf Video erzählen lassen. Der magische Moment ist da, wenn die Leser reagieren, indem sie selbst aktiv werden und sich inspirieren lassen – wenn sie vom Beobachter zum Handelnden werden.

Pfarrer Henry Delaney hat ein ganzes Leben darauf verwendet, sich um die Süchtigen in Crackhäusern in Savannah, Georgia, zu kümmern. Er sagte einmal etwas zu mir, das beschreibt, was geschieht, wenn man hilft. »Ich möchte, dass die Menschen sich engagieren«, sagte er. »Das ist, wie wenn man ein Schüreisen ins Feuer hält; nach einer Weile wärmt das Feuer auch den Schürhaken.«[641] Und so werden wir schließlich die kritische Masse erreichen.

In der Nuklearphysik ist die kritische Masse diejenige Menge spaltbaren Materials, ab der eine Kettenreaktion in Gang kommt. Für die Bewegung der freiwilligen Sozialarbeit besteht die Entsprechung darin, Dienen und Helfen für so viele Menschen zur Gewohnheit werden zu lassen, dass eine spontane Ausbreitung über das Land und die Welt angestoßen wird. Stellen Sie sich das wie eine positive Seuche vor, mit jedem einzelnen Menschen als potenziellem Überträger.

»Im Raum gibt es Türen, nach denen man sucht«, sagte mir einmal ein Freund, »in der Zeit gibt es Türen, auf die man wartet.« Wir stehen jetzt gerade vor einer solchen Tür in der Zeit – einer Öffnung, die große Möglichkeiten bietet. Die moderne Entsprechung zur mittelalterlichen Vorstellung von der Welt als einer flachen Scheibe ist unsere säkulare Vorstellung vom Menschen als rein materiellem Wesen. Dieser Fehler hat unsere Lebensweise und unsere Definition von Erfolg beherrscht. Doch heute ändert sich das alles. Immer stärker wird uns klar – teilweise wegen des wachsenden Preises, den wir dafür zahlen, und teilweise wegen neuer Forschungsergebnisse –, dass ein wirklich erfolgreiches Leben auch andere Dimensionen hat. Und diese Dimensionen, die vier Säulen der Dritten Größe, beeinflussen alles, was wir tun, und alles, was wir sind, von der Gesundheit bis zum Glück. Demzufolge hängt etwas so Großes und Wichtiges wie das Schicksal der Menschheit von etwas so Persönlichem und Intimem wie dem individuellen Lebensweg ab – davon, wie jeder Einzelne lebt, denkt, handelt und schenkt.

Unsere narzisstischen Gewohnheiten abzulegen und unsere Großzügigkeit, unseren Instinkt des Schenkens zu wecken – wie die Welt und wir selbst es dringend brauchen –, dauert ein ganzes Leben. Aber noch einmal sei betont: Alles beginnt mit kleinen alltäglichen Schritten. Und auch hier ist der Alltag das beste Training. Wenn man sich vornimmt, den besten amerikanischen Roman aller Zeiten zu schreiben, traut man sich wahrscheinlich erst gar nicht anzufangen. Wenn man sich aber vornimmt, jeden Tag 100 Wörter zu Papier zu bringen, wird das schon viel wahrscheinlicher. Mit dem Ziel, das eigene Leben zu verändern, ist es ebenso:

1. Gewöhnen Sie sich kleine Gesten der Freundlichkeit und des Schenkens an und beachten Sie, wie das Ihren Geist, Ihre Emotionen und Ihren Körper beeinflusst.
2. Gehen Sie im Alltag bewusst auf Menschen zu, deren Anwesenheit Sie normalerweise als gegeben hinnehmen: die Kassiererin, die Putzfrau im Büro oder Hotel, der Kellner im Café. Achten Sie darauf, wie viel lebendiger und verbundener Sie sich mit dem Moment fühlen.
3. Nutzen Sie eine Ihrer Fähigkeiten oder ein Talent, das Sie haben – Kochen, Buchhaltung, Innenausstattung –, um jemandem zu helfen, der davon profitiert. Das wird Ihrer Verwandlung vom Habenwollenden zum Schenkenden auf die Sprünge helfen und Sie neu mit der Welt und dem natürlichen Überfluss in Ihrem eigenen Leben verbinden.

Schlusswort

Mit etwas Glück haben wir um die 30 000 Tage, um das Spiel des Lebens zu spielen. Wie wir es spielen, hängt davon ab, was wir wertschätzen. Oder, wie es David Foster Wallace gesagt hat: »Jeder betet etwas an. Aber wir können wählen, *was* wir anbeten. Und es ist ein äußerst einleuchtender Grund, sich dabei für einen Gott oder ein höheres Wesen zu entscheiden – ob das nun Jesus ist, Allah, Jahwe die Wicca-Göttin, die ›vier Edlen Wahrheiten‹ oder eine Reihe unantastbarer ethischer Prinzipien –, denn so ziemlich alles andere, was Sie anbeten, frisst Sie bei lebendigem Leib auf.«[642]

Die neuesten wissenschaftlichen Erkenntnisse sagen uns, dass wir uns nie wirklich wohlhabend vorkommen werden, wenn wir das Geld anbeten. Wenn wir Macht, Anerkennung und Ruhm anbeten, werden wir nie das Gefühl haben, wir hätten genug. Und wenn wir unser Leben damit zubringen, wie besessen herumzurennen, um Zeit zu sparen, dann werden wir immer an Zeithunger leiden, erschöpft und gestresst.

»Voran, hinauf und nach innen!« waren die Schlussworte meiner *Commencement Speech* am Smith College. Und in vielerlei Hinsicht ist das vorliegende Buch Zeugnis der Wahrheit, die sowohl meine eigene Erfahrung wie die neueste Wissenschaft belegt: nämlich dass wir uns nicht zu unserem Besten entwickeln und ein selbstbestimmtes Leben führen können (anstatt des Lebens, in das wir hineingerutscht sind), wenn wir nicht lernen, uns dem eigenen Inneren zuzuwenden.

Mit diesem Buch möchte ich einen neuen Weg voran beschreiben – einen Weg, den jeder Mensch sofort betreten kann, wo immer er auch gerade steht, einen Weg, der auf der ewigen Wahrheit beruht, dass das Leben von innen nach außen geformt wird, wie spirituelle Lehrer, Dichter und Philosophen es seit Jahrtausenden verkünden und die moderne Naturwissenschaft es jetzt bestätigt.

Ich habe hier meine eigene persönliche Reise schildern wollen – wie ich auf die harte Tour lernte, innezuhalten und mich aus einem gehetzten Alltag zu befreien, der mich daran hinderte, das Mysterium des Lebens wahrzunehmen –, aber es war mir auch sehr wichtig, klarzumachen, dass es hier nicht nur um die Reise einer einzelnen Frau ging. Es gibt ein kollektives Bedürfnis danach, nicht weiter im Seichten herumzudümpeln, nicht länger die eigene Gesundheit und unsere Beziehungen zu ruinieren, indem wir so eifrig dem Erfolg nachjagen, wie ihn die Außenwelt für uns definiert – sondern sich stattdessen dem Überfluss, der Freude und den erstaunlichen Möglichkeiten zuzuwenden, die uns das Leben bietet. Es kommt nicht darauf an, wo Sie anfangen oder welche Form Ihr Weckruf annimmt. Vielleicht ist es ein Burnout, eine Krankheit, eine Sucht, ein Trauerfall in der Familie, das Ende einer Beziehung oder eine Gedichtzeile, die etwas in Ihnen weckt, das sich nicht in Worte fassen lässt (zahlreiche Beispiele dafür habe ich in den Text gestreut). Vielleicht spricht Sie auch eine der Studien über die positiven Wirkungen von genügend Schlaf, Meditation oder Achtsamkeit an (auch davon habe ich mehr als genug angeführt). Wo immer Sie auch einsteigen – ziehen Sie es durch. Sie werden sehen, dass Sie Rückenwind haben, denn der Zeitgeist geht in diese Richtung. Ich hoffe, ich habe zeigen können, dass es in unserem inneren Werkzeugkasten genügend Werkzeug gibt, um uns wieder in die Spur zu bringen, wenn wir den Weg verlieren – was uns zweifellos passieren wird. Wieder und wieder.

Denken Sie aber immer daran, dass die Umwelt Sie zwar permanent mit hartnäckigen, blinkenden, lauten Signalen anreizen will, noch mehr Geld zu verdienen und noch eine Sprosse auf der Karriereleiter zu nehmen, dass es aber praktisch keine weltlichen Signale gibt, die uns mahnen, den Kontakt zur Essenz unseres Wesens nicht zu verlieren, auf uns selbst zu achten, uns um andere Menschen zu kümmern, innezuhalten, um zu staunen und in Verbindung zu jenem Ort zu treten, von dem aus alles möglich ist. Um noch einmal meinen griechischen Landsmann Archimedes zu zitieren: »Gib mir einen Punkt, auf dem ich stehen kann, und ich werde dir die Welt aus den Angeln heben.«

Finden Sie also Ihren eigenen Ansatzpunkt – Ihren Ort der Weisheit, des Friedens und der Stärke. Und schaffen Sie von dort aus Ihre Welt neu, nach Ihrer eigenen Erfolgsdefinition, damit wir alle – Frauen und Männer – gedeihen und so leben können, dass wir mehr Leichtigkeit, mehr Freude, mehr Mitgefühl, mehr Dankbarkeit und, jawohl, mehr Liebe erfahren. Voran, hinauf und nach innen!

Anhänge

Anhang A

Ein Dutzend gegen die Ablenkung: Zwölf Programme, Apps und Ressourcen, die Ihnen helfen, sich zu konzentrieren
Steve Jobs sagte immer: »Konzentrieren heißt Nein sagen«. Hier sind einige meiner Lieblingsprogramme, die Ihnen helfen, sich zu konzentrieren, Ablenkungen abzuwehren … und auch mal Nein zu sagen. Zusammengestellt hat sie Carolyn Gregoire,[643] »Third Metric«-Redakteurin bei der *HuffPost*:

Anti-Social
Soziale-Netzwerke-Angststörung ist bisher noch keine offiziell anerkannte Krankheit, aber doch Realität, wie viele von uns wissen. Und sie hat wirklich Suchtqualität: Eine Studie der Harvard University ergab schon 2012, dass die Verbreitung persönlicher Informationen dieselben Hirnregionen aktiviert wie lustbetonte Aktivitäten, wie zum Beispiel Essen, Geld einnehmen, im Sport gewinnen und Geschlechtsverkehr.[644]

Wenn Sie merken, dass es Ihnen schwerfällt, sich während der Arbeitszeit (oder auch in der Freizeit) von Facebook, Twitter und Pinterest loszueisen, probieren Sie doch mal Anti-Social aus. Das ist eine Software, die Sie von ablenkenden Internetseiten fernhält. Sie können die Zeiten, in denen der Zugang blockiert wird, und die betroffenen Seiten selbst festlegen.

Erhältlich für 15 Dollar über anti-social.cc.

Nanny
Genau wie Anti-Social blockiert Nanny, eine Erweiterung für Chrome, ablenkende Seiten für diesen Browser, damit Sie sich auf Ihre Arbeit konzentrieren können. Nanny sperrt nicht nur angegebene URLs für die eingestellten Zeiträume (zum Beispiel YouTube zwischen 9 und 17 Uhr), sondern ermöglicht auch Zeitbegrenzungen für bestimmte Seiten, so dass Sie sich zum Beispiel auf 30 oder 60 Minuten festlegen können, die Sie täglich höchstens auf Facebook verbringen.

Kostenlos erhältlich im Chrome Web Store.

Controlled Multi-Tab Browsing
Wenn sich in einem Fenster des Google-Browsers Chrome 30 offene Registerkarten (»Tabs«) ansammeln, kann das eine enorme Ablenkung – und Stressursache – sein; man ertappt sich dabei, wie man ständig von einer offenen Internetseite zur nächsten springt, ohne sich auf eine bestimmte Aufgabe zu konzentrieren. Begrenzen Sie die Anzahl der offenen Tabs und verbessern Sie Ihre Konzentration mit Controlled Multi-Tab Browsing, einem Plug-in für Chrome. Sie können eine Höchstzahl offener Tabs festlegen (zum Beispiel vier oder sechs), und das Plug-in verhindert dann, dass Sie mehr als diese Anzahl öffnen. Für Cyberstreuner und unverbesserliche Multitasker kann das eine große Hilfe bei der Produktivitätssteigerung und Fokussierung auf die jeweils anstehende Aufgabe sein.

Kostenlos erhältlich im Chrome Web Store.

Siesta Text und BRB
Die Schattenseite des E-Mail-Urlaubs ist, dass es so aussieht, als ignoriere man Nachrichten von Freunden und Angehörigen. In unse-

rer Kultur der ständigen Erreichbarkeit kann schon eine dreistündige Verspätung beleidigend wirken.

»Die soziale Norm verlangt inzwischen, dass man spätestens nach einigen Stunden antwortet, am besten aber sofort«, sagte David E. Mayer, Psychologieprofessor an der University of Michigan, 2009 der *New York Times*. »Versäumt man das, steht man als gleichgültig und asozial da oder sogar, als wolle man den Absender der Mail absichtlich schneiden.«[645]

Dafür gibt es jetzt eine App. Wenn Sie sich von E-Mail und Kurznachrichten zeitweilig verabschieden möchten, ohne sich Sorgen machen zu müssen, bei Freunden und Angehörigen als stur zu gelten, stellen Sie auf Ihrem Smartphone einfach eine Abwesenheitsmeldung ein. Das geht für Android mit Siesta Text und auf dem iPhone mit BRB. Bei Siesta können Sie individuelle Botschaften für Kurznachrichten und Anrufe programmieren (zum Beispiel »Sitze gerade am Steuer – melde mich später« oder »Bin im Urlaub, melde mich nächsten Montag«). Sie können bis zu 20 verschiedene Abwesenheitsmeldungen speichern und sie in Ihrem Adressbuch bestimmten Empfängern zuteilen.

Siesta Text gibt es für 0,99 Dollar bei Google Play, BRB für iPhones kann kostenlos im App Store heruntergeladen werden.

Self Control
Die »Self-Control«-App unterbricht die Internetverbindung Ihres Rechners für vorherbestimmte Zeiträume vollständig oder wahlweise nur die einlaufenden E-Mails. Auch mit einem Neustart des Rechners lässt sich das Programm nicht außer Kraft setzen. Sie können die Unterbrechung auch auf bestimmte Internetseiten beschränken, die vielleicht eine besondere Versuchung darstellen.

Kostenlos erhältlich für Mac OS X bei selfcontrolapp.com.

RescueTime

RescueTime (»Zeitsparer«) listet Ihnen am Ende eines Arbeitstages all Ihre Internetaktivitäten auf. Wenn Sie sich bewusst werden, wie Sie Ihre Zeit genau verbracht haben, können Sie sich Ziele setzen, die Zeit besser einzuteilen (zum Beispiel nicht mehr als eine Stunde täglich für die E-Mails aufzuwenden), und Alarmsignale setzen, die ausgelöst werden, wenn Sie Ihr gesetztes Limit überschreiten – die Onlineversion einer angekündigten Intervention also.

Für Mac ist die Basisversion kostenlos, die Profiversion gibt es für 9 Dollar monatlich bei rescuetime.com. Für Android kostenlos erhältlich bei Google Play.

Freedom

Man muss sich nicht in eine abgelegene Weltgegend zurückziehen, um den Fängen des WLAN zu entkommen. Wenn Sie Schriftsteller oder Journalist sind, könnte Freedom Ihr neuer bester Freund werden. Freedom blockiert für eine vorab gewählte Zeitdauer den Internetzugang Ihres Rechners total, so dass Sie nicht mehr in Gefahr kommen, soziale Netzwerke aufzusuchen oder sich bei Reddit oder der *HuffPost* festzulesen. Wenn das Internet Sie viel Zeit kostet, können Sie mit Freedom diese Versuchung ganz einfach abschalten.

Für Mac, Windows und Android. Kostet 10 Dollar bei macfreedom. com

Time Out

Die Forschung belegt, dass regelmäßige Pausen dabei helfen, sich zu konzentrieren und präsent zu bleiben,[646] doch wie oft verbringen wir Stunde und Stunde am Rechner, und die einzigen Pausen sind unsere Besuche auf Facebook und Twitter … Wenn Sie es nicht schaffen, sich echte Pausen zu gönnen, probieren Sie doch mal Time Out aus, eine Apple-App, die Ihnen die Gelegenheit gibt, regelmäßig die Arbeit zu unterbrechen und sich die Beine zu vertreten. Time Out erinnert Sie alle 50 Minuten an eine 10-minütige Pause und alle 10-Minuten an eine 10-sekündige »Mikropause« – ein kurzes Durchatmen, bei dem Sie vom Bildschirm aufschauen und sich selbst zentrieren. Gestalten Sie Ihre Pausen noch effektiver, indem Sie Ihre entspannendsten Songs auf iTunes so anordnen, dass sie Sie auf die kommende Pause vorbereiten.

Für Mac. Kostenlos erhältlich im App Store.

Concentrate
Concentrate verbindet mehrere Produktivitätssteigerer zu einem einzigen Werkzeug. Es handelt sich um ein Mac-Programm, mit dem Sie Ihre Arbeitszeit auf verschiedene Aktivitäten (Lesen, Schreiben usw.) aufteilen können, so dass der Rechner dann zu vorbestimmten Zeiten nur die jeweils relevanten Tätigkeiten zulässt. Für den Modus »Schreiben« können Sie zum Beispiel festlegen, dass der Rechner keine Besuche in soziale Netzwerke zulässt, wohl aber auf Websites, die Sie für Ihre Recherchen brauchen, eine Zeitspanne für diesen Modus festlegen und ein Alarmsignal programmieren, das Sie zur Konzentration mahnt, wenn Sie abschweifen.

Für Mac. 29 Dollar bei getconcentrating.com.

Digital Detox App
Diese App könnte Ihren Urlaub revolutionieren – oder auch Ihr Wochenende. Mit Digital Detox (»Digitalentwöhnung«) schalten Sie Ihr Smartphone für eine festgelegte Zeitspanne zwischen 30 Minuten und einem Monat (und, nein, Sie können die Entscheidung nicht rückgängig machen) völlig ab. Warnhinweis: Nur, wer sich ernsthaft aus dem Netz befreien will, sollte diese App anwenden.

Für Android. Kostenlos bei Google Play.

Isolator
Wenn Ihr Desktop so vollgestopft ist, dass er Sie ständig von der Arbeit ablenkt, ist Isolator vielleicht etwas für Sie. Diese Menüleis-

ten-App für Mac verdeckt den Desktop, so dass Sie sich ganz auf die Word-Datei konzentrieren können, an der Sie eigentlich arbeiten. Diese App ist ein weiteres tolles Hilfsmittel für alle, die sich vor digitalen Ablenkungen schützen wollen, weil sie sich auf ein Projekt konzentrieren müssen. Ein Tastendruck genügt jeweils, um Isolator ein- und auszuschalten.
Für Mac. Kostenlos bei macupdate.com.

Higby
Wenn Sie sich von E-Mails, Kamera, Kurznachrichten und Playlisten freimachen wollen, um völlig in der realen Welt präsent zu sein – ob nun, um sich auf die Arbeit zu konzentrieren oder um das Zusammensein mit Freunden zu genießen –, brauchen Sie vielleicht nicht nur eine App, sondern ein reales Werkzeug. Hier kommt Higby ins Spiel, ein iPhone-Ständer aus Gummi, der die Kameralinse und den Ohrhöreraugang des Smartphones verdeckt. Man kann ihn auch für zwei Smartphones verwenden, wobei die Gummiarme die beiden Geräte zusammendrücken. So vermeidet man zwei Ablenkungen auf einmal!

Die Erfinder des Higby schreiben dazu: »Weil unsere Köpfe, Herzen und Hände so sehr mit digitalem Input beschäftigt sind, verlieren wir die freie Zeit, die wir brauchen, um die reale Welt um uns herum wahrzunehmen, unsere Beziehungen zu pflegen und Neues zu schaffen.«[647]

Für iPhone. Von Wolff Olins; Markteinführung geplant für 2014.

Anhang B

Der transzendente Werkzeugkasten: Zwölf Programme, Apps und Ressourcen für Meditation und Achtsamkeit
Hier kommt ein Dutzend Meditations- und Achtsamkeitsanwendungen, die abermals wieder unsere »Third Metric«-Redakteurin Carolyn Gregoire zusammengestellt hat.[648] Sie sollen Ihnen helfen, entsprechende Übungen auszuprobieren oder zu vertiefen.

Headspace
Der ehemalige buddhistische Mönch Andy Puddicombe möchte mit seinem Internet-Unternehmen Headspace jedermann die Achtsamkeitsmeditation zugänglich machen. Das »Take-10«-Anfängerprogramm – zehn 10-minütige Meditationen für zehn Tage – ist eine einfache, leichtverständliche Einführung in die Meditationspraxis. Mit kurzen Zeichentrickvideos vermittelt die App die Grundprinzipien von Meditation und Achtsamkeit, und die Aufnahmen leiten den Anfänger täglich zu kurzen Übungen an. An Bord von Virgin-Atlantic-Flügen gibt es jetzt sogar einen Headspace-Kanal.
Für iPhone und Android. Kostenlos herunterzuladen bei getsomeheadspace.com.

Achtsamkeitsmeditationen von Mark Williams
Mark Williams, Professor für klinische Psychologie, Leiter des Oxford Mindfulness Centre und Autor von *Meditation im Alltag – Gelassenheit finden in einer hektischen Welt*, bietet eine Reihe kostenloser Audiomeditationen für Anfänger und erfahrene Praktizierende an und geht dabei auch auf verschiedene Variationen wie die 3-minütige Kurzmeditation, die Anti-Depressions-Meditation, stille Meditationen mit Glöckchen und eine lustige »Schoko-Meditation« ein. »Wir müssen aus unserem Kopf ausbrechen und lernen, die Welt direkt, über die Erfahrung, zu erleben, ohne den ständigen Kom-

mentar unserer Gedanken«, schreibt Williams in *The Mindful Way Through Depression* (dt.: *Der achtsame Weg durch die Depression*). »So können wir uns den grenzenlosen Glücksmöglichkeiten öffnen, die das Leben bietet.«[649]

Kostenlos erhältlich bei franticworld.com.

Buddhify

Diese »urbane Meditations-App«[650] bietet einen spaßigen Zugang zu einer Meditationspraxis in Form eines Computerspiels. Buddhify bedient sich leuchtender Grafiken und einer einfachen Sprache (es kommen keine Sanskritwörter oder Fachbegriffe wie »Chakra« vor) und ist auch für unterwegs gedacht. Die App hat verschiedene Einstellungen wie »Zuhause«, »Reise«, »Spaziergang« und »Fitness-Studio« und bietet so Audio- und Video-Meditationen für jede Umgebung. Buddhify »verändert das Leben tatsächlich, gleichzeitig unauffällig und tiefgreifend«, so ein Nutzer. »Es ist das Google Maps der Innenwelt.«[651]

Für iPhone und Android zum kostenlosen Herunterladen.

Internet-Meditationskurse des Movement of Spiritual Inner Awareness

Das von John-Roger gegründete Movement of Spiritual Inner Awareness bietet Anfängern einen 12-stündigen Internetkurs mit Meditation und spirituellen Übungen, der aus Lesungen, Audio- und Videosequenzen besteht.[652] Die Lehre des MSIA besteht aus »aktiver Meditation« oder spirituellen Übungen mit Betonung auf dem Zugang zu unserer inneren Quelle der Weisheit und des Friedens. Die Schritt-für-Schritt-Anleitungen erklären, wie man ein Mantra benutzt, ein Tagebuch führt und meditative Atmung praktiziert.

Kostenlos bei msia.org.

Meditations-Podcast des Chopra Center
Das Chopra Center for Well-Being, betrieben von Deepak Chopra, bietet Anfängern wie Geübten zahlreiche Hilfsmittel an, darunter eine 24-teilige Reihe mit Meditations-Podcasts. Es geht darin unter anderem um Stressabbau, Heilung, Dankbarkeit und Selbstermächtigung. Sie können sich die Podcasts auf iTunes herunterladen und sie zu Hause, auf dem Weg zur Arbeit oder auf einem Spaziergang anhören, um mehr Achtsamkeit in Ihren Tag zu bringen.
Kostenlos bei iTunes.

Die Meditation Master Trilogy von Oprah Winfrey und Deepak Chopra
Gemeinsam mit Oprah Winfrey hat Chopra hier eine 21-teilige Reihe täglicher Meditationsaufgaben herausgebracht, die schon mehr als 2 Millionen Nutzer hat.[653] Alle drei Übungsreihen – über Begehren und Schicksal, vollkommene Gesundheit und wunderbare Beziehungen – sind jetzt zusammen als »Oprah & Deepak's Meditation Master Trilogy« erhältlich, ein Geschenkset mit 66 Audio-Meditationen und einem interaktiven Tagebuch.
Für 99 Dollar bei chopracentermeditation.com/store.

Calm.com
Donnernde Brandung am Strand, murmelnde Bächlein, rieselnder Schnee und Sonnenuntergänge begleiten Sie bei einer Kurzmeditation mit Countdown-Uhr, ohne dass Sie auch nur vom Schreibtisch aufstehen müssen. Calm.com gibt es auch als App.
Kostenlos bei calm.com und zum Herunterladen für iPhone im App Store.

2 Minuten Nichtstun
Donothingfor2minutes.com stammt von den Betreibern von calm.com und ist ein Vollbildvideo, das einen Strand mit anbrandenden Wellen bei Sonnenuntergang zeigt. Eingeblendet wird eine Uhr, die

2 Minuten rückwärtszählt, und die Anweisung, »Entspannen Sie sich und schauen Sie den Wellen zu. Lassen Sie 2 Minuten die Finger von Maus und Tastatur.« Wenn man sich daran nicht hält, blinkt die rote Warnung »FAIL« (»DURCHGEFALLEN«) auf dem Bildschirm. Das ist vielleicht nicht die zenmäßigste Erinnerung an Ihre Pause, aber sehr effektiv.

Erhältlich unter www.donothingfor2minutes.com.

MeditateApp für Android
MeditateApp ist gleichzeitig Planungstool und Timer für Ihre Meditationsübungen. Sie können damit Stundenpläne erstellen, Meditationsarten für bestimmte Tage und Uhrzeiten festlegen und Ihre bisherigen Übungen auf grafischen Tabellen nachverfolgen.

Meditationsübungen können mit Countdown versehen und in einem von drei Formaten gespeichert werden: einfache Meditation, Feedback-Meditation und Einschlafmodus. Bei letzterem wird die Tonspur der Übung allmählich ausgeblendet.

Für Android. Basisversion kostenlos, Vollversion für 1,99 Dollar bei Google Play.

Mental Workout
Eine App mit zugehöriger Website, die darauf abzielt, Ihnen Achtsamkeit, besseren Schlaf, Stressabbau und Konzentration zu erleichtern. Die »Mindfulness Meditation App« von Mental Workout, gestaltet vom Meditationslehrer und Psychotherapeuten Stephan Bodian, bietet angeleitete Meditationsübungen und einen Timer für stille Meditationen, außerdem ein achtwöchiges Anfängerprogramm, inspirierende Vorträge und Entspannungsanleitungen.

Außer dieser App gibt es bei Mental Workout mehrere weitere Programme für Mac, PC, iPhone, iPad und Android, zum Beispiel Apps, die mit einem achtsamkeitsorientierten Ansatz für weniger Stress, besseren Schlaf und Raucherentwöhnung sorgen sollen.

Zu verschiedenen Preisen bei mentalworkout.com erhältlich.

Finding the Space to Lead Meditations and Reflections
Jackie Marturano, der im Unternehmen General Mills Meditation einführte und später das Institute für Mindful Leadership gründete, bietet hier eine Anleitung zum Arbeiten und Führen durch Ausstrahlung und Einfühlungsvermögen sowie Audiomeditationen und Vorträge, die Ihnen dabei helfen, den achtsamen Kursleiter in sich selbst zu entdecken. Die Aufnahmen umfassen unter anderem eine Zuwendungsmeditation, eine Schreibtischmeditation und Überlegungen zu Prinzipien des Unterrichtens.
Kostenlos erhältlich bei findingthespacetolead.org.

»Music To Quiet The Mind« von Eckhart Tolle
Eckhart Tolles »Musik zur Beruhigung des Geistes«, erhältlich auf Spotify, ist das Richtige für Sie, wenn Ihnen Musik lieber ist als völlige Stille. Das Album ist eine Zusammenstellung der Lieblingsstücke von Eckhart Tolle als Inspiration für heitere Gelassenheit und Ruhe. Hören Sie sich diese ruhigen Stücke an, wenn Sie sich bei der Arbeit entspannen möchten oder wenn Sie abends nach Hause kommen und einfach die »Kraft des Hier und Jetzt«[654] erleben wollen.

Dank

Im Laufe des Jahres 2013 hat die Dritte Größe in meinem Leben einen immer größeren Raum eingenommen, was unter anderem zu meiner Commencement Speech am Smith College und zu unserer ersten »Third Metric«-Konferenz (die in meiner New Yorker Wohnung stattfand) führte. Außerdem gab es viele redaktionelle Beiträge zu diesem Thema in den verschiedenen Ausgaben der *HuffPost* weltweit. Als mich aber Richard Pine, ein langjähriger Freund und seit vielen Jahren auch mein Agent, anrief und mir vorschlug, ein Buch darüber zu verfassen, lehnte ich ab und erinnerte ihn an mein Gelöbnis – gegenüber ihm, mir selbst und meinen Kindern –, nie wieder ein Buch zu schreiben. Dann rief er erneut an. Und noch einmal. Und ein weiteres Mal. Manchmal ist es auch die Aufgabe des Agenten, den Autor selbst von einem Buch zu überzeugen. Schließlich sagte ich zu (wahrscheinlich hat er mich nach einer Nacht mit zu wenig Schlaf erwischt), und deswegen gilt ihm der erste Dank in dieser Liste. Das vorliegende ist unser siebtes gemeinsames Buch und mein vierzehntes insgesamt (es kommt mir vor wie das »Überraschungsbaby«, mit dem man nicht mehr gerechnet hat), und ich bin ihm dankbar, nicht nur für seine Beratung, sondern auch für seine Weigerung, mein Nein zu akzeptieren.

Die Neuerfindung des Erfolgs ist ein sehr persönliches Buch, das gleichzeitig auf einer ungeheuren Menge von Forschungsergebnissen basiert, die die Anmerkungen auf 36 Seiten haben anschwellen lassen. Mein tiefer Dank gilt Zeesham Aleem, Tom Dan und Brian Levin für ihr Engagement und ihre Sorgfalt, mit denen sie das Buch satzfertig machten. Ebenso danke ich Marcos Saldivar und Anna McGrady für ihre Hilfe bei Recherche, Fahnenkorrektur und Quellensuche.

Tiefe Dankbarkeit empfinde ich Roger Scholl gegenüber, der als Lektor bei diesem Projekt wundervolle Arbeit geleistet hat; vor allem danke ich ihm, dass er mich beständig ermuntert hat, persönliche Erlebnisse in den Text einfließen zu lassen. Dank auch an Ed Faulkner, den Lektor der britischen Ausgabe bei Random House, für seine sinnvollen Änderungen; unter anderem achtete er darauf, dass meine Beispiele und statistischen Daten international wurden und sich nicht nur auf die USA konzentrierten. Tiefempfundener Dank geht an Tina Constable, die Herausgeberin der Crown Archetype Group, für ihren leidenschaftlichen Glauben an die zentralen Thesen des Buchs und ihre unerschütterliche Unterstützung während des gesamten Publikationsprozesses; an Maya Mavjee, die Präsidentin der Crown Publishing Group; an Cheflektor Mauro DiPreta; an Werbeleiterin Tammy Blake sowie an Diana Baroni, die Lektoratsleiterin des Harmony-Imprints. Dankbar bin ich auch Tricia Wygal, der Produktionsleiterin, die unermüdlich mit einem sehr engen Zeitplan kämpfte, damit Druckvorlage, Fahnenkorrektur und die umfangreichen Endnoten höchsten Ansprüchen genügten; an Michael Nagin für die schöne Gestaltung des Buchs; an Derek Reed, den Lektoratsassistenten von Roger Scholl, der jede Einzelheit überprüfte und sicherstellte, dass die Züge pünktlich fuhren; sowie an den gesamten Verkaufsstab von Crown für alles, was sie getan haben, um das Buch in die Hände der Leser überall im Land gelangen zu lassen. Besonderer Dank geht an Meredith McGinnis, die Marketingleiterin bei Crown, für ihren Einfallsreichtum, mit dem sie die Veröffentlichung begleitet hat, sowie an Penny Simon für ihren Enthusiasmus und Fleiß, durch den sie dafür gesorgt hat, dass das Buch nicht nur geschrieben, sondern auch gelesen wird!

Dankbar bin ich auch Stephen Sherrill und Roy Sekoff, die beim Schreiben unentbehrlich waren. Stephen brütete über jedem einzelnen Entwurf und verbesserte ihn beträchtlich, und Roy fand trotz seiner Tätigkeit für *HuffPost Live* die Zeit, unter Verletzung der Schlafregeln, die darin aufgestellt werden, das Endmanuskript meisterhaft durchzuarbeiten. Großen Dank schulde ich auch Gregory Beyer, John Montorio und Jimmy Soni für all ihre großartigen Änderungen und Erkenntnisse; Carolyn Gregoire und Jessica Prois für die Zusammenstellung der Programme, Apps und Hilfsmittel zu Konzentration, Meditation und freiwilliger Sozialarbeit, die ich in den Anhängen bringe; sowie Kerstin Shamberg für die Hilfe bei der Übersetzung deutschsprachigen Quellenmaterials.

Für dieses Buch stütze ich mich auf die Weisheit und auf wichtige Forschungsergebnisse zahlreicher Wissenschaftler. Besonders dankbar bin ich Richard Davidson, Professor für Psychiatrie an der University of Wisconsin; Mark Williams, Professor für klinische Psychologie in Oxford; Jon Kabat-Zinn, Gründungsdirektor der Stress Reduction Clinic und des Center for Mindfulnesss an der Medical School der University of Massachusetts; sowie Adam Grant, Betriebswirtschaftsprofessor an der Wharton School und Autor von *Give and Take* (dt.: *Geben und Nehmen*).

Tiefe Dankbarkeit empfinde ich gegenüber Sheryl Sandberg, die eine frühe Fassung des Manuskripts gelesen und mir nicht nur allgemeine Tipps gegeben, sondern tatsächlich Zeile für Zeile Änderungen vorgeschlagen hat, einschließlich einer stark verbesserten Struktur für das Schlusswort. Dankbar bin ich auch Howard Schultz für sein ständiges Feedback. Von ihm stammt unter anderem die Idee, den Mythos von Ikarus als Metapher für unser modernes Phänomen des Burnout-Syndroms zu verwenden! Vielen Dank auch an Ellen Goodman, die mich großzügig an ihren Erkenntnissen über viele Dinge teilhaben ließ – besonders über den Tod, der das Thema ihres so wichtigen Conversation Project ist –, und an Susan Cain für die Lektüre des Manuskripts und ihre stets erhellenden Kommentare.

Besonderen Dank möchte ich Paul Kaye für all seine Weisheit und die Unermüdlichkeit aussprechen, mit der er mir dabei hilft, ein Leben gemäß den Werten der Dritten Größe zu führen, und Patricia Fitzgerald dafür, dass sie ihr Wissen über integrative Gesundheit und ihre Begeisterung und Leidenschaft für dieses Projekt mit mir geteilt hat.

Meine Liebe und mein tiefempfundener Dank gehen an diejenigen meiner Freunde, die frühe Entwürfe gelesen und mit mir darüber diskutiert haben: Willow Bay, Faith Bethelard, Nicolas Berggruen, Kimberly Brooks, Mika Brzezinski, Laurie David, Gail Gross, Jacki Kelley, Fran Lasker, Cindi Leive, Kelly Meyer, Jacqueline Novogratz, Heather Reisman, Jan Shepherd, Timothea Stewart und Joan Witkowski.

Danke auch an Jeff Swafford, Paula Kabe, Herbie Ziskend und Horacio Fabiano für all ihre Unterstützung, und ein ganz besonderes Dankeschön an das großartige Team, das die weltweite Auslieferung des Buches bewerkstelligt hat: Amanda Schumacher, Lyndsey Blessing, Jordan Freeman und Lena Auerbuch.

Das vorliegende Buch ist das erste, das meine beiden Töchter Christina und Isabella im Manuskript gelesen haben. Ich danke ihnen für ihre Vorschläge – und ihre Korrekturen – wie auch dafür, dass sie eine unglaubliche Quelle von Liebe und Freude in meinem Leben sind. Dank geht auch an meinen geschiedenen Mann Michael, der das Manuskript in unserem Weihnachtsurlaub gelesen hat. Und schließlich möchte ich meiner Schwester Agapi danken, die sämtliche Entwürfe gelesen, mich an vergessene Anekdoten erinnert und ihren wunderbaren Geist in die Entstehung dieses Buch eingebracht hat – so wie sie ihn schon seit jeher in unser gemeinsames Lebens einbringt.

Ich widme dieses Buch unserer Mutter Elli, die mich dazu inspiriert hat und die bereits nach den Maßstäben der Dritten Größe lebte, lange bevor es diese Bezeichnung gab.

Anmerkungen

Einleitung

1 Natalie Slopen, Robert Glynn, Julie Buring, Tené Lewis, David Williams und Michelle Albert, »Job Strain, Job Insecurity, and Incident Cardiovascular Disease in the Women's Health Study: Results from a 10-Year Prospective Study« *PLoS ONE* 7 (2012), S. 7.
2 Alexandros Heraclides, Tarani Chandola, Daniel Witte und Eric Brunner, »Psychosocial Stress at Work Doubles the Risk of Type 2 Diabetes in Middle-Aged Women: Evidence from the Whitehall II Study«, *Diabetes Care* 32 (2009), S. 2230–2235.
3 Sheldon Cohen und Denise Janicki-Deverts, »Who's Stressed? Distributions of Psychological Stress in the United States in Probability Samples from 1983, 2006, and 2009«, *Journal of Applied Social Psychology* 42 (2012), S. 1320–1334.
4 »Stress by Generations: 2012«, American Psychological Association, abgerufen am 25. Oktober 2013, www.apa.org.
5 »Sleep, Performance and Public Safety«, Division of Sleep Medicine an der Harvard Medical School, abgerufen am 25. Oktober 2013, www.healthysleep.med.harvard.edu.
6 Shimon Prokupecz, Mike Ahlers und Ray Sanchez, »Train Engineer ›Was Nodding Off and Caught Himself Too Late‹, Union Rep Says«, *CNN*, 3. Dezember 2013, www.cnn.com.
7 Kevin Short und Ben Hallman, »Train Engineers Prone to ›Microsleep‹ Spells, Experts Say«, *The Huffington Post*, 6. Dezember 2013, www.huffingtonpost.com.
8 Centers for Disease Control and Prevention, »Effect of Short Sleep Duration on Daily Activities – United States, 2005–2008«, *Morbidity and Mortality Weekly Report*, 4. März 2011, www.cdc.gov.
9 Denis Campbell, »Chronic Lack of Sleep Affects One in Three British Workers«, *The Observer*, 31. März 2012, www.theguardian.com.

10 William Killgore, Ellen Kahn-Greene, Erica Lipizzi, Rachel Newman, Gary Kamimori und Thomas Balkin, »Sleep Deprivation Reduces Perceived Emotional Intelligence and Constructive Thinking Skills«, *Sleep Medicine* 9 (2008), S. 517–526.

11 Leslie Perlow, »The Time Famine: Toward a Sociology of Work Time«, *Administrative Science Quarterly* 44 (1999), S. 57–81.

12 *In Search of Dr. Seuss*, Regie: Vincent Paterson, 1994; DVD Burbank, CA, Warner Home Video, 2010.

13 Lukas 17,21, Text nach der Elberfelder Bibel.

14 Peter Schouls, *Descartes and the Enlightenment*, Montreal 1989, S. 53.

15 Steve Jobs, Commencement Speech, *Stanford Report*, 14. Juni 2005, www.news.stanford.edu. http://www.ifrick.ch/2011/10/steve-jobs-stanford-rede-als-deutscher-text/

16 Daniel Ladinsky (Hg. u. Übers.), *Love Poems from God: Twelve Sacred Voices from the East and West*, New York 2002, S. 85.

17 Erin Callan, »Is There Life After Work?«, *The New York Times*, 9. März 2013, www.nytimes.com.

18 Mark Bittman, »I Need a Virtual Break. No Really«, *The New York Times*, 2. März 2008, www.nytimes.com.

19 Carl Honoré, »The Slow Revolution is Growing ... Fast«, *The Huffington Post*, 6. Oktober 2009, www.huffingtonpost.com. Sein Buch heißt: *In Praise of Slowness: How a Worldwide Movement Is Challenging the Cult of Speed*, New York 2004 [dt.: *Slow Life. Warum wir mit Gelassenheit schneller ans Ziel kommen*, München 2007.]

20 Katie Little, »Severe Ski Accident Spurs Aetna CEO to Bring Yoga to Work«, *CNBC*, 19. März 2013, www.cnbc.com.

21 Carolyn Gregoire, »How Technology Is Killing Eye Contact«, *The Huffington Post*, 18. September 2013, www.huffingtonpost.com.

22 Jessica Bacal, *Mistakes I Made at Work: 25 Influential Women Reflect on What They Got Out of Getting It Wrong*, New York 2014, S. 8f.

23 Arianna Stassinopoulos Huffington, *The Female Woman*, New York 1973 [dt.: *Die weibliche Frau*, München/Zürich 1974.]

24 Linda Simon, *Gertrude Stein Remembered*, Lincoln, NE, 1994, S. xi.

25 Cohen und Janicki-Deverts, »Who's Stressed?«, S. 1320–1334.

26 Masuma Novak, L. Björck, K. W. Giang, C. Heden-Ståhl, L. Wilhelmsen und A. Rosengren, »Perceived Stress and Incidence of Type 2 Diabetes: A 35-Year Follow-Up Study of Middle-Aged Swedish Men«, *Diabetic Medicine* 30 (2013), S. 8-16.

27 Laura Manenschijn, L. Schaap, N. M. van Schoor, S. van der Pas, G. M. E. E. Peeters, P. Lips, J. W. Koper und E. F. C. van Rossum, »High Long-Term Cortisol Levels, Measured in Scalp Hair, Are Associated with a History of Cardiovascular Disease«, *The Journal of Clinical Endocrinology & Metabolism* 98 (2013), S. 2078–2083.

28 Susan Melhorn, Eric Krause, Karen Scott, Marie Mooney, Jeffrey Johnson, Stephen Woods und Randall Sakai, »Meal Patterns and Hypothalamic NPY Expression During Chronic Social Stress and Recovery«, *American Journal of Physiology: Regulatory, Integrative and Comparative Physiology* 299 (2010), S. 813–822.

29 »Chronic Diseases: The Power to Prevent, the Call to Control: At a Glance 2009«, Centers for Disease Control and Prevention, abgerufen am 12. Dezember 2013, www.cdc.gov.

30 »About the Benson-Henry Institute for Mind Body Medicine«, Benson-Henry Institute at Massachusetts General Hospital, abgerufen am 12. Dezember 2013, www.massgeneral.org.

31 Jeremy Laurence und Robin Minchom, »Rise in Hospital Admissions for Stress is Blamed on Recession«, *The Independent*, 12. September 2012, www.independent.co.uk.

32 Graham Smith, »Hospital Admissions for Stress Jump by 7% in Just One Year ... and More Men Were Treated Than Women«, *Daily Mail*, 11. September 2012, www.dailymail.co.uk.

33 http://www.muenchener-institut.de/burnout-und-unternehmen/zahlen-daten-fakten/

34 Andrew Garner, Jack Shonkoff, Benjamin Siegel, Mary Dobbins, Marian Earls, Laura McGuinn, John Pascoe und David Wood, »Early Childhood Adversity, Toxic Stress, and the Role of the Pediatrician: Translating Developmental Science into Lifelong Health«, *Pediatrics: Official Journal of the American Academy of Pediatrics* 129 (2011), S. 224–231.

35 Nicholas Kristof, »A Poverty Solution That Begins with a Hug«, *The New York Times*, 7. Januar 2012, www.nytimes.com.

36 David Brooks, »The Humanist Vocation«, *The New York Times*, 20. Juni 2013, www.nytimes.com.

37 Mona Simpson, »A Sister's Eulogy for Steve Jobs«, *The New York Times*, 30. Oktober 2011, www.nytimes.com.

38 Marguerite Yourcenar, *Ich zähmte die Wölfin. Die Erinnerungen des Kaisers Hadrian*, München 1983, S. 25.

39 »Jefferson's Gravestone«, Thomas Jefferson's Monticello, abgerufen am 25. Oktober 2013, www.monticello.org.

40 George Carlin, *Napalm and Silly Putty*, New York 2002, S. 170.

41 Michael Winerip, »Dying with Dignity and the Final Word on Her Life«, *The New York Times*, 5. August 2013, www.nytimes.com.

Wohlbefinden

42 Marilyn Tam, *The Happiness Choice: The Five Decisions You Will Make That Take You from Where You Are to Where You Want to Be*, Hoboken, NJ, 2013, S. 9.

43 Thomas Brickhouse und Nicholas Smith, *Plato's Socrates*, Oxford 1994, S. 201.

44 »Women and Heart Disease Facts«, Women's Heart Foundation, abgerufen am 1. November 2013, www.womensheart.org.

45 Jenny Head, Stephen Stansfeld und Johannes Siegrist, »The Psychosocial Work Environment and Alcohol Dependence: A Prospective Study«, *Occupational and Environmental Medicine* 61 (2004), S. 219–224.

46 Linda Carroll, »Eating Disorders Stalk Women into Adulthood«, *Today News*, 6. Juli 2011, www.today.com; »Midlife«, The Renfrew Center, abgerufen am 1. Dezember 2013, www.renfrewcenter.com.

47 Caroline Turner, »Why We Women Leave Our Jobs, and What Business Can Do to Keep Us«, *Diversity MBA Magazine*, 15. August 2012, www.diversitymbamagazine.com.

48 Paulette Light, »Why 43% of Women with Children Leave Their Jobs, and How to Get Them Back«, *The Atlantic*, 19. April 2013, www.theatlantic.com.

49 Margo Eprecht, »The Real Reason Women Are Leaving Wall Street«, *Quartz*, 5. September 2013, www.qz.com.

50 Anne Lamott, »Let Us Commence«, *Salon*, 6. Juni 2003, www.salon.com.

51 Paulette Light, »Why 43% of Women with Children Leave Their Jobs, and How to Get Them Back«.

52 Ebenda.

53 Catherine Pearson, »Women and Stress: The Moment Kate Knew She Had to Change Her Life«, *The Huffington Post*, 22. Mai 2013, www.huffingtonpost.com.

54 »City Ballet School – San Francisco«, City Ballet School – San Francisco, abgerufen am 1. Dezember 2013, www.cityballetschool.org.

55 Meghan Casserly, Forbes-Woman und TheBump.com, »Parenthood and the Economy 2012 Survey Results«, *Forbes*, 12. September 2012, www.forbes.com.

56 Pascal Chabot, »Burnout Is Global«, *Le Huffington Post*, 20. Januar 2013, www.huffingtonpost.fr.

57 Mark Williams und Danny Penman, *Meditation im Alltag. Gelassenheit finden in einer hektischen Welt*, München 2011, S. 281f.

58 Ebenda, S. 282.

59 James Woelfel, »Frederick Buechner: The Novelist as Theologian«, *Theology Today* 40 (1983).

60 »Results from the 2010 National Survey on Drug Use and Health: Summary of National Findings«, U.S. Department of Health and Human Services, abgerufen am 1. Dezember 2013, www.oas.samhsa.gov.
61 »Policy Impact: Prescription Painkiller Overdoses«, Centers for Disease Control and Prevention, abgerufen am 1. Dezember 2013, www.cdc.gov.
62 »CDC: Nearly 9 Million Americans Use Prescription Sleep Aids«, *CBS News*, 29. August 2013, www.cbsnews.com.
63 Maia Szalavitz, »What Does a 400% Increase in Antidepressant Use Really Mean?«, *Time*, 20. Oktober 2011, www.healthland.time.com.
64 Ricardo Gusmão, Sónia Quintão, David McDaid, Ella Arensman, Chantal Van Audenhove, Claire Coffey, Airi Värnik, Peeter Värnik, James Coyne und Ulrich Hegerl, »Antidepressant Utilization and Suicide in Europe: An Ecological Multi-National Study«, *PLoS ONE* 8 (2013), e66455; Rachel Reilly, »Prozac Nation: Use of Antidepressants in the UK Has Soared by 500% in the Past 20 Years«, *Daily Mail*, 5. Juli 2013, www.dailymail.co.uk.
65 Rebecca Smith, »Highflying Women ›More Likely to Develop Heart Disease‹«, *The Telegraph*, 6. Mai 2010, www.telegraph.co.uk.
66 http://www.the-tls.co.uk/tls/public/article1374502.ece
67 http://www.muenchener-institut.de/burnout-und-unternehmen/zahlen-daten-fakten/
68 http://www.oecd-ilibrary.org/sites/health_glance-2013-en/04/10/index.html?itemId=/content/chapter/health_glance-2013-41-en
69 http://de.statista.com/statistik/daten/studie/181090/umfrage/depressive-beschwerden-in-der-allgemeinbevoelkerung-2010/
70 http://www.oecd-ilibrary.org/sites/health_glance-2013-en/04/10/index.html?itemId=/content/chapter/health_glance-2013-41-en
71 http://www.focus.de/politik/weitere-meldungen/psychische-krankheiten-von-der-leyen-kampf-gegen-burnout-im-mittelstand_aid_710083.html
72 Chen Xin, »Survey Shows Chinese Workers Stressed Out«, *China Daily*, 19. Oktober 2012, www.chinadaily.com.cn.
73 Leslie Kwoh, »When the CEO Burns Out«, *The Wall Street Journal*, 7. Mai 2013, www.online.wsj.com.
74 Peter Lattman und Ben Protess, »SAC Capital to Plead Guilty to Insider Trading«, *The New York Times*, 4. November 2013, www.dealbook.nytimes.com.
75 Jennifer Senior, »How Email Is Swallowing Our Lives«, *New York*, 31. Juli 2013, www.nymag.com.
76 Dan Milmo, »Lloyds Bank Boss Horta-Osório Returning to Work After Sick Leave«, *The Guardian*, 14. Dezember 2011, www.theguardian.com.
77 Jill Treanor, »Lloyds Chief ›Did Not Sleep for Five Days‹«, *The Guardian*, 15. Dezember 2011, www.theguardian.com.

78 Julia Werdigier, »Hector Sants Resigns From Barclays«, *The New York Times*, 13. November 2013, www.dealbook.nytimes.com.

79 Esther Sternberg, *Heilende Räume. Die Wirkung äußerer Einflüsse auf das innere Wohlbefinden*, Amerang 2011, S. 106.

80 Winifred Gallagher, *Rapt: Attention and the Focused Life*, New York 2009, S. 6.

81 Josh Chin und Paul Mozur, »Gloom Falls Over Chinese Web as Lee Kai-Fu Reveals Cancer Diagnosis«, *The Wall Street Journal*, 6. September 2013, www.blogs.wsj.com.

82 Iain Thomas, »The Grand Distraction«, *I Wrote This For You Blog*, 19. Juni 2012, www.iwrotethisforyou.me.

83 »Healthy Employees, Healthy Profits: A Stronger Business Case for Employee Health Management Programs«, Thesenpapier des Optum Health Resource Center for Health and Wellbeing, abgerufen am 12. Dezember 2013, www.optumhealth.com.

84 Michael Porter, Elizabeth Teisberg und Scott Wallace, »What Should Employers do about Healthcare?«, Harvard Business School Working Knowledge Forum, 16. Juli 2008, www.hbswk.hbs.edu.

85 Laurence und Minchom, »Rise in Hospital Admissions for Stress is Blamed on Recession«.

86 Porter, Teisberg und Wallace, »What Should Employers do about Healthcare?«, S. 36.

87 David A. Kaplan, »Howard Schultz Brews Strong Coffee at Starbucks«, *CNN Money*, 17. November 2011, www.management.fortune.cnn.com.

88 Howard Schultz und Dori Jones Yang, *Pour Your Heart Into It: How Starbucks Built a Company One Cup at a Time*, New York 1997, S. 127–135. [dt.: *Die Erfolgsstory Starbucks. Eine trendige Kaffeebar erobert die Welt*, Wien/Hamburg 2000.]

89 Marguerite Rigoglioso, »Time to Detox the Work Environment«, Pressemitteilung der Stanford Graduate School of Business, 1. April 2009, auf der Website der Stanford Graduate School of Business, www.gsb.stanford.edu.

90 »Escape Fire: The Fight to Save America's Health Care«, *CNN*, 10. März 2013, www.transcripts.cnn.com.

91 Ebenda.

92 Esther Sternberg, Interview mit Krista Tippett, »The Science of Healing Places with Esther Sternberg«, *On Being*, 27. September 2012, www.onbeing.org.

93 Jon Kabat-Zinn, *Arriving at Your Own Door: 108 Lessons in Mindfulness*, New York 2007, S. 3. [dt.: *108 Momente der Achtsamkeit*, Freiamt im Schwarzwald 2009.]

94 Nicholson Baker, *Der Anthologist*, München 2010, S. 249.

95 Williams und Penman, *Meditation im Alltag*, S. 95, 123.
96 Andrew Harvey, *The Direct Path: Creating a Personal Journey to the Divine Using the World's Spiritual Traditions*, New York 2001 [dt.: *Der direkte Weg zur Erleuchtung. Spirituelles Wachstum ohne Gurus und Kirchen*, München 2001.]
97 Herbert Benson und William Proctor, *Relaxation Revolution: The Science and Genetics of Mind-Body Healing*, New York 2011, S. 59. [dt.: *Die Entspannungsrevolution: Wie Sie Ihre Gesundheit mit der Wissenschaft und Genetik der Geist-Körper-Heilung verbessern.*]
98 Ebenda, S. 16.
99 Robert Schneider, Charles Alexander, Frank Staggers, Maxwell Rainforth, John Salerno, Arthur Hartz, Stephen Arndt, Vernon Barnes und Sanford Nidich, »Long-term Effects of Stress Reduction on Mortality in Persons > or = 55 Years of Age with Systemic Hypertension«, *American Journal of Cardiology* 95 (2005), S. 1060–1064.
100 Williams und Penman, *Meditation im Alltag*, S. 78/79.
101 Richard Davidson, Jon Kabat-Zinn, Jessica Schumacher, Melissa Rosenkranz, Daniel Muller, Saki F. Santorelli, Ferris Urbanowski, Anne Harrington, Katherine Bonus und John F. Sheridan, »Alterations in Brain and Immune Function Produced by Mindfulness Meditation«, *Psychosomatic Medicine: Journal of Behavioral Medicine* 65 (2003), S. 564–570.
102 Bruce Barrett, Mary S. Hayney, Daniel Muller, David Rakel, Ann Ward, Chidi N. Obasi, Roger Brown, Zhengjun Zhang, Aleksandra Zgierska, James Gern, Rebecca West, Tola Ewers, Shari Barlow, Michele Gassman und Christopher L. Coe, »Meditation or Exercise for Preventing Acute Respiratory Infection: A Randomized Trial«, *Annals of Family Medicine* 10 (2012), S. 337–346.
103 Fadel Zeidan, Katherine T. Martucci, Robert A. Kraft, Nakia S. Gordon, John G. McHaffie und Robert C. Coghill, »Brain Mechanisms Supporting the Modulation of Pain by Mindfulness Meditation«, *The Journal of Neuroscience* 31 (2011), S. 5540–5548.
104 Manoj K. Bhasin, Jeffery A. Dusek, Bei-Hung Chang, Marie G. Joseph, John W. Denninger, Gregory L. Fricchione, Herbert Benson und Towia A. Libermann, »Relaxation Response Induces Temporal Transcriptome Changes in Energy Metabolism, Insulin Secretion and Inflammatory Pathways«, *PLoS ONE* 8 (2013), e62817.
105 Robert E. Herron, »Changes in Physician Costs Among High-Cost Transcendental Meditation Practitioners Compared With High-Cost Nonpractitioners Over 5 Years«, *American Journal of Health Promotion* 26 (2011), S. 56–60.
106 Sara W. Lazar, Catherine E. Kerr, Rachel H. Wasserman, Jeremy R. Gray, Douglas N. Greve, Michael T. Treadway, Metta McGarvey, Brian T. Quinn, Jeffery A. Dusek, Herbert Benson, Scott L. Rauch, Christopher I.

Moore und Bruce Fischl, »Meditation Experience is Associated with Increased Cortical Thickness«, *Neuro-Report* 16 (2005), S. 1893–1897.

107 Antoine Lutz, Lawrence Greischar, Nancy Rawlings, Matthieu Ricard und Richard Davidson, »Long-Term Meditators Self-Induce High-Amplitude Gamma Synchrony During Mental Practice«, *Proceedings of the National Academy of Sciences* 101 (2004), S. 16369–16373.

108 Richard Davidson, Interview mit Krista Tippett, *On Being*, 23. Juni 2011, www.onbeing.org.

109 Marc Kaufman, »Meditation Gives Brain a Charge, Study Finds«, *The Washington Post*, 3. Januar 2005, www.washingtonpost.com.

110 Frankie Taggart, »Buddhist Monk Is World's Happiest Man«, *Agence France-Presse*, 29. Oktober 2012.

111 Matthieu Ricard, »Buddhist Perspective« (Forum bei Mind and Life XXVII: Craving, Desire and Addiction, Dharamsala, Indien, 31. Oktober 2013).

112 https://www.aphorismen.de/zitat/15911

113 Taggart, »Buddhist Monk Is World's Happiest Man«, S. 44.

114 Matthieu Ricard, Interview mit Krista Tippett, *On Being*, 27. Oktober 2011, www.onbeing.org.

115 J. David Creswell, Michael R. Irwin, Lisa J. Burklund, Matthew D. Lieberman, Jesusa M. G. Arevalo, Jeffrey Ma, Elizabeth Crabb Breen und Steven W. Cole, »Mindfulness-Based Stress Reduction Training Reduces Loneliness and Pro-Inflammatory Gene Expression in Older Adults: A Small Randomized Controlled Trial«, *Brain, Behavior, and Immunity* 26 (2012), S. 1095–1101.

116 Anthony P. King, Thane M. Erickson, Nicholas D. Giardino, Todd Favorite, Sheila A. H. Rauch, Elizabeth Robinson, Madhul Kulkarni und Israel Liberzon, »A Pilot Study of Group Mindfulness-Based Cognitive Therapy (MBCT) for Combat Veterans with Post-Traumatic Stress Disorder (PTSD)«, *Depression and Anxiety* 30 (2013), S. 638–645.

117 Cassandra Vieten und John Astin, »Effects of a Mindfulness-Based Intervention During Pregnancy on Prenatal Stress and Mood: Results of a Pilot Study«, *Archives of Women's Mental Health* 11 (2008), S. 67–74.

118 Filip Raes, James W. Griffith, Kathleen Van Der Gucht und J. Mark G. Williams, »School-Based Prevention and Reduction of Depression in Adolescents: A Cluster-Randomized Controlled Trial of a Mindfulness Group Program«, *Mindfulness* (2013).

119 Barbara L. Fredrickson, Michael A. Cohn, Kimberly A. Coffey, Jolynn Pek und Sandra M. Finkel, »Open Hearts Build Lives: Positive Emotions, Induced Through Loving-Kindness Meditation, Build Consequential Personal Resources«, *Journal of Personal and Social Psychology* 95 (2008), S. 1045–1062.

120 »Mindfulness Based Cognitive Therapy and the Prevention of Relapse in Depression«, University of Oxford Centre for Suicide Research, abgerufen am 1. Dezember 2013, www.cebmh.warne.ox.ac.uk.
121 Penelope Green, »This is Your Brain on Happiness«, *O, The Oprah Magazine*, März 2008, www.oprah.com.
122 Peter S. Goodman, »Why Companies Are Turning to Meditations and Yoga to Boost the Bottom Line«, *The Huffington Post*, 26. Juli 2013, www.huffingtonpost.com.
123 Taggart, »Buddhist Monk Named Happiest Man in the World«.
124 »Can Meditation Make You a More Compassionate Person?«, Pressemitteilung der Northwestern University, 1. April 2013, www.northeastern.edu; Paul Condon, Gaëlle Desbordes, Willa Miller und David DeSteno, »Meditation Increases Compassionate Responses to Suffering«, *Psychological Science* 24 (2013), S. 2125ff.
125 David Lynch, *Catching the Big Fish: Meditation, Consciousness and Creativity*, New York 2007, S. 1.
126 *Steve Jobs. Die autorisierte Biografie des Apple-Gründers*, München 2012, S. 72.
127 Giuseppe Pagnoni, Milos Cekic und Ying Guo, »›Thinking About Not-Thinking‹: Neural Correlates of Conceptual Processing During Zen Meditation«, *PLoS ONE* 3 (2008), e3083.
128 »Zen Training Speeds the Mind's Return After Distraction, Brain Scans Reveal«, Pressemitteilung des Woodruff Health Sciences Center, 9. September 2008, www.shared.web.emory.edu.
129 Asa Bennett, »Bank of England Runs Meditation Classes for Staff Mindfulness«, *The Huffington Post*, 20. November 2013, www.huffingtonpost.com.
130 Julie Watson, »Marines Studying Mindfulness-based Training Can Benefit Troops«, Associated Press, 19. Januar 2013, www.bigstory.ap.org.
131 »Operation Warrior Wellness: Building Resilience and Healing the Hidden Wounds of War«, David Lynch Foundation for Consciousness-Based Education and World Peace, abgerufen am 10. Dezember 2013, www.davidlynchfoundation.org.
132 Tatiana Serafin, »Sit. Breathe. Be a Better Leader«, *Inc.*, 18. Oktober 2011, www.inc.com.
133 Megan Rose Dickey, »The Secret Behind the Silicon Valley Elite's Success: Meditation«, *Business Insider*, 25. Juni 2013, www.businessinsider.com.
134 Mark Bertolini, Interview mit Arianna Huffington, »Squawk Newsmaker«, *Squawk Box*, CNBC, 12. März 2013, www.huffingtonpost.com.
135 Sarah Perez und Anthony Ha, »Marc Benioff Says, ›There Would Be No Salesforce.com Without Steve Jobs‹«, *Tech Crunch*, 10. September 2013, www.techcrunch.com.

136 Megan Rose Dickey, »The Secret Behind the Silicon Valley Elite's Success: Meditation«.

137 »George Stephanopoulos Talks Benefits of Meditation at the Third Metric Women's Conference«, *The Huffington Post*, 7. Juni 2013, www.huffingtonpost.com.

138 Marcus Baram, »Ray Dalio, Hedge Fund Genius, Says Meditation Is Secret to His Success«, *International Business Times*, 12. November 2013, www.ibtimes.com.

139 Jerry Seinfeld, Interview mit George Stephanopoulos, *Good Morning America*, 13. Dezember 2012, www.abcnews.go.com.

140 Crystal G. Martin, »Kenneth Branagh's Aha! Moment: How I Learned to Meditate«, *O, The Oprah Magazine*, Mai 2011, www.oprah.com.

141 »Oprah Winfrey and Deepak Chopra Launch 21-Day Meditation Experience on Desire and Destiny«, Pressemitteilung des Oprah Winfrey Network, 28. Oktober 2008, www.press.discovery.com.

142 »Rupert Murdoch is Giving Transcendental Meditation a Try«, *The Huffington Post*, 23. April 2013, www.huffington post.com.

143 Bob Roth (Executive Director, David Lynch Foundation), Gespräch mit der Autorin, New York City, 3. Dezember 2013.

144 Carolyn Gregoire, »Lena Dunham: ›I've Been Meditating Since I Was 9 Years Old‹«, *The Huffington Post*, 9. Oktober 2013, www.huffingtonpost.com.

145 Matt Richtel, »Silicon Valley Says Step Away from the Device«, *The New York Times*, 23. Juli 2012, www.nytimes.com.

146 Penny George, »What Is Integrative Medicine and Why Is It Critical to Today's Healthcare Discussion?«, *The Huffington Post*, 14. Mai 2013, www.huffingtonpost.com.

147 Bernard Down, »Death in Classical Daoist Thought«, *Philosophy Now*, 2000, www.philosophynow.org.

148 Lawrence S. Cunningham und Keith J. Egan, *Christian Spirituality: Themes from the Tradition*, Mahwah, NJ, 1996, S. 38.

149 »Quakers«, BBC Religions, letztes Update am 3. Juli 2009, www.bbc.co.uk.

150 Ebenda.

151 Mark Finley, »Biblical Spirituality: Rediscovering Our Biblical Roots or Embracing the East?«, *Ministry: International Journal for Pastors*, August 2012, www.ministrymagazine.org.

152 Al-Mamum Al-Suhrawardy, *The Wisdom of Muhammad*, New York 2001, S. 81.

153 Les Lancaster, »The Essence of Jewish Meditation«, BBC Religions, 13. August 2009, www.bbc.co.uk.

154 P. C. Mozoomdar (Hg.), *The Interpreter*, 1885, S. 76.

155 Frumma Rosenberg-Gottlieb, »On Mindfulness and Jewish Meditation, Part I«, Chabad.org, 2013, www.chabad.org.

156 Deutsche Übersetzung nach der Elberfelder Bibel.
157 Tessa Watt, *Mindful London*, London 2014.
158 Jessica Stillman, »Sheryl Sandberg Leaves Work at 5:30. Why Can't You?«, *Inc.*, 9. April 2012, www.inc.com.
159 Charlotte McDonald, »Are Greeks the Hardest Workers in Europe?«, *BBC News Magazine*, 25. Februar 2012, www.bbc.co.uk.
160 Caitlin Kelly, »O.K., Google, Take a Deep Breath«, *The New York Times*, 28. April 2012, www.nytimes.com.
161 Chade-Meng Tan Search, *Inside Yourself: The Unexpected Path to Achieving Success, Happiness (and World Peace)*, New York 2012 [dt.: *Search inside yourself. Das etwas andere Glücks-Coaching*, München 2012].
162 David Gelles, »The Mind Business«, *Financial Times*, 24. August 2012, www.ft.com.
163 Ebenda.
164 »Aon Hewitt 2013 Health Care Survey«, Aon, abgerufen am 22. November 2013, www.aon.com.
165 Gelles, »Mind Business«.
166 Wallace Immen, »Meditation Finds an Ommm in the Office«, *The Globe and Mail*, 27. November 2012, www.theglobeandmail.com.
167 »Nike Tennessee Recognized For Employment Practices«, Pressemitteilung von Nike, Inc., 10. März 2008, www.nikeinc.com.
168 Scott Thompson, »The Advantages of a Meditative Space in the Workplace«, *Demand Media: Work*, abgerufen am 20. November 2013, www.work.chron.com.
169 Jacquelyn Smith, »The Top 25 Companies for Work-Life Balance«, *Forbes*, 10. August 2012, www.forbes.com.
170 »100 Best Companies to Work For«, *Fortune*, 2013, www.money.cnn.com.
171 Goodman, »Why Companies Are Turning to Meditation and Yoga to Boost the Bottom Line«.
172 Sarah McKenzie, »Transforming the Workplace into a Blue Zone«, *Southwest Journal*, 14. Januar 2013, www.southwestjournal.com.
173 »Blue Zone Communities – Creating Environments of Health«, Blue Zones, abgerufen am 1. Dezember 2013, www.bluezones.com.
174 McKenzie, »Transforming the Workplace into a Blue Zone«.
175 Jillian Berman, »Wegmans Improves its Bottom Line by Helping Employees Shrink Their Waistlines«, *The Huffington Post*, 5. August 2013, www.huffingtonpost.com.
176 Russ Britt, »Aetna Completes Coventry Buyout, Raises Full-year Outlook«, *The Wall Street Journal*, 7. Mai 2013, www.blogs.marketwatch.com.
177 Jeffrey Young, »Company Wellness Programs May Boost Bottom Lines, Aetna CEO Mark Bertolini Says«, *The Huffington Post*, 6. Juni 2013, www.huffingtonpost.com.

178 »Aetna Delivers Evidence-based Mind-Body Stress Management Programs«, Pressemitteilung des Aetna News Hub, 23. Februar 2012, www.newshub.aetna.com.

179 Young, »Company Wellness Programs May Boost Bottom Lines, Aetna CEO Mark Bertolini Says«.

180 »Aetna Delivers Evidence-Based Mind-Body Stress Management Programs«.

181 Courtney Comstock, »Ray Dalio is Too Modest to Admit He Returned 38% YTD Using Transcendental Meditation«, *Business Insider*, 25. Oktober 2010, www.businessinsider.com.

182 Alexander Issajewitsch Solschenizyn, *The Solzhenitsyn Reader: New and Essential Writings, 1947–2005*, hrsg. v. Edward E. Ericson und Daniel J. Mahoney, Wilmington, DE, 2009, S. 623.

183 Jeff Weiner, »Managing Compassionately«, LinkedIn, 15. Oktober 2012, www.linkedin.com.

184 Arianna Huffington, »Redefining Success: Takeaways from Our Third Metric Conference«, *The Huffington Post*, 14. Juni 2013, www.huffingtonpost.com.

185 Ben Weiss, »The Four Cool Ways the Top Employers Create Work-Life Balance«, *U.S. News and World Report*, 19. Juni 2013, www.money.usnews.com.

186 Gregory Berns, »Neuroscience Sheds New Light on Creativity«, *Fast Company*, 1. Oktober 2008, www.fastcompany.com.

187 Williams und Penman, *Meditation im Alltag*, S. 46f.

188 Rolf Dobelli, Die Kunst des klaren Denkens. 52 Denkfehler, die Sie besser anderen überlassen, München 2011, S. 163.

189 James Roberts und Stephen Pirog, »A Preliminary Investigation of Materialism and Impulsiveness as Predictors of Technological Addictions Among Young Adults«, *Journal of Behavioral Addictions* 2 (2012), S. 56–62.

190 Gary Small und Gigi Vorgan, *iBrain: Surviving the Technological Alteration of the Modern Mind*, New York 2009, S. 2, 20 [dt.: *iBrain. Wie die neue Medienwelt das Gehirn und die Seele unserer Kinder verändert*, Stuttgart 2009.]

191 David Roberts, »Goodbye for Now«, *Grist*, 19. August 2013, www.grist.org.

192 Michael Chui, James Manyika, Jacques Bughin, Richard Dobbs, Charles Roxburgh, Hugo Sarrazin, Geoffrey Sands und Magdalena Westergren, »The Social Economy: Unlocking Value and Productivity Through Social Technologies«, McKinsey Global Institute Report, Juli 2012, www.mckinsey.com.

193 Jennifer Senior, »How Email is Swallowing Our Lives«, *New York*, 31. Juli 2013, www.nymag.com.

194 Linda Stone, E-Mail an die Autorin, 17. Dezember 2013.
195 Linda Stone, »Just Breathe: Building the Case for Email Apnea«, *The Huffington Post*, 8. Februar 2008, www.huffington post.com.
196 Ebenda.
197 Tim Harford, »Ten Email Commandments«, *Financial Times*, 13. September 2013, www.ft.com.
198 Kimberly Brooks, »Let's Take the Phone Stacking Game One Step Further: Ban the Meal Shot«, *The Huffington Post*, 24. September 2013, www.huffingtonpost.com.
199 Caroline Tell, »Step Away From the Phone!«, *The New York Times*, 20. September 2013, www.nytimes.com.
200 Leslie A. Perlow und Jessica L. Porter, »Making Time Off Predictable – And Required«, *Harvard Business Review*, Oktober 2009, www.hbr.org.
201 »Sustainable Intensity«, The Boston Consulting Group, abgerufen am 1. Dezember 2013, www.bcg.com.
202 Chuck Leddy, »Slowing the Work Treadmill«, *Harvard Gazette*, 27. August 2013, www.news.harvard.edu.
203 Gloria Mark, Stephen Voida und Armand Cardello, »A Pace Not Dictated by Electrons: An Empirical Study of Work Without Email«, Computer-Human Interaction Conference 2012, *Proceedings of the SIGCHI Conference on Human Factors in Computing Systems, May 5–10, 2012*, S. 555–564.
204 Shayne Hughes, »I Banned All Internal Emails at My Company for a Week«, *Forbes*, 25. Oktober 2012, www.forbes.com.
205 Bart Lorang, »Paid Vacation? That's Not Cool. You Know What's Cool? Paid PAID Vacation«, *FullContact Blog*, 10. Juli 2012, www.fullcontact.com.
206 http://www.spiegel.de/karriere/berufsleben/erreichbar-nach-dienstschluss-massnahmen-der-konzerne-a-954029.html
207 http://www.spiegel.de/karriere/berufsleben/erreichbar-nach-dienstschluss-massnahmen-der-konzerne-a-954029.html
https://markbrandenburg.igbce.de/77868/arbeitszeit-erreichbarkeit-evonik
208 http://www.zeit.de/2013/42/achtsamkeit-stressbewaeltigung-business/komplettansicht
209 E-Mail von Anne Nordmann, und für Puma: http://www.puma-annual-report.com/GB/2012/pages/en/pdf/PUMAGeschaeftsbericht2012_en.pdf
210 http://www.mindandlife.org/mind-and-life-europe-symposium-for-contemplative-studies/
211 Esther Sternberg, Interview mit Krista Tippett, »The Science of Healing Places with Esther Sternberg«, *On Being*, 27. September 2012, www.onbeing.org.

212 Jeremy Hogeveen, Michael Inzlicht und Sukhvinder Obhi, »Power Changes How the Brain Responds to Others«, *Journal of Experimental Psychology: General* (2013).

213 Adam Galinsky, Joe Magee, M. Ena Inesi und Deborah Gruenfeld, »Power and Perspectives Not Taken«, *Psychological Science* 17 (2006), S. 1068–1074; Vivek K. Wadhera, »Losing Touch«, *Kellogg Insight*, 1. November 2009, www.insight.kellogg.northwestern.edu.

214 Sheryl Sandberg, E-Mail an die Autorin, Dezember 2013.

215 »*The Huffington Post*'s Oasis 2012: First Looks at Our DNC Retreat Center«, *The Huffington Post*, 2. September 2012, www.huffingtonpost.com.

216 Alexander Solschenizyn, *Im ersten Kreis. Vollständige Ausgabe der wiederhergestellten Urfassung des Romans ›Der erste Kreis der Hölle‹*, Frankfurt a.M. 1982.

217 Exodus 20, 8–11. Text nach der Elberfelder Bibel.

218 »Shabbat Conclusion Worship Service: Havdallah Blessings«, *Reform Judaism*, abgerufen am 1. Dezember 2013, www.reformjudaism.org.

219 Julianne Holt-Lunstad, Wendy Birmingham, Adam M. Howard und Dustin Thoman, »Married with Children: The Influence of Parental Status and Gender on Ambulatory Blood Pressure«, *Annals of Behavioral Medicine* 38 (2009), S. 170–179.

220 »Stress by Generations: 2012«.

221 Ebenda.

222 Eleanor Bradford, »Half of Teenagers Sleep Deprived, Study Says«, *BBC News*, 25. August 2013, www.bbc.co.uk.

223 Laura Manenschijn, L. Schaap, N. M. van Schoor, S. van der Pas, G. M. E. E. Peeters, P. Lips, J. W. Koper und E. F. C. van Rossum, »High Long-Term Cortisol Levels, Measured in Scalp Hair, Are Associated with a History of Cardiovascular Disease«, *The Journal of Clinical Endocrinology & Metabolism* 98 (2013), S. 2078–2083.

224 Masuma Novak, Lena Björck, Kok Wai Giang, Christina Heden-Ståhl, Lars Wilhelmsen und Annika Rosengren, »Perceived Stress and Incidence of Type 2 Diabetes: A 35-Year Follow-up Study of Middle-Aged Swedish Men«, *Diabetic Medicine* 30 (2013), e8–e16.

225 Susan Melhorn, Eric Krause, Karen Scott, Marie Mooney, Jeffrey Johnson, Stephen Woods und Randall Sakai, »Meal Patterns and Hypothalamic NPY Expression During Chronic Social Stress and Recovery«, *American Journal of Physiology: Regulatory, Integrative and Comparative Physiology* 299 (2010), S. 813–822.

226 Sharon Jayson, »Who's Feeling Stressed? Young Adults, New Survey Shows«, *USA Today*, 7. February 2013, www.usatoday.com.

227 »Stress by Generations: 2012«.

228 Anand Giridharadas, »Women Are at the Table, So Now What?«, *The New York Times*, 14. Juni 2013, www.nytimes.com.

229 Cheryl Powell, »Latest Cleveland Clinic Venture a Real Sleeper«, *Akron Beacon Journal Online*, 8. August 2011, www.ohio.com.

230 Weston Kosova, »Running on Fumes: Pulling All-Nighters, Bill Clinton Spent His Last Days Obsessing Over Details and Pardons«, *Newsweek*, 26. Februar 2001, www.newsweek.com.

231 Antonis Polemitis und Andreas Kitsios, »Cyprus Bailout: Stupidity, Short-Sightedness, Something Else?«, *Cyprus.com*, abgerufen am 1. Dezember 2013, www.cyprus.com.

232 Felix Salmon, »The Cyprus Precedent«, *Reuters*, 17. März 2013, www.blogs.reuters.com.

233 Arianna Huffington, »Why We All Need More Sleep«, *The Telegraph*, 28. Januar 2013, www.telegraph.co.uk.

234 Edward Suarez, »Self-Reported Symptoms of Sleep Disturbance and Inflammation, Coagulation, Insulin Resistance and Psychosocial Distress: Evidence for Gender Disparity«, *Brain, Behavior and Immunity* 22 (2008), S. 960–968.

235 Till Roenneberg, »Five Myths About Sleep«, *The Washington Post*, 21. November 2012, www.articles.washingtonpost.com.

236 Mareen Weber, Christian Webb, Sophie Deldonno, Maia Kipman, Zachary Schwab, Melissa Weiner und William Killgore, »Habitual ›Sleep Credit‹ Is Associated with Greater Grey Matter Volume of the Medial Prefrontal Cortex, Higher Emotional Intelligence and Better Mental Health«, *Journal of Sleep Research* 22 (2013), S. 527–534.

237 Maiken Nedergaard, Interview mit Jon Hamilton, »Brains Sweep Themselves Clean of Toxins During Sleep«, *All Things Considered*, NPR, 17. Oktober 2013, www.npr.org.

238 »The Great British Sleep Survey 2012«, *Sleepio*, abgerufen am 1. November 2013. www.greatbritishsleepsurvey.com.

239 Ronald Kessler, Patricia Berglund, Catherine Coulouvrat, Goeran Hajak, Thomas Roth, Victoria Shahly, Alicia Shillington, Judith Stephenson und James Walsh, »Insomnia and the Performance of US Workers: Results from the America Insomnia Survey«, *SLEEP* 34 (2011), S. 1161–1171.

240 Daniel Kahneman, Alan Krueger, David Schkade, Norbert Schwarz und Arthur Stone, »A Survey Method for Characterizing Daily Life Experience: The Day Reconstruction Method (DRM)«, *Science* 306 (2004), S. 1776–1780.

241 Richard Easterlin, »Will Raising the Incomes of All Increase the Happiness of All?«, *Journal of Economic Behavior and Organization* 27 (1997), S. 35–47.

242 Charlie Rose, Gespräch mit der Autorin, 9. Januar 2014.

243 David K. Randall, »Rethinking Sleep«, *The New York Times*, 22. September 2012, www.nytimes.com.

244 Brittany Wood, Mark Rea, Barbara Plitnick und Mariana Figueiro, »Light Level and Duration of Exposure Determine the Impact of Self-Luminous Tablets on Melatonin Suppression«, *Applied Ergonomics* 44 (2013), S. 237–240.

245 Anne-Marie Slaughter, »Why Women Still Can't Have It All«, *The Atlantic*, 13. Juni 2012, www.theatlantic.com.

246 »Women and Sleep«, National Sleep Foundation, abgerufen am 1. Dezember 2013, www.sleepfoundation.org.

247 »Yawn! Most Mothers Don't Get Enough Sleep«, *Reuters/NBC News*, 20. Oktober 2006, www.nbcnews.com.

248 Michael Breus, Gespräch mit der Autorin, 23. Juli 2010.

249 Jenny Stamos Kovacs, »Lose Weight While You Sleep!«, *Glamour*, 2. Februar 2009, www.glamour.com.

250 Michael Breus, Gespräch mit der Autorin, 23. Juli 2010.

251 Robert L. Snow, *Deadly Cults: The Crimes of True Believers*, Westport, Conn., 2003, S. 161.

252 Roenneberg, »Five Myths About Sleep«.

253 Ebenda.

254 Kelly Glazer Baron, Kathryn Reid und Phyllis Zee, »Exercise to Improve Sleep in Insomnia: Exploration of the Bidirectional Effects«, *Journal of Clinical Sleep Medicine* 9 (2013), S. 819–884.

255 Kovacs, »Lose Weight While You Sleep!«.

256 Cindi Leive, »Sleep Challenge 2010: Three Tiny Things I Wish I Had Known Years Ago«, *Glamour*, 7. Januar 2010, www.glamour.com.

257 Michael J. Breus, 20. Januar 2010 (12.51 Uhr), Kommentar zu »Sleep Challenge 2010: Perchance to Dream«, *The Huffington Post*, 19. Januar 2010, www.huffingtonpost.com.

258 Dschalal ad-Din ar-Rumi, *The Essential Rumi: New Expanded Edition*, ins Engl. übers. v. Coleman Barks und John Moyne, New York 2004, S. 255.

259 Stephani Sutherland, »Bright Screens Could Delay Bedtime«, *Scientific American*, 1. Februar 2013, www.scientificamerican.com.

260 Mika Brzezinski, »Unplugging Is Easier Said Than Done«, *The Huffington Post*, 7. Januar 2014, www.huffington post.com.

261 Cindi Leive, »My Digital Detox: How I Ditched My Email and Social Media for a Week ... and the Cold Sweats Weren't So Bad«, *The Huffington Post*, 8. Januar 2014, www.huffingtonpost.com.

262 Peter Keating, »Sleeping Giants«, *ESPN The Magazine*, 5. April 2012, www.espn.go.com.

263 Ebenda.

264 Ebenda.

265 Erin Allday, »Stanford Athletes Sleep for Better Performance«, *San Francisco Chronicle*, 4. Juli 2011, www.sfgate.com.

266 Keating, »Sleeping Giants«.

267 Kimberly Boyd, »3 Sleep Lessons We Can Learn from Olympians«, One Medical Group, 10. August 2012, www.onemedical.com.
268 Jeff Caplan, »Mavs First to Dive into Fatigue Analysis«, *Hang Time Blog*, 16. Oktober 2013, www.hangtime.blogs.nba.com.
269 Keating, »Sleeping Giants«.
270 »Athletes Who Meditate: Kobe Bryant and Other Sports Stars Who Practice Mindfulness«, *The Huffington Post*, 30. Mai 2013, www.huffingtonpost.com.
271 Phil Jackson, Interview mit Oprah Winfrey, *Super Soul Sunday*, Oprah Winfrey Network, 16. Juni 2013.
272 George Mumford, Interview mit Lineage Project, abgerufen am 1. Dezember 2013, www.lineageproject.org.
273 »Athletes Who Meditate«, S. 91.
274 Ebenda.
275 Jim und Tony Schwartz, *The Power of Full Engagement: Managing Energy, Not Time, Is the Key to High Performance and Personal Renewal*, New York 2003, Kindle-Edition, 2731–2736 [dt.: *Die Disziplin des Erfolgs. Von Spitzensportlern lernen – Energie richtig managen*, München 2003.]
276 Charlie Rose, Interview mit Andy Murray, *Charlie Rose*, Public Broadcasting Service, 11. September 2012.
277 Tony Schwartz, »How to Recover Your Core Rhythm«, *Harvard Business Review*, 26. Oktober 2011, www.blogs.hbr.org.
278 Ebenda.
279 David Levy, Jacob Wobbrock, Alfred Kaszniak und Marilyn Ostergren, »The Effects of Mindfulness Meditation Training on Multitasking in a High-Stress Information Environment«, *Proceedings of Graphics Interface* (2012), S. 45–52, www.faculty.washington.edu.
280 Anita Bruzzese, »Meditation Can Keep You More Focused at Work, Study Says«, *USA Today*, 10. Juli 2012, www.usatoday30.usatoday.com.
281 David Hochman, »Hollywood's New Stars: Pedestrians«, *The New York Times*, 16. August 2013, www.nytimes.com.
282 »Solvitur ambulando«, *Online Etymology Dictionary*, www.dictionary.reference.com.
283 Judith Lothian, »Safe, Healthy Birth: What Every Pregnant Woman Needs to Know«, *The Journal of Perinatal Education* 18 (2009), S. 48–54.
284 Konstantinos Kavafis, *Brichst du auf gen Ithaka... Sämtliche Gedichte*, übers. v. Wolfgang Josing und Doris Gundert, Köln 1983.
285 Thomas Jefferson an Peter Carr, 19. August 1785, in: *The Avalon Project: Documents in Law, History and Diplomacy*, abgerufen am 1. Dezember 2013, www.avalon.law.yale.edu.
286 Ernest Hemingway, *Paris, ein Fest fürs Leben*, Reinbek 2011. S. 37.
287 Friedrich Nietzsche, *Sämtliche Werke. Kritische Studienausgabe in 15 Bänden*, Bd. 6, »Der Fall Wagner. Götzen-Dämmerung. Der Antichrist. Ecce

home. Dionysos-Dithyramben. Nietzsche contra Wagner«, hrsg. v. Giorgio Colli und Mazzino Montinari, München 1988, S. 64.

288 Henry David Thoreau, *Vom Wandern*, Horn am Externsteine, 1983, S. 17. Ursprünglich erschienen unter dem Titel »Walking«, *The Atlantic*, 1. Juni 1862, www.theatlantic.com.

289 Kim Painter, »Exercise Helps Fight Anxiety, Depression«, *USA Today*, 26. April 2010, www.usatoday30.usatoday.com.

290 »Ecotherapy: The Green Agenda for Mental Health«, *Mind Week Report*, Mai 2007, www.mind.org.uk.

291 Hochman, »Hollywood's New Stars: Pedestrians«.

292 »Depression«, Datenblatt der World Health Organization, Oktober 2012, www.who.int.

293 Amanda Gardner, »Being Near Nature Improves Physical, Mental Health«, *USA Today*, 15. Oktober 2009, www.usatoday30.usatoday.com.

294 Netta Weinstein, Andrew Przybylski und Richard Ryan, »Can Nature Make Us More Caring? Effects of Immersion in Nature on Intrinsic Aspirations and Generosity«, *Personality and Social Psychology Bulletin* 35 (2009), S. 1315–1329.

295 Jolana Maas, Robert Verheij, Peter Groenewegen, Sjerp de Vries und Peter Spreeuwenberg, »Green Space, Urbanity, and Health: How Strong is the Relation?«, *Journal of Epidemiology and Community Health* 60 (2006), S. 587–592.

296 Gardner, »Being Near Nature Improves Physical, Mental Health«.

297 Alpa Patel, Leslie Bernstein, Anusila Deka, Heather Spencer Feigelson, Peter T. Campbell, Susan M. Gapstur, Graham A. Colditz und Michael J. Thun, »Leisure Time Spent Sitting in Relation to Total Mortality in a Prospective Cohort of US Adults«, *American Journal of Epidemiology* 172 (2010), S. 419-429; James A. Levine, »What Are the Risks of Sitting Too Much?«, Mayo Clinic: Adult Health, abgerufen am 1. Dezember 2013, www.mayoclinic.com.

298 William Hudson, »Sitting for Hours Can Shave Years off Life«, *CNN*, 24. Juni 2011, www.cnn.com.

299 Michelle Voss, Ruchika Prakash, Kirk Erickson, Chandramallika Basak, Laura Chaddock, Jennifer S. Kim, Heloisa Alves, Susie Heo, Amanda Szabo, Siobhan White, Thomas Wójcicki, Emily Mailey, Neha Gothe, Erin Olson, Edward McAuley und Arthur F. Kramer, »Plasticity of Brain Networks in a Randomized Intervention Trial of Exercise Training in Older Adults«, *Frontiers in Aging Neuroscience* 2 (2010), S. 32; »Attention, Couch Potatoes! Walking Boosts Brain Connectivity, Function«, Pressemitteilung der University of Illinois at Urbana, 27. August 2010, auf *Science Daily*, www.sciencedaily.com.

300 T. S. Eliot, »Burnt Norton« in: *Gesammelte Gedichte 1909-1962*, Werke Bd. 4, übers. v. Eva Hesse, Frankfurt a.M. 1988, S. 278f.

301 Henry David Thoreau, *Thoreau: A Book of Quotations*, hrsg. v. Bob Blaisdell, Mineola, NY, 2000, S. 26.
302 Rebecca Solnit, *Wanderlust: A History of Walking*, New York 2001, S. 29.
303 Isao Tsujimoto, »The Concept of ›Ma‹ in Japanese Life and Culture«, Videovorlesung, JapanNYC aus der Carnegie Hall, New York, 27. April 2011.
304 Alan Fletcher, *The Art of Looking Sideways*, London 2001, S. 370.
305 Geoff Nicholson, *The Lost Art of Walking: The History, Science, and Literature of Pedestrianism*, New York 2008, S. 27.
306 Thoreau, *Vom Wandern*, S. 21.
307 Wayne Curtis, »The Walking Dead«, *The Smart Set*, 19. August 2013, www.thesmartset.com.
308 Leah Thompson, Frederick Rivara, Rajiv Ayyagari und Beth Ebel, »Impact of Social and Technological Distraction on Pedestrian Crossing Behaviour: An Observational Study«, *Injury Prevention* 19 (2012), S. 232–237.
309 Eric Lamberg und Lisa Muratori, »Cell Phones Change the Way We Walk«, *Gait and Posture* 35 (2012), S. 688ff.
310 Oliver Burkeman, »Together We Can Fight the Scourge of Texting While Walking«, *The Guardian*, 28. Oktober 2013, www.theguardian.com.
311 »Tourist Walks off Australia Pier While Checking Facebook«, *BBC News*, 19. Dezember 2013, www.bbc.co.uk.
312 »Distracted Walking: Injuries Soar for Pedestrians on Phones«, Pressemitteilung der Ohio State University, 19. Juni 2013, www.researchnews.osu.edu.
313 Oliver Burkeman, »This Column Will Change Your Life: A Step in the Right Direction«, *The Guardian*, 23. Juli 2010, www.theguardian.com.
314 Gregory Berns, »Neuroscience Sheds New Light on Creativity«, *Fast Company*, 1. Oktober 2008, www.fastcompany.com.
315 Allen McConnell, »Friends with Benefits: Pets Make Us Happier, Healthier«, *Psychology Today*, 11. Juli 2011, www.psychologytoday.com.
316 Allen McConnell, Christina Brown, Tony Shoda, Laura Stayton und Colleen Martin, »Friends with Benefits: On the Positive Consequences of Pet Ownership«, *Journal of Personality and Social Psychology* 101 (2011), S. 1239–1252.
317 McConnell, »Friends with Benefits«.
318 Ebenda.
319 Kathleen Doheny, »Pets for Depression and Health«, WebMD, abgerufen am Dezember 1, 2103, www.webmd.com.
320 Glenn N. Levine, Karen Allen, Lynne T. Braun, Hayley E. Christian, Erika Friedmann, Kathryn A. Taubert, Sue Ann Thomas, Deborah L. Wells und Richard A. Lange, »Pet Ownership and Cardiovascular Risk:

A Scientific Statement from the American Heart Association«, *Circulation* 127 (2013), S. 2353–2363.

321 »Dog's Best Friend? You!«, *Daily Mail*, abgerufen am 1. Dezember 2013, www.dailymail.co.uk.

322 Randolph Barker, Janet Knisely, Sandra Barker, Rachel Cobb und Christine Schubert, »Preliminary Investigation of Employee's Dog Presence on Stress and Organizational Perceptions«, *International Journal of Workplace Health Management* 5 (2012), S. 15–30.

323 Sathya Abraham, »Benefits of Taking Fido to Work May Not Be Far-Fetched«, Pressemitteilung des VCU Medical Center, 30. März 2012, www.news.vcu.edu.

324 Ebenda.

325 Claire Suddath, »The Shaggy, Slobbery World of Pet-Friendly Offices«, *Businessweek*, 1. Juni 2012, www.businessweek.com.

326 »Google Code of Conduct«, Google Investor Relations, zuletzt geändert am 25. April 2012, www.investor.google.com.

327 »Newtown Says Thank You to Therapy Dogs«, *The Huffington Post*, 25. Juni 2013, www.huffington post.com.

328 Jane Teeling und Aine Pennello, »Sandy Hook Student, Rescue Dog Bond: ›She Just Feels Safe‹«, *Today News*, 25. August 2013, www.today.com.

329 Alexandra Horowitz, *On Looking: Eleven Walks with Expert Eyes*, New York 2013, abgerufen am 6. April 2014, http://books.simonandschuster.com/On-Looking/Alexandra-Horowitz/9781439191255 [dt.: *Von der Kunst, die Welt mit anderen Augen zu sehen. Elf Spaziergänge und das Vergnügen der Aufmerksamkeit*, Berlin 2013.]

330 John Grogan, *Marley and Me*, New York 2005, S. 279 [dt.: *Marley & ich. Unser Leben mit dem frechsten Hund der Welt*, München 2007.]

331 »FAQ«, JonathanCarroll.com, abgerufen am 13. November 2013, www.jonathancarroll.com.

332 Peter Whoriskey, »If You're Happy and You Know It ... Let Your Government Know«, *The Washington Post*, 29. März 2012, www.articles.washingtonpost.com.

333 Robert F. Kennedy, »Remarks at the University of Kansas«, Rede, gehalten in Lawrence, Kansas, am 18. März 1968, John F. Kennedy Presidential Library and Museum, www.jfklibrary.org.

334 Joseph E. Stiglitz, Amartya Sen und Jean-Paul Fitoussi, »Report by the Commission on the Measurement of Economic Performance and Social Progress«, 14. September 2009, www.stiglitz-sen-fitoussi.fr; Peter Whoriskey, »If You're Happy and You Know It ... Let Your Government Know«.

335 Allegra Stratton, »David Cameron Aims to Make Happiness a New GDP«, *The Guardian*, 14. November 2010, www.theguardian.com.

336 Hélène Mulholland und Nicholas Watt, »David Cameron Defends Plans for Wellbeing Index«, *The Guardian*, 25. November 2010, www.theguardian.com.

337 Irene Chapple, »Survey: Australia the ›Lucky Country‹ for a Better Life«, *CNN*, 31. Mai 2013, www.cnn.com.

338 »Report Calls on Policymakers to Make Happiness a Key Measure and Target of Development«, Pressemitteilung des United Nations Sustainable Development Solutions Network, abgerufen am 1. Dezember 2013, UNSDSN website, www.unsdsn.org.

339 Whoriskey, »If You're Happy and You Know It ... Let the Government Know«.

340 »No Longer the Dismal Science?«, *The Economist*, 6. April 2012, www.economist.com.

341 »Personal Well-being Across the UK, 2012/13«, Office of National Statistics, abgerufen am 1. Dezember 2013, www.ons.gov.uk.

342 Patrick Collinson, »UK Population's Happiness is on the Up«, *The Guardian*, 30. Juli 2013, www.theguardian.com.

343 Mark Easton, »The North/South Divide on Antidepressants«, *BBC News*, 2. August 2012, www.bbc.co.uk.

Weisheit

344 T. S. Eliot, »Chöre aus ›The Rock‹ I«, in: T. S. Eliot, *Gesammelte Gedichte 1909–1962*, Werke Bd. 4, übers. v. Eva Hesse. Frankfurt a.M. 1988, S. 239.

345 B. F. Skinner, *The Behavior of Organisms: an Experimental Analysis*, New York 1938.

346 Christopher Booker, *The Seven Basic Plots: Why We Tell Stories*, New York 2004, S. 330.

347 Matthäus 10,29.

348 Rainer Maria Rilke, *Briefe an einen jungen Dichter*, Brief 8 vom 12. August 1904, http://www.rilke.de/briefe/120804.htm.

349 Jonathan Star, *Two Suns Rising: A Collection of Sacred Writings*, New York 1991, S. 105.

350 Carrie Fisher, *Wishful Drinking*, New York 2008, S. 153 [dt.: *Prinzessin Leia schlägt zurück. Mein verrücktes Leben zwischen Kokain, Elektroschocktherapie und einem schwulen Ehemann*, München 2011.]

351 Blaise Pascal, *Pensées*, Paris 1907, S. 345.

352 Christina Huffington, »Addiction Recovery: Getting Clean At 22«, *The Huffington Post*, 13. April 2013, www.huffingtonpost.com.

353 Christina Huffington, »Cocaine Almost Killed Me«, *Glamour*, September 2013, S. 290.

354 Stephen Nachmanovitch, *Free Play: Improvisation in Life and Art*, New York 1991, S. 64 [dt.: *Free Play. Kreativität geschehen lassen*, München 2013.]

355 Williams und Penman, *Meditation im Alltag*, S. 152.

356 Joyne Bono, Theresa Glomb, Winny Shen, Eugene Kim und Amanda Koch, »Building Positive Resources: Effects of Positive Events and Positive Reflection on Work-Stress and Health«, *Academy of Management Journal* 56 (2012), S. 1601.

357 *Love Poems from God: Twelve Sacred Voices from the East and West*, ins Engl. übers. v. Daniel Ladinsky, New York 2002, S. 79.

358 John-Roger und Paul Kaye, *The Rest of Your Life: Finding Repose in the Beloved*, Los Angeles 2007, Kindle-Edition, 1983–1985.

359 Thomas Merton, *Conjectures of a Guilty Bystander*, New York 1966, S. 154.

360 Robert A. Emmons und Michael E. McCullough (Hg.), *The Psychology of Gratitude*, Oxford 2004, Kindle-Edition, 152–173.

361 Andrew Wallace-Hadrill, »Pompeii: Portents of Disaster«, BBC History, 29. März 2011, www.bbc.co.uk.

362 William Hermans, *Einstein and the Poet: In Search of the Cosmic Man*, Wellesley, MA, 2013, S. 17.

363 Caroline Spurgeon, *Mysticism in English Literature*, Cambridge 2011, S. 154.

364 Gary Klein, *Sources of Power: How People Make Decisions*, Cambridge, MA, 1999, S. 3 [dt.: *Natürliche Entscheidungsprozesse. Über die ›Quellen der Macht‹, die unsere Entscheidungen lenken*, Paderborn 2003.]

365 Martin Seligman und Michael Kahana, »Unpacking Intuition: A Conjecture«, *Perspectives on Psychological Science* 4 (2009), S. 399–402.

366 Malcolm Gladwell, *Blink: The Power of Thinking Without Thinking*, New York 2005, S. 11 [dt.: *Blink! Die Macht des Moments*, München 2007.]

367 Ebenda, S. 8.

368 Gary Klein, *Sources of Power*, S. 32.

369 Ebenda, S. 40.

370 Gary Klein, *Intuition at Work: Why Developing Your Gut Instinct Will Make You Better at What You Do*, New York 2002, S. 35.

371 Killgore, Kahn-Greene, Lipizzi, Newman, Kamimori und Balkin, »Sleep Deprivation Reduces Perceived Emotional Intelligence and Constructive Thinking Skills«.

372 Christopher M. Barnes, John Schaubroeck, Megan Huth und Sonia Ghumman, »Lack of Sleep and Unethical Conduct«, *Organizational Behavior and Human Decision Processes* 115 (2011), S. 169–180.

373 Paramhansa Yogananda, *Autobiography of a Yogi*, Nevada City, CA, 2003, Kindle-Edition, 2348–2350 [dt.: *Autobiographie eines Yogi*. Bern 1995.]

374 Isaacson, *Steve Jobs*, S. 72.

375 Pierre Hadot, *Die innere Burg. Anleitung zu einer Lektüre Mark Aurels*, Frankfurt a.M. 1997.

376 Jean Pierre Camus, *The Spirit of S. Francis de Sales: Bishop and Prince of Geneva*, London 1880, S. 3 [dt.: *Vom Geist der Heiligkeit. Aus den Erinnerungen an den heiligen Franz von Sales*, Mainz 1956].

377 Matt Richtel, »Silicon Valley Says Step Away from the Device«, *The New York Times*, 23. Juli 2012, www.nytimes.com.

378 Mark Williams, »Stress and Mindfulness«, *Mindful*, abgerufen am 1. Dezember 2013, www.mindful.org.

379 Ebenda.

380 Nassim N. Taleb, »Beware the Big Errors of ›Big Data‹«, *Wired*, 8. Februar 2013, www.wired.com. Sein Buch *The Black Swan: The Impact of the Highly Improbable*, New York 2007, ist auch auf Deutsch erschienen: *Der schwarze Schwan. Die Macht höchst unwahrscheinlicher Ereignisse*, München 2008.

381 David Brooks, »What Data Can't Do«, *The New York Times*, 18. Februar 2013, www.nytimes.com.

382 Nancy F. Koehn, »Crisis Leadership: Lessons from Here and Now«, Vortrag auf dem Aspen Ideas Festival, Aspen, 28. Juni 2013, www.aspenideas.org.

383 What is Distracted Driving?«, Distraction.gov, abgerufen am 1. Dezember 2013, www.distraction.gov.

384 Lori Leibovich, »Mom's Digital Diet«, *The Huffington Post*, 24. Oktober 2012, www.huffingtonpost.com.

385 Caroline Knorr, »Study Reveals Just How Much Our Kids Love Digital Devices«, *The Huffington Post*, 30. Oktober 2013, www.huffingtonpost.com; »Zero to Eight: Children's Media Use in America 2013«, Common Sense Media, 28. Oktober 2013, www.commonsensemedia.org.

386 Rebecca Jackson, »How Changes in Media Habits Could Transform Your Child's Mental Health«, *The Huffington Post*, 9. Oktober 2013, www.huffingtonpost.com.

387 »Policy Statement: Children, Adolescents, and the Media«, *Pediatrics: Official Journal of the American Academy of Pediatrics* 132 (2013), S. 959.

388 Louis C.K., *Oh My God: An HBO Comedy Special*, 2013; Phoenix, AZ, HBO.

389 Rachel Macy Stafford, »The Day I Stopped Saying ›Hurry Up‹«, *The Huffington Post*, 6. August 2013, www.huffingtonpost.com.

390 Lijing L. Yan, Kiang Liu, Karen A. Matthews, Martha L. Daviglus, T. Freeman Ferguson, und Catarina I. Kiefe, »Psychosocial Factors and Risk of Hypertension: The Coronary Artery Risk Development in Young Adults (CARDIA) Study«, *The Journal of the American Medical Association* 290 (2003), S. 2138–2148.

391 Kathleen M. Zelman, »Slow Down, You Eat Too Fast«, *WebMD*, abgerufen am 1. Dezember 2013, www.webmd.com.
392 Janis Graham, »8 Reasons to Slooow Down«, *WebMD*, abgerufen am 10. Dezember 2013, www.webmd.com.
393 Teresa M. Amabile, Constance N. Hadley und Steven J. Kramer, »Creativity Under the Gun«, *Harvard Business Review*, August 2002, www.hbr.org.
394 James Gleick, *Faster: The Acceleration of Just About Everything*, New York 1999, www.randomhouse.com, abgerufen am 1. Dezember 2013 [dt.: *Schneller! Eine Zeitreise durch die Turbo-Gesellschaft*, Stuttgart/München 2000.]
395 Perlow, »The Time Famine: Toward a Sociology of Work Time«.
396 Christina Rossetti, *Selected Poems*, hrsg. v. C. H. Sisson, New York 2002, S. 106.
397 Paul Davies, »That Mysterious Flow«, *Scientific American*, September 2002, S. 42.
398 Keith O'Brien, »How to Make Time Expand«, *The Boston Globe*, 9. September 2012, www.bostonglobe.com.
399 Magali Rheault, »In U.S., 3 in 10 Working Adults Are Strapped for Time«, Gallup, 20. Juli 2011, www.gallup.com.
400 »Free Time: Middle America's Top Priority«, *Pew Research Center*, 9. Juli 2008, www.pewresearch.org.
401 Vatsal G. Thakkar, »Diagnosing the Wrong Deficit«, *The New York Times*, 27. April 2013, www.nytimes.com.
402 William Faulkner, *Schall und Wahn*, Stuttgart 1956, S. 79.
403 Carl Honoré, *In Praise of Slowness*, S. 275.
404 Ebenda, S. 3.
405 Ebenda.
406 »Our History«, Slow Food International, abgerufen am 1. Dezember 2013, www.slowfood.com.
407 Carl Honoré, »In Praise of Slow Thinking«, *The Huffington Post*, 23. Oktober 2009, www.huffington post.com.
408 Verteidigungsministerium der Vereinigten Staaten, Henry Martyn Lazelle und Leslie J. Perry, *The War of the Rebellion: A Compilation of the Official Records of the Union and Confederate Armies*, Washington 1899, S. 786; »deadline«, *Online Etymology Dictionary*, www.etymonline.com.
409 Brian Andreas, *Enough Time (Female)*, Kunstdruck.
410 Department of Homeland Security: Science and Technology, »Lessons Learned – Social Media and Hurricane Sandy: Virtual Social Media Working Group«, www.naseo.org.

411 Eric Schmidt und Jared Cohen, *The New Digital Age: Reshaping the Future of People, Nations and Business*, New York 2013, S. 230 [dt.: *Die Vernetzung der Welt. Ein Blick in unsere Zukunft*, Reinbek 2013.]
412 Zachary Sniderman, »Do Celebrities Really Help Online Causes?«, *Mashable*, 29. Juni 2011, www.mashable.com.
413 Tara Parker-Pope, »Showing Gay Teenagers a Happy Future«, *The New York Times*, 22. September 2010, www.well.blogs.nytimes.com.
414 Steve Annear, »Fundraiser Started for Homeless Man Who Turned in $40,000, Passport«, *Boston Magazine*, 16. September 2013, www.bostonmagazine.com.
415 Michael Calderone, »GOP Primary Show: Non-Stop News and Noise in the Age of Twitter«, *The Huffington Post*, 7. Februar 2012, www.huffingtonpost.com.
416 Henry D. Thoreau, *Walden (Or Life in the Woods)*, Radford 2008, S. 34 [dt.: *Walden oder Leben in den Wäldern*, Jena 1922, http://gutenberg.spiegel.de/buch/5865/3.]
417 Omid Ashtari, »The Super Tweets of #SB47«, *Twitter Blog*, 4. Februar 2013, www.blog.twitter.com.
418 »Twitter Recap: Grammys 2012«, *Twitter Blog*, 15. Februar 2012, www.blog.twitter.com.
419 Rachael Horwitz (Senior Manager, Twitter Communications), E-Mail an die Autorin.
420 Fred Graver, »#VMAs 2013«, *Twitter Blog*, 26. August 2013, www.blog.twitter.com.
421 Robert Reich, »The Downward Mobility of the American Middle Class«, *Christian Science Monitor*, 7. Februar 2012, www.csmonitor.com.
422 Yuki Noguchi, »Economists, Unemployed Fret Over Long-Term Jobless Aid Lapse«, NPR, 17. Dezember 2013, www.npr.org.
423 »Report Finds 400 Million Children Living in Extreme Poverty«, Pressemitteilung der Weltbank, 10. Oktober 2013, www.worldbank.org.
424 Viral Mehta, »Lessons in Living on the Edge from Mahatma Gandhi«, *The Huffington Post*, 31. August 2012, www.huffingtonpost.com.
425 Man fällt oft dem »undisziplinierten Streben nach immer mehr« zum Opfer, wie es Greg McKeown, der Verfasser einiger Wirtschaftsbücher, nennt. Er empfiehlt eine regelmäßige Lebensinventur. Greg McKeown, »The Disciplined Pursuit of Less«, *Harvard Business Review*, 8. August 2012, www.blogs.hbr.org.
426 Stephen Colbert, Gespräch mit der Autorin, *Colbert Report*, Comedy Central, 25. September 2006, www.colbertnation.com.
427 Dale Ahlquist, *G. K. Chesterton: The Apostle of Common Sense*, San Francisco, CA, 2003, S. 30.
428 Julian of Norwich, *Revelations of Divine Love*, hrsg. v. Roger Hudleston, Mineola, NY 2006, S. XXII [dt. Elisabeth Strakosch, *Lady Julian of Nor-*

wich, *Offenbarungen von göttlicher Liebe. In der ursprünglichen Fassung zum ersten Mal übersetzt*, Einsiedeln 1988.]

429 Wie zitiert von Albert Camus, *Der Mythos von Sisyphos*, übers. v. Vincent Wroblensky, Hamburg 2011, S. 144.

430 »Loving Each Day: Reflections on the Spirit Within«, Movement of Spiritual Inner Awareness, 21. November 2012, www.msia.org.

431 John-Roger, *Timeless Wisdom*, Los Angeles 2008, S. 155.

432 »My Motherboard, My Self«, *Sex and the City*, HBO, 15. Juli 2001.

433 Karen Horneffer-Ginter, »Full Cup, Thirsty Spirit: Why We Stink at Taking Breaks«, *The Huffington Post*, 2. April 2012, www.huffingtonpost.com.

434 Alfred North Whitehead, *An Introduction to Mathematics*, Whitefish, MT, 2010, S. 61.

435 John A. Bargh und Tanya L. Chartrand, »The Unbearable Automaticity of Being«, *Social Cognition: Key Readings*, hrsg. v. David Hamilton, New York 2005, S. 228–249.

436 C. C. Wills, *A Cherokee Wish*, Victoria, BC, 2013, Kindle-Edition, 33–43.

437 Aristoteles, *The Nicomachean Ethics*, ins Engl. übers. v. David Ross, Oxford 2009, Kindle-Edition, 3375f. [dt.: *Nikomachische Ethik*, übers. v. Franz Dirlmeier, Stuttgart 2003.]

438 Ovid, *Ars amatoria* II, 345. Dt.: *Ars amatoria. Liebeskunst*, übers. v. Michael von Albrecht, Stuttgart 1992.

439 Benjamin Franklin, *Poor Richard's Almanack*, Waterloo, IA, 1914, S. 54.

440 Charles Duhigg, »The Habit Loop«, *The Power of Habit: Why We Do What We Do in Life and Business*, New York 2012, S. 3–10 [dt.: *Die Macht der Gewohnheit: Warum wir tun, was wir tun*, München/Zürich 2014.]

441 Mark Nepo, *The Book of Awakening: Having the Life You Want by Being Present to the Life You Have*, San Francisco 2011, Kindle-Edition, 3329f. [dt.: *Ankommen im Jetzt! Inspirationen und Meditationen für jeden Tag im Jahr*, Burgrain 2011.]

442 Duhigg, *The Power of Habit*, S. 100f.

443 Ebenda, S. 137.

444 Judson Brewer, »Self-Control Is a Non-Renewable Resource«, *The Huffington Post*, 15. April 2013, www.huffingtonpost.com.

445 Bev Betkowski, »Risks Hold Little Weight When It Comes to Bad Behaviour«, *Folio*, 1. Dezember 2006, www.folio.ualberta.ca.

446 Charles Duhigg, *The Power of Habit*, S. 124f.

447 Ebenda, S. 68.

448 National Highway Traffic Safety Administration, »America's Experience with Seat Belt and Child Seat Use«, *Presidential Initiative for Increasing Seat Belt Use Nationwide* (1997), www.nhtsa.gov.

449 National Highway Traffic Safety Administration, »Seatbelt Use in 2012 – Use Rates in the States and Territories«, *Traffic Safety Facts*, Juli 2013, www.nrd.nhtsa.dot.gov.

450 Bas Verplanken und Wendy Wood, »Interventions to Break and Create Consumer Habits«, *Journal of Public Policy & Marketing* 25 (2006), S. 90–103.

451 Dirk Baltzly, »Stoicism«, *The Stanford Encyclopedia of Philosophy*, hrsg. v. Edward N. Zalta (2013), www.plato.stanford.edu.

452 Rob Goodman und Jimmy Soni, »Five Reasons Why Stoicism Matters Today«, *The Huffington Post*, 29. September 2012, www.huffingtonpost.com.

453 Wes D. Gehring, *Groucho and W. C. Fields: Huckster Comedians*, Jackson, Miss., 1994, S. 49.

454 Mark Aurel, *Selbstbetrachtungen*, ins Engl. übers. v. Gregory Hays, New York 2012, Kindle-Edition, 926–929.

455 Epiktet, *Unterredungen*, 1,1,28ff. [dt.: *Handbüchlein der Moral und Unterredungen*, Stuttgart 1984.]

456 Walt Kelly, *Pogo: We Have Met the Enemy and He Is Us*, New York 1972.

457 Jan Nicolaas Sevenster, *Paul and Seneca*, Leiden 1961, S. 117.

458 Andy Warhol, *The Philosophy of Andy Warhol (From A to B and Back Again)*, San Diego 1977, S. 112 [dt.: *Die Philosophie des Andy Warhol von A bis B und zurück*, München 1991.]

459 Viktor Frankl, *Der Mensch vor der Frage nach dem Sinn*, München/Zürich 1979, S. 171.

460 Ebenda, S. 175.

461 Hiob 1,21, Text nach der Elberfelder Bibel.

462 »Oprah and Sandy Hook Parents Francine and David Wheeler: Ben's Light«, *Super Soul Sunday*, Oprah Winfrey Network, 24. November 2013, www.oprah.com.

463 Arwa Damon und Faith Karimi, »Nelson Mandela Death: World Mourns South Africa's First Black President«, *CNN*, 6. Dezember 2013, www.cnn.com.

464 Salvatore R. Maddi und Deborah M. Khoshaba, *Resilience at Work: How to Succeed No Matter What Life Throws at You*, New York 2005, S. 17.

465 Ebenda, S. 50–65.

466 Laurence Gonzales, *Deep Survival: Who Lives, Who Dies, and Why: True Stories of Miraculous Endurance and Sudden Death*, New York 2004), Kindle-Edition, 24.

467 Ebenda, 289.

468 Ebenda, 240f.

469 Ebenda, 289.

470 Reinhold Niebuhr, *Reinhold Niebuhr: Theologian of Public Life*, hrsg. v. Larry Rasmussen, Minneapolis 1991, S. 15.

Staunen

471 Augustinus, Confessiones 10,15. Zitat nach: *Suche nach dem wahren Leben. Confessiones X/Bekenntnisse 10*, Hamburg 2006, S. 23.

472 Albert Huffstickler, »Within and Without: Revelation«, *Beneath Cherry Blossoms – The Lilliput Review Blog*, geschrieben am 31. August 2007, www.donw714.tripod.com/lilliputreviewblog.

473 Aristoteles, *Metaphysik I,2,982b*. Dt.: Aristoteles, *Metaphysik*, übers. v. Thomas A. Szlezák, Berlin 2003.

474 Arthur Koestler, *The Act of Creation*, London 1964, S. 260 [*Der göttliche Funke. Der schöpferische Akt in Kunst und Wissenschaft*, Bern/München/Wien 1966.]

475 Richard M. Bucke, *Walt Whitman*, Glasgow 1884, S. 60.

476 Wu Men, *The Enlightened Heart: An Anthology of Sacred Poetry*, hrsg. v. Stephen Mitchell, New York 1993, S. 37.

477 Johann Wolfgang von Goethe, »Zum Shakespears Tag« (1771), http://www.uni-jena.de/unijenamedia/-p-13852.pdf.

478 Jesse Prinz, »How Wonder Works«, *Aeon Magazine*, 21. Juni 2013, www.aeon.co.

479 Koestler, *The Act of Creation*, S. 260.

480 Arthur Koestler, *The Roots of Coincidence*, New York 1972, S. 140 [dt.: *Die Wurzeln des Zufalls*, Bern/München/Wien 1972.]

481 »Astronaut Quotes«, The Overview Institute, abgerufen am 1. Dezember 2013, www.overviewinstitute.org.

482 Thomas Merton, *The Wisdom of the Desert*, New York 1970, S. 11 [*Die Weisheit der Wüste*, Frankfurt a.M. 1999.]

483 Ashlee Vance, »Elon Musk, the 21st Century Industrialist«, *Bloomberg Businessweek*, 13. September 2012, www.businessweek.com.

484 Kurt Vonnegut, *The Sirens of Titan*, New York 2010, Kindle-Edition, 320 [dt.: *Die Sirenen des Titan*, München/Zürich 1979.]

485 George E. Vaillant, *Triumphs of Experience: The Men of the Harvard Grant Study*, Cambridge, MA, 2012, Kindle-Edition, 805–808.

486 Ted Hughes, *Letters of Ted Hughes*, hrsg. v. Christopher Reid, London 2007, S. 514.

487 Alain de Botton, »Art for Life's Sake«, *The Wall Street Journal*, 3. November 2013, www.online.wsj.com.

488 Maxwell L. Anderson, »Metrics of Success in Art Museums«, The Getty Leadership Institute, 2004, www.cgu.edu.

489 Susan Sontag, *Styles of Radical Will*, New York 2002, S. 3 [dt.: *Gesten radikalen Willens*, Essays, Frankfurt a.M. 2011.]

490 Der *New York Times*-Kritiker Edward Rothstein sagte, »Das Kunstwerk, Dokument oder Fossil ist ein touristischer Anlaufpunkt; das Foto ist unser Souvenir. Und das Schauen – für das die Museen einst geschaffen

wurden – wird zur Erinnerung, bevor es auch nur begonnen hat.« Edward Rothstein, »From Picassos to Sarcophagi, Guided by Phone Apps«, *The New York Times*, 1. Oktober 2010, www.nytimes.com.

491 Sherry Turkle, »The Documented Life«, *The New York* Times, 15. Dezember 2013, www.nytimes.com.
492 Nicholas G. Carr, *The Shallows: What the Internet Is Doing to Our Brains*, New York 2010, S. 168 [dt.: *Wer bin ich, wenn ich online bin…und was macht mein Gehirn so lange? Wie das Internet unser Denken verändert*, München 2010.]1
493 *Unframed*, abgerufen am 1. Dezember 2013, www.lacma.wordpress.com.
494 »Reading Room«, LACMA, abgerufen am 1. Dezember 2013, www.lacma.org.
495 David Scott, »Museums, MOOCs and MoMA: The Future of Digital Education Realised?«, *The Age*, 9. Dezember 2013, www.theage.com.au.
496 ArtBabble, abgerufen am 1. Dezember 2013, www.artbabble.org.
497 The Walker Channel, abgerufen am 1. Dezember 2013, www.walkerart.org.
498 »Apps«, Tate, abgerufen am 1. Dezember 2013, www.tate.org.uk.
499 T. F. Foss, »Mash Up a Masterpiece, Courtesy of Amsterdam's Rijksmuseum«, The Richard and Veryl Ivey Visual Resources Library, 6. Dezember 2013, www.iveyvrl.wordpress.com.
500 Platon: Sämtliche Werke. Band 1, Berlin [1940], S. 37.
501 Kabir, *Kabir: Ecstatic Poems*, ins Engl. übers. v. Robert Bly, Boston 2011, Kindle-Edition, 530ff.
502 Alan Watts, *This Is It: And Other Essays on Zen and Spiritual Experience*, New York 1973, S. 32 [dt.: *Dies ist es. Über Zen und spirituelle Erfahrung*, Reinbek 1985].
503 Paul McCartney, »Let It Be«, *Let It Be* (LP), Capitol Records, 8. Mai 1970.
504 Hana Volavková (Hg.), *I Never Saw Another Butterfly: Children's Drawings and Poems from Terezín Concentration Camp, 1942–1944*, New York 1994.
505 Booker, *The Seven Basic Plots of Literature*, S. 240ff.
506 Ebenda.
507 Hermann Hesse, *Mein Glaube*, Frankfurt a.M. 1971, S. 18.
508 Paulo Coelho, *Die Schriften von Accra*, Zürich 2013, S.129.
509 Pater Amfilochios, Gespräch mit der Autorin, 1996.
510 Randi Zuckerberg, *Dot Complicated: Untangling Our Wired Lives*, New York 2013, S. 105.
511 Earl Mac Rauch, *The Adventures of Buckaroo Banzai*, New York 2001, S. 69.
512 Julie Beck, »How to Build a Happier Brain: A Neuropsychological Approach to Happiness, by Meeting Core Needs (Safety, Satisfaction, and Connection) and Training Neurons to Overcome a Negativity Bias«,

The Atlantic, 23. Oktober 2013, www.theatlantic.com; Rick Hanson, *Hardwiring Happiness*, London 2013.

513 Martin Plimmer und Brian King, *Beyond Coincidence: Stories of Amazing Coincidence and the Mystery Behind Them*, New York 2013, Kindle-Edition, 903f. [dt.: *Unglaublich, aber wahr. 290 kurze Geschichten vom Zufall*, Bergisch Gladbach 2008.]
514 Ebenda, 133f.
515 Ebenda, 781f.
516 Ebenda, 213ff.
517 Sarah Koenig, »No Coincidence, No Story!«, *This American Life*, Chicago Public Media, 1. März 2013, www.thisamericanlife.org.
518 Ebenda.
519 Ebenda.
520 Ebenda.
521 Ebenda.
522 Agapi Stassinopoulos, *Unbinding the Heart: A Dose of Greek Wisdom, Generosity, and Unconditional Love*, Carlsbad, CA, 2012, Kindle-Edition, 185–193.
523 Margaret P. Battin, »July 4, 1826: Explaining the Same-day Deaths of John Adams and Thomas Jefferson«, *Historically Speaking: The Bulletin of the Historical Society* 6 (2005), www.bu.edu.
524 Plimmer und King, *Beyond Coincidence*, 82ff.
525 Ruma Falk, »Judgment of Coincidences: Mine versus Yours«, *The American Journal of Psychology* 102 (1989), S. 477–493.
526 Plimmer und King, *Beyond Coincidence*, 136–141.
527 Koenig, »No Coincidence, No Story!«
528 C. G. Jung, »Synchronizität als ein Prinzip akausaler Zusammenhänge« in: *Naturerklärung und Psyche*, Zürich 1952, S. 27, S.106.
529 Plimmer und King, *Beyond Coincidence*, 223–226.
530 Pradeep Mutalik, »Numberplay: Rare Coincidences Are Very Common!«, *The New York Times*, 19. Juli 2010, www.wordplay.blogs.nytimes.com.
531 »World Death Rate Holding Steady at 100 Percent«, *The Onion*, 22. Januar 1997, www.theonion.com.
532 Larry Witham, *Picasso and the Chess Player: Pablo Picasso, Marcel Duchamp, and the Battle for the Soul of Modern Art*, Lebanon, NH, 2013, S. 256.
533 Paul Johnson, *Creators: From Chaucer and Drer to Picasso and Disney*, New York 2006, S. 257.
534 Platon, *Phaidon*, 64,a-d, zitiert nach: *Plato: Complete Works*, hrsg. v. John M. Cooper und D. S. Hutchinson, Indianapolis 1997, S. 55–59 [dt.: Platon, *Phaidon*, griechisch-deutsch, übers. v. Barbara Zehnpfennig, Hamburg 1991.]
535 Anthony W. Marx, »Address by President Anthony W. Marx«, Amherst College Commencement, 27. Mai 2007, www.amherst.edu.

536 Elisabeth Kübler-Ross, *Death: The Final Stage*, New York 2009, Kindle-Edition, 293f. [dt.: *Reif werden zum Tode*, Stuttgart 1976.]

537 »Jewish Funeral Traditions & Customs«, Brighton Memorial Chapel, abgerufen am 1. Dezember 2013, www.brightonmemorialchapel.com.

538 Joan Halifax, *Being with Dying: Cultivating Compassion and Fearlessness in the Presence of Death*, Boston 2008, Kindle-Edition, 1111ff., 2980–2983 [dt.: *Im Sterben dem Leben begegnen. Mut und Mitgefühl im Angesicht des Todes*, Bielefeld 2011.]

539 Ira Byock, *Sterben. Wachsen im Umgang mit dem Tod*, München 1997, S. 129.

540 Halifax, *Being with Dying*, 197ff., 345f.

541 Ebenda, 665–668.

542 Ebenda, 1777–1780.

543 Ebenda, 355f., 2845f.

544 Elisabeth Kübler-Ross, *Death*, 268–281, 2349f.

545 Ebenda, 267f.

546 Stan Goldberg, »The Hard Work of Dying«, Stan Goldberg, *Aging, Caregiving, Dying, and Recovering Joy*, 2009, stangoldbergwriter.com.

547 Mike Fleeman, »Inside *Spartacus* Star Andy Whitfield's Brave Final Fight Against Cancer«, *People*, 26. Juni 2012, www.people.com.

548 Tony Judt, Interview mit Terry Gross, »A Historian's Long View on Living with Lou Gehrig's«, *This American Life*, Chicago Public Media, 29. März 2010, www.thisamericanlife.org.

549 Jaweed Kaleem, »Death Over Dinner Convenes as Hundreds of Americans Coordinate End of Life Discussions Across U.S.«, *The Huffington Post*, 8. August 2013, www.huffingtonpost.com.

550 Paula Span, »Death Be Not Decaffeinated: Over Cup, Groups Face Taboo«, *The New York Times*, 6. Juni 2013, www.newoldage.blogs.nytimes.com.

551 Jaweed Kaleem, »Death Over Dinner, The Conversation Project Aim to Spark Discussions about the End of Life«, *The Huffington Post*, 23. Dezember 2013, www.huffingtonpost.com.

552 Ellen Goodman, E-Mail an die Autorin, 27. Dezember 2013.

553 Ellen Goodman, »The Most Important Conversation You'll Ever Have«, *O, The Oprah Magazine*, 17. September 2012, www.oprah.com.

554 Jaweed Kaleem, »Deathbed Singers, Threshold Choirs, Grow to Comfort Sick and Dying«, *The Huffington Post*, 2. Mai 2013, www.huffingtonpost.com.

555 Jaweed Kaleem, »My Gift of Grace Card Game about Death Aims to Spark Conversations«, *The Huffington Post*, 29. Juli 2013, www.huffingtonpost.com.

556 Jaweed Kaleem, »Scott Simon's Tweets about Dying Mother Spur Conversation on Public Grief, Death on Social Media«, *The Huffington Post*, 9. August 2013, www.huffingtonpost.com.

557 Ebenda.
558 Todd Kashdan, »Confronting Death with an Open, Mindful Attitude«, *The Huffington Post*, 2. März 2011, www.huffingtonpost.com.
559 Ebenda.
560 Ebenda.
561 Prachi Gupta, »Laurie Anderson on Lou Reed's Death: ›We Had Prepared for This‹«, *Salon*, November 6, 2013, www.salon.com.
562 Laurie Anderson, »Laurie Anderson's Farewell to Lou Reed: A Rolling Stone Exclusive«, *Rolling Stone*, 6. November 2013, www.rollingstone.com.
563 Halifax, *Being with Dying*, 1080f.

Großzügigkeit

564 David J. Skorton, »144th Cornell University Commencement Address«, Cornell University, 27. Mai 2012, www.cornell.edu.
565 Carmen DeNavas-Walt, Bernadette Proctor und Jessica Smith, »Income, Poverty, and Health Insurance Coverage in the United States: 2012«, *Current Population Reports*, September 2013, www.census.gov.
566 Michelle Chau, Kalyani Thampi und Venessa R. Wight, »Basic Facts about Low-Income Children, 2009«, National Center for Children in Poverty, Oktober 2010, www.nccp.org.
567 Sophia Addy, William Engelhardt und Curtis Skinner, »Basic Facts about Low-Income Children«, National Center for Children in Poverty, Januar 2013, www.nccp.org.
568 Helen Y. Weng, Andrew S. Fox, Alexander J. Shackman, Diane E. Stodola, Jessica Z. K. Caldwell, Matthew C. Olson, Gregory M. Rogers und Richard J. Davidson, »Compassion Training Alters Altruism and Neural Responses to Suffering«, *Psychological Science* 24 (2013), S. 1171–1180.
569 Paul Condon, Gaëlle Desbordes, Willa B. Miller und David DeSteno, »Meditation Increases Compassionate Response to Suffering«, *Psychological Science* Short Report (2013), S. 1ff.
570 Sara Yin, »Laid-Off Lawyer Finds New Purpose in Pro Bono Foreclosure Work«, *The Huffington Post*, 22. September 2010, www.huffingtonpost.com.
571 Pablo Neruda und Cesar Vallejo, *Neruda and Vallejo: Selected Poems*, ins Engl. übers. v. Robert Bly, Boston 1993, S. 12f.
572 Jacqueline Novogratz, »How One Blue Sweater Started a Book Club and Changed Lives«, *The Huffington Post*, 16. Februar 2010, www.huffingtonpost.com.
573 »Children Dying Daily Because of Unsafe Water Supplies and Poor Sanitation and Hygiene, UNICEF Says«, Pressemitteilung von UNICEF, 22. März 2013, www.unicef.org.

574 »Hunger Statistics«, World Food Programme, abgerufen am 1. Januar 2014, www.wfp.org.
575 »Seven Key Reasons Why Immunization Must Remain a Priority in the WHO European Region«, zur Europäischen Impfwoche, abgerufen am 1. Dezember 2013, www.euro.who.int.
576 Matthäus 7,24–27, zitiert nach der Elberfelder Bibel.
577 Diana Nyad, Interview mit Oprah Winfrey, *Super Soul Sunday*, Oprah Winfrey Network, 13. Oktober 2013, www.oprah.com.
578 John Burroughs, »The Divine Soil«, *The Atlantic*, April 1908, www.theatlantic.com.
579 Anthony de Mello, *One Minute Wisdom*, New York 1986, S. 153 [dt.: *Eine Minute Weisheit*, Freiburg/Basel/Wien 1986.]
580 »David Foster Wallace, In His Own Words«, *The Economist: Intelligent Life*, 19. September 2008, www.moreintelligentlife.com.
581 Lukas 12,48, zitiert nach der Elberfelder Bibel.
582 *The Bhagavad Gita*, Tomales, CA, 2007, Kindle-Edition, 105.
583 David J. Wolpe, *Why Faith Matters*, New York 2008, Kindle-Edition, 1132–1144.
584 Caroline Hsu, »Entrepreneur for Social Change«, *U.S. News and World Report*, 31. Oktober 2005, www.usnews.com.
585 Sally Osberg, »Social Entrepreneurship: Why It Matters«, *The Huffington Post*, 28. März 2012, www.huffingtonpost.com.
586 Seth Godin, »Quid Pro Quo (You Can't Play Ping Pong by Yourself)«, *Seth's Blog*, www.sethgodin.typepad.com.
587 Lucius Annaeus Seneca, *Seneca über das rechte Leben*, übers. v. Gernhard Krüger, Heidelberg 2001, S. 29.
588 Dave Itzkoff, »A Traitor to His Class? Such Good Fun«, *The New York Times*, 4. November 2013, www.nytimes.com.
589 »Einstein Is Terse in Rule for Success«, *The New York Times*, 20. Juni 1932, www.query.nytimes.com.
590 Navneet Magon und Sanjay Kalra, »The Orgasmic History of Oxytocin«, *Indian Journal of Endocrinology and Metabolism* 15 (2011), S. 156–161.
591 M. J. Stephey, »Can Oxytocin Ease Shyness?«, *Time*, 21. Juli 2008, www.content.time.com.
592 Wynne Parry, »Naughty or Nice? A Brain Chemical May Tell«, *Live Science*, 17. Dezember 2012, www.livescience.com.
593 Magon und Kalra, »The Orgasmic History of Oxytocin«, S. 156–161.
594 Richard Davidson, E-Mail an die Autorin, 1. Januar 2014.
595 Daniel Goleman, »Hot to Help: When Can Empathy Move Us to Action?«, *Greater Good*, 1. März 2008, www.greatergood.berkeley.edu. Sein Buch *Emotional Intelligence*, London 1996, ist auch auf Deutsch erschienen: *EQ. Emotionale Intelligenz*, München/Wien 1996.

596 Matthew D. Lieberman, *Social: Why Our Brains Are Wired to Connect*, New York 2013, Kindle-Edition, 3489–3493.
597 Lara B. Aknin, Christopher P. Barrington-Leigh, Elizabeth W. Dunn, John F. Helliwell, Robert Biswas-Diener, Imelda Kemeza, Paul Nyende, Claire Ashton-James und Michael I. Norton, »Prosocial Spending and Well-Being: Cross-Cultural Evidence for a Psychological Universal«, Arbeitspapier der Harvard Business School, 2010, www.hbs.edu.
598 Mark Wheeler, »Be Happy: Your Genes May Thank You for It«, Pressemitteilung des UCLA Cousins Center for Psychoneuroimmunology, 29. Juli 2013, Website des UCLA Newsroom, www.newsroom.ucla.edu.
599 Apokryphes Thomasevangelium, zitiert nach www.volker-doormann.org/tom01.htm.
600 Caroline E. Jenkinson, Andy P. Dickens, Kerry Jones, Jo Thompson-Coon, Rod S. Taylor, Morwenna Rogers, Clare L. Bambra, Iain Lang und Suzanne H Richards, »Is Volunteering a Public Health Intervention? A Systematic Review and Meta-Analysis of the Health and Survival of Volunteers«, *BMC Public Health* 13 (2013).
601 Alex H. Harris und Carl E. Thoresen, »Volunteering is Associated with Delayed Mortality in Older People: Analysis of the Longitudinal Study of Aging«, *Journal of Health Psychology* 10 (2005), S. 739–752.
602 John Wilson und Marc Musick, »The Effects of Volunteering on the Volunteer«, *Law and Contemporary Problems* 62 (1999), S. 141–168.
603 Camille Noe Pagan, »How Volunteering Boosts Your Brain«, *Prevention*, November 2011, www.prevention.com.
604 »Doing Good Is Good for You: 2013 Health and Volunteering Study«, UnitedHealth Group, abgerufen am 1. Dezember 2013, www.unitedhealthgroup.com.
605 »Virtue Rewarded: Helping Others at Work Makes People Happier«, Pressemitteilung der University of Wisconsin-Madison, 29. Juli 2013, auf der Nachrichten-Website der University of Wisconsin-Madison, www.news.wisc.edu.
606 Sara Konrath, »How Volunteering Can Lessen Depression and Extend Your Life«, *Everyday Health*, 22. August 2013, www.everydayhealth.com.
607 Adam Grant, *Give and Take: A Revolutionary Approach to Success*, New York 2013, S. 7 [dt.: *Geben und Nehmen. Erfolgreich sein zum Vorteil aller*, München 2013.]
608 Ebenda, S. 252.
609 Ebenda, S. 31.
610 Joe Nocera, »We Can All Become Job Creators«, *The New York Times*, 17. Oktober 2011, www.nytimes.com.
611 »Create Jobs for USA Fund: Overview«, Opportunity Finance Network, abgerufen am 1. Dezember 2013, www.ofn.org.
612 Ebenda.

613 Lee Brodie, »Invest in America«, *Mad Money with Jim Cramer*, CNBC, 27. Juli 2013, www.cnbc.com.
614 Howard Schultz, »Message from Howard to Partners: Come Together«, Starbucks Newsroom, 8. Oktober 2013, www.news.starbucks.com.
615 »Study: Students more stressed now than during Depression?«, Associated Press, 12. Januar 2010, www.usatoday30.usatoday.com.
616 Mary Gordon (Gründerin von Roots of Empathy), Gespräch mit der Autorin, 30. August 2013.
617 »Mary Gordon«, *Ashoka: Innovators for the Public*, abgerufen am 1. Dezember 2013, www.ashoka.org.
618 Maia Szalavitz und Bruce D. Perry, »Born for Love: Welcome«, *Psychology Today*, 11. Februar 2010, www.psychologytoday.com.
619 Bill Drayton (CEO von Ashoka), Gespräch mit der Autorin, 30. August 2013.
620 Laura Arrillaga-Andreessen, *Giving 2.0: Transform Your Giving and Our World*, San Francisco 2012, Kindle-Edition, 879ff.
621 Dennis Whittle, »Online Giving Challenge with $500,000 in Prizes«, *Pulling for the Underdog: A Blog from Dennis Whittle*, 13. Dezember 2007, www.denniswhittle.com.
622 Henry Timms (Gründer von Giving Tuesday), E-Mail an die Autorin, 4. Dezember 2013.
623 »Global Giving«, Giving Tuesday, abgerufen am 1. Januar 2014, www.community.givingtuesday.org.
624 The Carnegie Hall Orchestra, »Improv Everywhere's ›Conduct Us‹ Lets Random People Lead the Orchestra«, *The Huffington Post*, 25. September 2013, www.huffingtonpost.com.
625 Joe Van Brussel, »Monica Yunus, Camille Zamora of Sing for Hope Share Why They Placed Pianos throughout New York City (VIDEO)«, *The Huffington Post*, 6. Juli 2013, www.huffingtonpost.com.
626 Robert Egger in: *Everyday Heroes: 50 Americans Changing the World One Nonprofit at a Time*, hrsg. v. Katrina Fried, New York 2012, S. 61.
627 David Kelley und Tom Kelley, *Creative Confidence: Unleashing the Creative Potential within Us All*, New York 2013, S. 2f. [dt.: *Kreativität & Selbstvertrauen. Der Schlüssel zu Ihrem Kreativitätsbewusstsein*, Mainz 2013.]
628 Ebenda, S. 55.
629 Henry Miller, *Henry Miller on Writing*, New York 1964, S. 25.
630 Stassinopoulos, *Unbinding the Heart*, S. 45ff.
631 Der Satz wird gemeinhin zwar Ralph Waldo Emerson zugeschrieben, doch eigentlich ist der Verfasser unbekannt: »Success«, The Ralph Waldo Emerson Society, abgerufen am 1. Dezember 2013, www.emerson.tamu.edu.
632 Katherine Fung, »NPR's Scott Simon Live Tweeting His Mother's Final Days«, *The Huffington Post*, 29. Juli 2013, www.huffingtonpost.com.

633 Ron Fournier, »The Outsiders: How Can Millennials Change Washington if They Hate It?«, *The Atlantic*, 26. August 2013, www.theatlantic.com.
634 »America's Civic Health Index«, The National Conference on Citizenship, Executive Summary, 27. August 2009, www.ncoc.net.
635 Fournier, »The Outsiders«, S. 251.
636 »Franklin Project: About Us«, The Aspen Institute, abgerufen am 16. Dezember 2013, www.aspeninstitute.org.
637 »Our History«, Points of Light Foundation, abgerufen am 1. Dezember 2013, www.pointsoflight.org.
638 »Secretary General's MDG Advocacy Group«, UN News Center, abgerufen am 31. Dezember 2013, www.un.org.
639 Amanda Terkel, »National Service Ignored in 2012 Candidates' Discussion of Jobs Crisis«, *The Huffington Post*, 30. Mai 2012, www.huffingtonpost.com.
640 »Choosing to Rescue«, *Facing History and Ourselves*, abgerufen am 1. Dezember 2013, www.facinghistory.org.
641 Henry Delaney, Gespräch mit der Autorin, 1993.

Schlusswort

642 »David Foster Wallace, *Das hier ist Wasser*, Köln 2009, S. 30.

Anhang A

643 Carolyn Gregoire, »In a World of Constant Digital Distractions, These Tools Can Help You Stay Focused and Be More Present«, *The Huffington Post*, 20. Dezember 2013, www.huffingtonpost.com.
644 Belinda Luscombe, »Why We Talk about Ourselves: The Brain Likes It«, *Time*, 8. Mai 2012, www.healthland.time.com.
645 Steve Lohr, »Smartphone Rises Fast from Gadget to Necessity«, *The New York Times*, 9. Juni 2009, www.nytimes.com.
646 Diana Yates, »Brief Diversions Vastly Improve Focus, Researchers Find«, University of Illinois News Bureau, 8. Februar 2011, www.news.illinois.edu.
647 »About This Project«, Higby, abgerufen am 30. Dezember 2013, wolffolins.com/higby.

Anhang B

648 Carolyn Gregoire, »These Digital Meditation Tools Can Be Your Gateway to a Calmer, More Effective Life«, *The Huffington Post*, 30. Dezember 2013.

649 Mark Williams, John Teasdale, Zindel Segal und Jon Kabat-Zinn, *The Mindful Way Through Depression: Freeing Yourself From Chronic Unhappiness*, New York 2007, S. 46 [dt.: *Der achtsame Weg durch die Depression*, Freiamt im Schwarzwald 2010.]

650 Stephen Fortune, »Rohan Gunatillake«, Protein, abgerufen am 20. Dezember 2013, www.prote.in.

651 »What People Think of Buddhify«, Buddhify, abgerufen am 1. Dezember 2013, buddhify.com.

652 »Meditation and Spiritual Exercises«, Movement of Spiritual Inner Awareness, abgerufen am 30. Dezember 2013, www.msiaonlineclasses.com.

653 »Oprah Winfrey and Deepak Chopra Launch 21-Day Meditation Experience on Desire and Destiny«, Pressemitteilung des Oprah Winfrey Network.

654 Eckhart Tolle, *The Power of Now: A Guide to Spiritual Enlightenment*, Novato, CA, 2004 [dt.: *Jetzt! Die Kraft der Gegenwart. Ein Leitfaden zum spirituellen Erwachen*, Bielefeld 2000.]

Register

Abhängigkeit, Weisheit und 143
Achtsamkeit 47, 48, 50, 54, 56, 58, 60, 74, 99, 140, 144
– Kreativität und 64
– Meditation und 58
– Sterblichkeit und 216, 217
– Stressabbau und 76
ADHS 151, 152
Akupunktur 66
Akzeptanz, stoische 173
Alter 193
Altruismus 242
Alzheimer'sche Krankheit 84, 241
Ängste 129
Angststörungen 145
Antidepressiva 39, 116
Arbeitsbelastung 17
Arbeitsleistung, Schlaflosigkeit und 84
Arbeitsleistung, Wohlbefinden und 64
Arbeitsproduktivität 80
Arbeitssucht, Tod und 217
Arbeitswelt, Frauen und 25
Arbeitszeiten, flexible 116
Archetypen, Bewusstsein und 189
Atemübungen 52
Atmen, bewusstes 161
Aufmerksamkeit 157, 158
Ausgewogenheit 122, 152
AWB (Allgemeines Wohlbefinden) 114

Bauchgefühl 135, 137
Bewegung, körperliche 103
Bewusstsein, Archetypen und 189
Big Data 144
Bildschirmsucht 146
BIP (Bruttoinlandsprodukt) 114
Blockzeit (block time) 150
Buddhismus 59
– Tod im 208
Burnout 13, 17, 21, 37-39
– Kosten (Deutschland) 39
– Unternehmenskultur und 43

Christentum, Tod im 208
Cortisol 22, 238

Dankbarkeit 131, 134
– Glück und 134
– Zehnfingerübung 131
Dankbarkeitsübungen 131
Dauererreichbarkeit 69, 85
Deadline 154
Delta-Schlaf 152
Depressionen 38, 145
– Meditation und 54
Dialektik 136
Dopamin 148
Dritte Größe 12, 15, 23
– drei Säulen der 47
– Lebensstil und 25
– Wohlfühlmethoden der 68

Ehrfurcht 179
Eile 148, 149
Einkommen, Lebenszufriedenheit und 84
Einsamkeit, Schlafmangel und 84
Einschlafhilfen 88, 89
E-Mail-Apnoe 71
E-Mail-Management 74
E-Mails 70, 71, 73, 74, 94
– Produktivität und 73
E-Mail-Urlaub 73
Emotionen 129
Empathie 18, 238, 244, 245
– emotionale 238
– mitfühlende 239
– Nutzen der 243
Empathievermögen, Machtbefugnisse und 75
Entschleunigung 147, 150
Erfolg 9-11, 19, 21, 79, 82, 95, 122, 151, 155, 166, 234
– Spitzensport und 96
– Wohlbefinden und 14
Erfolgskonzepte, männliche 34
Erfüllung, spirituelle 237
Erleuchtung, kollektive 181
Erleuchtung, persönliche 181
Erreichbarkeit, ständige 23

Facebook 157
Familie, Gesundheit und 78
Familie, Karriere und 79
Fehlgeburt 132
Feiertage 192, 194
Frau, arbeitende 37
Frau, Arbeitswelt und 35
Frau, stressintensive Berufe und 12
Frau, instinktive Stärken der 121
Frau, Schlafmangel und 86
Frau, Unternehmenskultur und 33
Frauenrevolution, dritte 32
Freude 53
Führung, achtsame 44
Führungskräfte, Weitsicht von 75

Galerien 182
Geben 236
Gebet 133, 192
– zentrierendes 58
Gehen 100-108
Gehirn 68, 108, 164, 195
– Meditation und 52
– Schlafrhythmus und 83
Geist, Körper und 51
Gelassenheit 53
Gelassenheitsgebet 173
Geld, Zufriedenheit und 84
Geld, Macht und 11, 20, 122, 205, 206
Gemeinschaftsgeist 231
Generation Stress 79
Generation Y 250
Geplante Abwesenheit 72
Geschichtenerzählen 189, 190
Gesundheit 51
– Familie und 78
– Großzügigkeit und 240
Gesundheitsvorsorge 44
– Krankheitskosten und 44, 116
Gewohnheiten 26, 63, 161-164, 166
– narzisstische 258
– Rätsel der 163
– Weisheit und 164
Gewohnheitsbrecher 48
Gewohnheitsschleife 164
Gier 227
Glauben, Kraft des 192
Gleichgültigkeit, Stoa und 169
Gleichzeitigkeit siehe Synchronizität
Glück 53, 54, 113, 151, 239, 240
– Dankbarkeit und 134
– Großzügigkeit und 240
– Streben nach 251
Glücksindex 116
Glücksindustrie 115
Gnade 132, 133
Gott 192
Großzügigkeit 225, 234, 235, 255, 258
– Gesundheit und 240

– Glück und 240
– Selbstvertrauen und 228

Harmonie, Intuition und 141
Haustiere 109-111, 113
Hetze 148
Hilfsbereitschaft 230
Hinduismus 59
Humor 159
Hybris 122

Ich, Selbst und 190
Ich, virtuelles 214
Information 146
– Falschinformation und 144
– Weisheit und 144
– Wissen und 144
Instagram 183
Intelligenz, emotionale 140
Intuition 135-141
– Entscheidungsfindung und 137
– Harmonie und 141
– Zugang zur 138
iParadox 143, 146
Islam 59

Judentum 60
– Meditation und 60
– Tod im 208

Kabbala 60
Kampf-oder-Flucht-System 68, 69
Karriere, Familie und 79
Kinder, Mobiltelefone und 145, 146
Kinder, Schlaf und 152
Klöster 192
Kontaktverlust 145
Kontemplation 59, 192
Körper, Geist und 51
Körper-Geist-Dualismus 104
Krankenversicherung, betriebliche 45, 46
Krankheit 47
Krankheitskosten, Produktivität und 66
Kreativität 247, 248

– Achtsamkeit und 64
– Meditation und 55
Kritik, innere 159
Kunst 181, 182, 187-189

Leben, Sinn des 210
Lebensqualität 115
– Schlaf und 79
Lebenszufriedenheit 149
– Einkommen und 84
Leichtigkeit 131
Leistung, Menschlichkeit und 243
Logik 136, 138

Ma, Konzept des 105
Macht, Geld und 11, 20, 122, 205, 206
Machtbefugnisse, Empathievermögen und 75
Management, mitfühlendes 67
Medien, soziale 155-157, 207
Medienkultur 155
Meditation 18, 44, 47, 49, 50, 54, 56, 57, 66, 117, 140
– Achtsamkeit und 58
– als geistiges Training 52
– als Krafttraining 100
– als Therapie 51
– Depressionen und 54
– einfache Anleitung 117, 118
– Gehirn und 52
– im Berufsleben 64
– im Judentum 60
– Kreativität und 55
– Mitgefühl und 55, 227
– Wirkungsweise der 52
Melatonin 85
Menschlichkeit 229, 230
– Leistung und 243
Mitgefühl 18, 64, 67, 227, 234, 238
– Meditation und 55, 227
– Wohlbefinden und 237
Mittagsschlaf 97
Mitte 142
Multitasking 16, 49, 73, 184

Museen 182
- soziale Medien und 184-186
Musik 187-189
Mütter, berufstätige 86
Mutterschaft, Unternehmenskultur und 78

Nachtruhe 152
Narzissmus 227
- Tod und 217
Natur 173, 181
Netzwerke, soziale 155, 184, 214
Nickerchen 62, 85, 96, 97

Overview-Effekt 180
Oxytocin 238

Personalisierung 184
Philosophie, stoische 58
Produktivität, E-Mails und 73
Produktivität, Krankheitskosten und 66
Produktivitätsverlust, Überarbeitung und 63
Profitinteresse, Unternehmenskultur und 66

Reaktion, intuitive 139
Religion 179
Resignation 173
Ressourcenerschöpfung, Unternehmenskultur und 165
Retreats 192
Rosenkranzgebet 59
Routine 68, 164
Ruhezeit 73

Sabbattag 77
Scheidung 124
Scheinfreundschaften, digitale 244
Schenken 233-235, 239, 240, 245, 255, 258
Schenkenseifer 236
Schlaf 81-86, 117
- besserer (Tipps) 93
- Lebensqualität und 79
- Sport und 90
- Traumleben und 91-93
Schlafentzug 13, 82, 87
- Folgen des 14
Schlaflosigkeit, Arbeitsleistung und 84
Schlaflosigkeit, Überarbeitung und 88
Schlafmangel 13, 82, 150, 151
- bei Jugendlichen 79
- chronischer 89
- Einsamkeit und 84
- Folgen des 140
- Frau und 86
- Stressbelastung und 83
Schlafrhythmus, Gehirn und 83
Schlüsselgewohnheiten 165, 166
Schönheit 172
Seele 31
Selbst, Ich und 190
Selbstbeherrschung 143
Selbsterkenntnis 179
Selbstgespräche 158
Selbstvertrauen, Großzügigkeit und 228
Selbstvertrauen, Zufall und 201
Selbstverwirklichung 189
Simultaneität 201
Slow-Bewegung 152, 153
Slow-Food-Bewegung 153
Smartphones 71, 72, 94, 107
Sozialarbeit, freiwillige 226, 229, 239-241, 253, 255, 257
Sozialunternehmer 236
Spiegelneuronen 238
Sport 95
- Schlaf und 90
Staunen 15, 173, 177-181, 184, 195, 196
Sterben 208, 212, 214
Sterblichkeit 205
- Achtsamkeit und 216, 217
Stille 190, 192
Stoa 167, 169
- Gleichgültigkeit und 169
Stress 13, 21, 38, 41, 167
- Begriff 40, 41
- Folgen von 22, 80

– Frauen und 33
– Kinder und 22
Stressabbau, Achtsamkeit und 76
Stressabbaumethoden 99, 100
Stressbelastung, Schlafmangel und 83
Stressreduktion, Urlaub und 195
Suchen, spirituelles 179
Suchterkrankungen 38
Sufismus 59
Synchronizität 201, 202

Taoismus 58
Technik 145, 250
Technikabhängigkeit 146
Teezeremonie 105
Teilaufmerksamkeit, dauernde 71
Therapiehunde 111
Tiere 112
Tipps (besserer Schlaf) 93
Tod 204, 205, 207-218
Tod– Arbeitssucht und 217
Tod– im Buddhismus 208
Tod– im Christentum 208
Tod– im Judentum 208
Tod– Narzissmus und 217
Tod– Philosophie und 207
Tod– Qualität des 210
Todesangst 216
Transzendentale Meditation 57
Traum, amerikanischer 20, 21
Träumen, Nutzeffekte des 93
Twitter 156, 157, 183

Überarbeitung 65
– Produktivitätsverlust und 63
– Schlaflosigkeit und 88
– Spitzenleistungen und 95
Überlebenstypen 172, 173
Überstunden 86
Unbewusstes, adaptives 137, 139
Unsterblichkeit, symbolische 215
Unternehmenskultur 13, 43
– Burnout und 43
– Frauen und 33

– Mutterschaft und 78
– Profitinteresse und 66
– Ressourcenerschöpfung und 165
– Wohlbefinden und 65
Urlaub, Stressreduktion und 195

Verantwortung 234
Verhältnismäßigkeit 122
Vernunft 136
Verzweiflung 132

Wahrheit, spirituelle 179
Warnsignale 135
Weisheit 15-17, 53, 121-123
– Abhängigkeit und 143
– alte 25
– Gewohnheiten und 164
– Information und 144
– mangelnde 135
Wellnessprogramme, betriebliche 116
Weltglücksbericht 115
Wissen, Information und 144
Wohlbefinden 12, 54, 81, 115, 116, 209
– Arbeitsleistung und 64
– Mitgefühl und 237
– Unternehmenskultur und 65
– Zeitreichtum und 154
Wohlfühlkultur 65
Wohltätigkeitssinn 232

Yoga 18, 52, 66, 140

Zeit 148
Zeitdiät 152
Zeithunger 151
Zeitnot 15, 150, 151
Zeitreichtum 149-152
– Wohlbefinden und 154
Zeitstrukturen, künstliche 147
Zufall 196-198, 200, 201-204
– Lebensweise und 203
– Selbstvertrauen und 201
Zufriedenheit – Geld und 84
Zuhören 139